HISTÓRIAS DO PRESENTE

Sumário

Prefácio	07
Introdução	11

POLÍTICA

O Brasil de 2007 a 2022: fragmentos de uma história em três capas	19
Junho de 2013	21
Como a Operação Lava Jato sacudiu o país	27
O impeachment que não foi golpe	36
O caminho da polarização	46

SOCIEDADE

A Década dos costumes	63
Protagonista ou coadjuvante: o papel do Estado	72
O dilema da meritocracia e as novas políticas organizacionais	78
Antirracismo, um dever de todos	85

EDUCAÇÃO

A disputa em torno da educação pública	91
Novos negócios e modelos de ensino	95
Indicadores de qualidade	106
Leitura e letramento digital	116

CULTURA

Arte e literatura através das gerações	127
Os clássicos e os contemporâneos	133

Os polemistas 138

Instituições da arte brasileira 143

Criadores 153

A arte contra a desesperança 161

Música 166

CIÊNCIA

Pandemia 179

Saúde mental 186

Investimentos 197

Estado da arte da pesquisa científica 207

GESTÃO

Sonho grande 225

Outras histórias 237

Negócios disruptivos 254

MERCADO FINANCEIRO

Crises e oportunidades 269

Políticas fiscais e planejamento 273

Os players do mercado 279

Quem é rentista no Brasil? 288

Agradecimentos 293

Prefácio

— Vocês deveriam colocar no nosso site uma entrevista gravada de tantos em tantos tempos. É fácil gravar direto no computador e registrar tipo MP3. Põe o Fausto para fazer perguntas aos gestores da Rio Bravo, assim as pessoas escutam nossas opiniões direto da fonte.

Maurício Marçal era analista de investimentos na Rio Bravo, sempre conectado com temas do mundo.

— Quem vai acessar isso, Maurício? — perguntei, do outro lado de uma mesa de operações que coabitávamos no nosso escritório na Vila Olímpia, em São Paulo. — Como vão saber que isso existe para ser ouvido?

— As pessoas verão e compartilharão. O tempo cuida de fazer a notícia correr, se nosso conteúdo valer a pena. Isso o Fausto vai saber levar.

Hoje funcionário do Ministério da Fazenda, em Brasília, Fausto José Araújo Vieira era o nosso economista-chefe, trabalhando então sob o comando de Gustavo Franco, sócio-fundador da empresa e nosso principal mentor intelectual.

— A virtude maior é que não vai custar quase nada. A Rio Bravo é uma empresa com credibilidade para esse tipo de conteúdo. Eu tentaria — disse ele.

Foi assim, portanto, que Mauricio Marçal gerou a faísca que deu origem a esse programa semanal que completa 18 anos de vida. Foi de fato simples e singelo esse nascimento, mas o processo de formatação do *Podcast Rio Bravo* como o conhecemos hoje requereu muitas evoluções incrementais de formato, curadoria e perseverança na sua manutenção em padrão de alta qualidade, em tempos de maior e menor desenvolvimento dos mercados. Fausto fez até aulas de dicção para se adequar ao papel de locutor de programa de áudio. Descobrimos o SoundCloud como plataforma para publicação das gravações e suas inserções no site da Rio Bravo. Criamos um logo para o programa. Mais adiante, Leonardo Testa, nosso designer gráfico, produziu ícones visuais para cada episódio.

Num salto de maior coragem, no ano seguinte, 2008, convidamos o jovem e respeitado jornalista Geraldo Samor — mais tarde fundador do conhecido *Brazil Journal* — para assumir a editoria geral de conteúdos da Rio Bravo, com a função central de comandar esse nosso já estabelecido produto. Mauricio Marçal tinha razão: o tempo dedicado à produção de conteúdo relevante, apresentado de forma criteriosa e com personalidades respeitáveis, gerou frutos de audiência, e o podcast virou o cartão de visita de maior relevância para a Rio Bravo. Geraldo ficou famoso e recebeu um convite direto de Roberto Civita para embarcar num projeto de destaque na editora Abril. Fábio Cardoso, em 2014, assumiu o bastão e foi se integrando no papel de âncora do programa, consolidando o formato que mostrou gerar a maior aderência entre nossos ouvintes: conversas de até vinte minutos, perguntas claras, diretas e objetivas, ritmo decidido e dinâmico. Um programa para quem quer ouvir, seguidamente, toda semana. Talvez num fim de semana escute alguns episódios em sequência. E, acima de tudo, uma curadoria de temas que refletisse nossa percepção da amplitude de considerações relevantes ao investidor inteligente. De política a cultura, de economia a sociedade, de finanças a trabalho voluntário, de eleições a diplomacia, o *Podcast Rio Bravo* se propôs a abrir os horizontes da pauta de conteúdos para o debate que pudesse fundamentar as decisões de investimentos de pessoas físicas e instituições de todos os tamanhos.

É isso que está expresso nos capítulos que seguem, em comemoração ao aniversário de 25 anos da Rio Bravo Investimentos. Este livro é de fato uma homenagem à pluralidade, à diversidade e à complexidade que é o mundo das informações e análises que os agentes do mercado financeiro devem consumir para tomar melhores decisões. É também uma tentativa original do Fábio Cardoso de dar uma ordem lógica às pautas que exploramos nesses tempos, extraindo uma percepção de conclusões possíveis a partir de uma leitura de entrevistas em conjunto com o benefício da maturidade do tempo.

Paulo Bilyk
CEO e um dos fundadores da Rio Bravo Investimentos

Introdução

No ar desde 2007, o *Podcast Rio Bravo* tem como objetivo oferecer aos ouvintes uma conversa inteligente sobre economia, negócios e ideias. Para tanto, publica semanalmente uma entrevista com especialistas nessas áreas. Ao longo de mais de 15 anos, entre outros convidados, já falaram ao podcast nomes como o economista e professor do Insper Marcos Lisboa, a economista e consultora Zeina Latif e o gestor Luis Stuhlberger. A lista dos executivos que já nos deram entrevista não é menos estrelada, e talvez o mais marcante seja Jorge Paulo Lemann, que, em 2018, participou da nossa 500ª edição. Além dele, outros pesos-pesados que recebemos dispensam apresentações, tais como Abilio Diniz, Fabio Alperowitch (Fama Investimentos), Stelleo Tolda (Mercado Livre) e Laércio Cosentino (TOTVS). Já entre os pensadores do meio artístico que marcaram presença, estão os escritores Antonio Carlos Secchin, falando do centenário de João Cabral de Melo Neto, e Ferreira Gullar, que, em dois episódios, passou em revista os momentos decisivos de sua trajetória intelectual, assim como de parte da história do Brasil no século XX.

Como se lê pela extensão do parágrafo anterior (o que alguns manuais de escrita contraindicam, recomendando textos mais enxutos para o leitor de hoje em dia), a lista é imensa. Não é para menos. No momento em que estas linhas estão sendo escritas, mais de oitocentos episódios já foram ao ar, contemplando uma miríade de assuntos que talvez faça do podcast uma fotografia da história recente do país. Isso porque não só trouxemos esses temas para o debate público, mas, sobretudo, jamais renunciamos ao viés jornalístico (mesmo que o podcast tenha nascido como um produto corporativo), obedecendo, portanto, a critérios estabelecidos por teóricos da área, como Otto Groth. Em sua obra, escrita no contexto da produção jornalística do século XX, o intelectual alemão afirma que "a essência do jornalismo permanece a mesma, indiferente da materialização na qual se manifesta, se em papel impresso, letras na parede ou em palavras no rádio".*

Nesse sentido, os entrevistados do *Podcast Rio Bravo* não apenas analisaram os temas de sua área de conhecimento (seja do ponto de vista teórico, seja do prático), como falaram sob a influência do contexto cultural e histórico, algo decisivo para compreender as transformações ocorridas no período em que o programa esteve no ar.

Assim, na entrevista com a empresária Sonia Hess (CEO da Dudalina), publicada em 2012, já estão presentes os ingredientes de uma certa insatisfação com o rumo da política econômica do país. A partir de 2013, por exemplo, analistas políticos tentaram interpretar o significado dos protestos que aconteceram naquele ano, destacando a insatisfação da classe média como peça-chave para compreender aquele quebra-cabeça. Fica evidente, portanto, que a atualidade, um dos quesitos destacados por Otto Groth, é parte integrante da dinâmica do podcast.

O teórico alemão também menciona a universalidade como um dos elementos centrais do jornalismo, isto é, um produto jornalístico precisa "ter importância para a comunidade na qual está inserido". Tendo sido criado com foco para o mercado financeiro, o *Podcast Rio Bravo* jamais deixou de conversar com esse público e, ao longo dos anos, também incluiu a sociedade de um modo mais geral, abordando temas que, num primeiro momento, estavam distantes da "agenda da Faria Lima".

Então, o mesmo podcast que recebeu Adeodato Netto, fundador da Eleven Research, para uma conversa sobre as recomendações da empresa para investidores trouxe ao microfone Ricardo Henriques, superintendente do Instituto Unibanco, para falar sobre educação. Esse tema, aliás,

---

* XAVIER, Cintia; PONTES, Felipe Simão. As características dos jornais como poder cultural: releituras da teoria do jornalismo proposta por Otto Groth. *Intercom*, v. 42, n. 2, maio/ago. 2019. Disponível em: www.scielo.br/j/interc/a/PjPt4DyxB88VxKkBMfWWhNN/?lang=pt. Acesso em: 27 jun. 2024.

também foi abordado nas conversas com Anna Penido, que entrou em detalhes sobre a implementação do Novo Ensino Médio, e com Daniel Barros, autor do livro *País mal educado: Por que se aprende tão pouco nas escolas brasileiras?*, que, anos mais tarde, criticou a maneira como o Novo Ensino Médio vinha sendo implementado.

A abrangência da universalidade não para por aí. Temas como religião, consumo, nova classe média, games, tecnologia e cultura, para ficar em alguns dos mais recorrentes, tiveram presença marcante nas entrevistas que realizamos. Ao mesmo tempo, é notável como, nos últimos anos, a questão da saúde mental começou a ganhar fôlego no debate público — e, consequentemente, também no podcast. Da entrevista com Lygia da Veiga Pereira, que abordou uma pesquisa de ponta no campo da genética, à conversa com o psiquiatra Táki Cordás, que falou de saúde mental no olho do furacão da pandemia da covid-19, passamos ainda pelas ideias do pesquisador Carlos Nobre sobre os eventos climáticos extremos, tão decisivos neste momento da história do Brasil e do mundo.

A política não poderia ficar de fora. Tanto porque faz parte da atualidade e da universalidade, já mencionadas nesta introdução, como porque é um tema fundamental nos rumos que o país tem tomado. Dito de outro modo, a partir de determinado momento foi impossível não falar sobre as questões relativas à crise política, que começaram nas Jornadas de Junho e avançaram nas eleições de 2014, com o início da polarização política — esse foi o *leitmotiv* para a entrevista com o cientista político Cláudio Gonçalves Couto (hoje apresentador do podcast *Fora da Política Não Há Salvação*), realizada naquele ano.

Tempos depois, houve o impeachment e a escalada da Operação Lava Jato. Nesses dois acontecimentos, o podcast se posicionou à sua maneira: ouviu jornalistas, analistas políticos e outros especialistas, para melhor informar sua audiência. Do primeiro grupo, Diego Escosteguy, então editor-chefe da revista *Época*, deu uma entrevista em inglês sobre a crise política nacional. Entre os analistas, Carlos Pereira, cientista político e professor da Fundação Getulio Vargas (FGV), tratou da importância da luta contra a corrupção para a imaginação da sociedade brasileira.

No time dos especialistas, ouvimos o professor Joaquim Falcão, que explicou como funciona o Supremo Tribunal Federal (STF). Sempre que o assunto era a política, os comentários refletiam o calor da polarização, mostrando que a audiência repercutia o que ouvia no *Podcast Rio Bravo*.

* * *

Um dos gatilhos para essa repercussão tem a ver com a periodicidade do podcast. Quinzenal no início, o programa depois passou a semanal — mais especificamente, sempre às sextas-feiras (até 2018, era publicado no começo da tarde; depois o horário mudou para antes do meio-dia). A periodicidade é um *valor* do jornalismo, pois, como sentencia Otto Groth, para criar um efeito de sentido entre o seu público, é necessário que o jornal circule com regularidade.

Como derradeiro elemento, Otto Groth destaca a "publicidade", que, na perspectiva dele, representa a difusão do conteúdo — este último termo diz mais respeito à nossa época, na qual o conteúdo parece ser o denominador comum dos criadores digitais. Aqui vale a pena um relato conectado com o início da nossa trajetória.

Em 2007, ano em que o *Podcast Rio Bravo* foi ao ar pela primeira vez, fazia dois anos que a palavra "podcast" tinha sido eleita a palavra do ano pelo *New Oxford American*.* Apesar do marco, as atrações desse gênero no Brasil eram raras e, quando apareciam, não tinham nada de periódicas e quase nada de universais, a despeito do forte apelo de atualidade.

Nada disso, no entanto, se comparava à necessidade quase permanente de explicar aos assessores de imprensa e aos convidados o que era um podcast. Desconfiados, muitos não entendiam, e outros ignoravam seu potencial. Mais de oitocentos episódios depois, o livro do *Podcast Rio Bravo* tem a chance, de uma só vez, de contar a própria história e de apresentar alguns de seus momentos mais marcantes, enquanto resgata entrevistas fundamentais para compreender o Brasil contemporâneo.

---

* DICIONÁRIO elege 'podcast' como a palavra do ano. *BBC Brasil*, 7 dez. 2005. Disponível em: www.bbc.com/portuguese/noticias/story/2005/12/051207_podcastms. Acesso em: 27 jun. 2024.

Organizamos os temas em sete eixos: política, sociedade, educação, cultura, ciência, gestão e mercado financeiro. Em vez de apresentarmos as entrevistas na íntegra, no formato em que originalmente aconteceram (pingue-pongue, ou pergunta e resposta), oferecemos ao leitor um texto em prosa, inédito, que combina e contextualiza as entrevistas mais acessadas, de acordo com as principais plataformas de áudio. Desse modo, o leitor que já ouviu todas as entrevistas aqui listadas (ou algumas delas) terá a oportunidade de fazer novas conexões a partir de pontos em comum.

Já para o leitor que está entrando em contato pela primeira vez com a nossa conversação, o livro é um convite para, depois, descobrir os episódios em áudio, tomando como referência a maneira pela qual este texto foi escrito.

Como costumamos dizer no início de nossa atração, é um prazer tê-lo aqui conosco em nosso podcast — agora em livro.

POLÍTICA

O Brasil de 2007 a 2022: fragmentos de uma história em três capas

A história política brasileira entre 2007 e 2022, período que cobre os 15 anos do *Podcast Rio Bravo*, pode ser sintetizada em três capas do semanário *The Economist*.

A primeira capa, e talvez a mais famosa, é de 2009. Na ocasião, a revista destacava o Brasil como uma potência em ascensão, e o título não escondia o clima de bom humor: "Brazil takes off" [Brasil decola], com a imagem do Cristo Redentor literalmente decolando tal qual um foguete. Como diz a expressão, "foguete não dá ré", e assim a expectativa de que o Brasil enfim cumpriria o destino projetado pelo escritor Stefan Zweig, "país do futuro", parecia se tornar uma realidade palpável.

Na época, não faltavam motivos para corroborar essa expectativa: além do boom das commodities, o Brasil tinha sido escolhido para sediar grandes eventos do esporte, como a Copa do Mundo da Fifa em 2014, da qual esperávamos o hexa, e os Jogos Olímpicos de 2016, dos quais esperávamos a melhor performance da história da competição. Mais: depois de um início claudicante, e tendo atravessado uma grave crise de corrupção, o governo petista surfava a onda da alta taxa de popularidade, o que tão somente reforçava a percepção de que o país entrava em um momento de estabilidade enquanto outras potências do planeta amargavam as consequências da crise econômica de 2008.

Chega a ser espantoso observar em quanto tempo a situação virou do avesso. Em setembro de 2013, passados menos de quatro anos da famosa capa do Cristo decolando, a mesma *The Economist* indagava: "Has Brazil blown it?" [O Brasil perdeu sua chance?].

O ano de 2013 não é aleatório se quisermos analisar o que aconteceu no cenário interno em pouco mais de uma década. Em junho daquele ano, protestos no país inteiro transtornaram políticos, intelectuais e jornalistas. Havia, como ainda há, uma maneira difusa de compreender as manifestações, que não apenas sacudiram o Brasil, mas também motivaram parte da sociedade civil a participar do debate político — pessoas que antes estavam à margem, atuando, na melhor das hipóteses, como coadjuvantes.

Uma das últimas capas da *The Economist* que funciona como síntese apareceu em junho de 2021, quando a revista sinalizou o decênio anterior como sombrio ("Brazil's dismal decade"). Na ocasião, a publicação apontava uma série de problemas na administração de Jair Bolsonaro: economia claudicante, com alta taxa de desemprego; vacinação estagnada, graças à postura negacionista do governo; e os altos índices de desmatamento na Amazônia, elemento-chave num momento de mudanças climáticas.

Em entrevista ao podcast, **Sarah Maslin**, correspondente da *The Economist* no Brasil, falou sobre a repercussão dessa reportagem especial em 2021. Maslin chamou a atenção para o fato de integrantes da cúpula

> **Episódio 649**
> Sarah Maslin
> Um retrato do Brasil atual
> segundo a *The Economist*

do governo federal terem reagido mal ao conteúdo do texto. Com efeito, os comentários não apenas reprovavam a reportagem, mas também a acusavam de tentar interferir na política interna brasileira.*

O interessante a ser observado nesse episódio é que, assim como em outros momentos nos quais foi confrontado, o governo federal saía para

---

* Para a reação do governo federal à capa da *The Economist*, vale a pena ler: SECOM distorce tradução para atacar The Economist. *Congresso em Foco*, 7 jun. 2021. Disponível em: https://congressoemfoco.uol.com.br/area/governo/secom-the-economist-bolsonaro-traducao/. Acesso em: 17 jan. 2024.

o contra-ataque e, não importavam quais fossem as críticas, conseguia manter sua base fiel de eleitores — conforme a avaliação dos institutos de pesquisa. No podcast, Sarah Maslin disse que um de seus maiores interesses era descobrir o que motivava a base bolsonarista, estabelecendo uma relação com o fortalecimento do eleitorado evangélico, verdadeiro dique de contenção das crises de popularidade de Bolsonaro antes, durante e depois da passagem pela presidência.

Em que pese o poder dessa síntese, o período entre 2007 e 2022 na política nacional vai além dos acontecimentos citados. Olhando em retrospectiva, as transformações na vida pública também envolveram as empresas, o Judiciário, o jornalismo e o modo como a sociedade brasileira passou a perceber a corrupção.

Junho de 2013

O fenômeno Bolsonaro não é o único capítulo relevante da história política do Brasil entre 2007 e 2022. Nas entrevistas que fizemos com jornalistas, cientistas políticos, juristas e congressistas ao longo desses anos, é notável como a chegada de Jair Bolsonaro ao poder aconteceu numa sequência arrebatadora de eventos, que movimentaram a sociedade brasileira de forma nunca antes vista em sua trajetória recente.

Para tentar destrinchar esse fenômeno, parece inevitável acompanhar um episódio anterior à eleição presidencial de 2018, da qual Bolsonaro saiu vitorioso. Trata-se das Jornadas de Junho de 2013, evento mencionado com frequência nos nossos episódios sobre política. Há um antes e um depois de junho de 2013, e o país que saiu daqueles protestos não necessariamente foi compreendido pelos operadores da política brasileira desde então.

As Jornadas de Junho de 2013 começaram, na verdade, em maio. Insatisfeitos com o aumento da tarifa de ônibus e metrô em São Paulo, manifestantes do Movimento Passe Livre foram às ruas exigir que o governo do estado cedesse no reajuste dos preços e, no limite, liberasse as catracas, proporcionando, assim, a gratuidade no transporte público. As manifestações foram ganhando adesão à medida que a polícia militar, a mando do governo estadual, reprimia a população.

Na primeira terça-feira de junho, houve uma paralisação considerável na avenida Paulista, e os editoriais dos jornais* exigiram do governo uma reação à altura. Dois dias depois, os protestos aumentaram, mas enfrentaram forte reação policial. Jornalistas foram feridos, e uma repórter quase perdeu um olho depois de ser atingida por uma bala de borracha.

A indignação se alastrou, e novos protestos foram marcados para a semana seguinte. E, na segunda-feira, 17 de junho de 2013, o Brasil assistiu às maiores manifestações populares desde o fim da Ditadura Militar. A pauta, que antes se restringia ao transporte público, logo se estendeu para a oferta de serviços públicos de qualidade, mais segurança e combate à corrupção. Em sua coluna para *O Globo*,** o jornalista Elio Gaspari sentenciou: "Soltaram o monstro. Ele está em todos os lugares. [...] Que monstro? A opinião pública."

Em entrevista concedida poucos meses depois, **João Amoêdo** tentava, à sua maneira, esboçar uma resposta aos protestos. Ele oferecia, numa só tacada, uma proposta disruptiva e original na política brasileira, talvez a

> **Episódio 247**
> João Amoêdo
> O cidadão ganha quando
> o Estado encolhe

mais original em termos ideológicos desde a redemocratização. Amoêdo apresentou ali as bases do Partido Novo, que, naquela ocasião, não tinha registro oficial (ainda buscava assinaturas), mas já mostrava algumas características: não contava com nenhum político de outros partidos em sua formação, não defendia a reeleição de seus candidatos e pleiteava abertamente um Estado menor.

---

* Mais especificamente, o editorial da *Folha de S.Paulo*, de 13 de junho exorta: "Retomar a paulista". Disponível em: www1.folha.uol.com.br/opiniao/2013/06/1294185-editorial-retomar-a-paulista.shtml. Acesso em: 23 fev. 2025.

** GASPARI, Elio. O monstro foi para a rua. *O Globo*, 19 jun. 2013. Disponível em: https://oglobo.globo.com/opiniao/o-monstro-foi-para-rua-8732878.

Embora os manifestantes de junho de 2013 tivessem exigido hospitais públicos com padrão Fifa (em alusão à construção dos estádios para a Copa de 2014) e salários para professor que fossem semelhantes ao de Neymar (que, na época, acabara de se transferir para o Barcelona), João Amoêdo entendia que os protestos serviam para levar adiante a mensagem de que os serviços prestados pelo Estado brasileiro eram ruins, de modo que a eficiência passava pela redução do papel do Estado.

O fundador do Novo observou que tamanha insatisfação com a política no país levara a população a desconfiar sistematicamente dos políticos tradicionais por não se sentir representada por eles — que foi uma das principais bandeiras durante os protestos. Essa insatisfação era perceptível, de acordo com a leitura de Amoêdo, em especial quando se tomavam os gastos da Copa do Mundo como referência.

Uma reportagem especial do diário *LANCE!* publicada em 2024 dava conta dos custos totais da Copa do Mundo no Brasil. Os números são superlativos. De acordo com a apuração, foram gastos R$ 25 bilhões para realizar o evento, dos quais o montante de R$ 8,3 bilhões serviu para as arenas, seja na reforma (Beira-Rio, Maracanã, Mineirão, Fonte Nova), seja na construção (como a Arena da Amazônia, a Arena Pantanal e a Arena Corinthians, hoje rebatizada de NeoQuímica Arena, após negociação com a empresa do setor farmacêutico).

Embora, do ponto de vista da realização dos jogos, a Copa do Mundo tenha sido um sucesso, seu legado não pode ser considerado igualmente exitoso. No caso da Arena da Amazônia, por exemplo, os comerciantes e moradores denunciam que o estádio vem sendo subutilizado para atividades esportivas.*

Citando o investimento nos estádios como exemplo, Amoêdo atribuía a revolta da população que foi às ruas em 2013 às obras superfaturadas.

---

* EM MANAUS, estádio da Copa do Mundo de 2014 recebe mais shows que jogos de futebol. *G1*, 12 maio 2022. Disponível em: https://g1.globo.com/am/amazonas/noticia/2022/12/05/em-manaus-estadio-da-copa-do-mundo-de-2014-recebe-mais-shows-que-jogos-de-futebol.ghtml. Acesso em: 23 fev. 2025.

Era a epítome da ineficiência do Estado, destruindo, assim, os recursos do país.

Era nesse sentido, argumentou Amoêdo, que a defesa de uma agenda liberal se fazia necessária, uma vez que é preciso que o Estado diminua a fim de ser mais eficiente. Na avaliação do fundador do Partido Novo, a intenção primeira era que o Estado cuidasse bem das áreas das quais não vinha dando conta: educação, saúde e segurança pública. Alguns anos depois, esses temas ainda apareciam na dianteira das prioridades dos paulistanos, de acordo com levantamento do Datafolha realizado pouco antes das eleições para a prefeitura da capital paulista.*

O que chama a atenção na entrevista de João Amoêdo é a defesa de uma agenda, a liberal, que, ao longo de quase duas décadas, estivera banida do debate público brasileiro. Na discussão política, ele não seria o único a falar desse tema, que ressurgiu como consequência inevitável no dia seguinte às Jornadas de Junho.

Na contramão das considerações de Amoêdo, **Renato Meirelles** disse ao podcast, em 2022, que o brasileiro não está nem aí para o tamanho do Estado: independentemente da ideologia, o brasileiro quer, sim, um Estado

> **Episódio 721**
> Renato Meirelles
> Há espaço para reconciliação depois das eleições presidenciais?

que aponte caminhos para que as pessoas possam reescrever a própria história. Com a experiência de quem cobre o tema há mais de uma década (tendo, inclusive, escrito o livro *Um país chamado favela*, ao lado do ativista social e empresário Celso Athayde), Meirelles sublinhou o afastamento da população da disputa ideológica que parece ser obsessão dos jornalistas e analistas políticos: um Brasil onde o Estado dê conta das demandas da população e seja capaz de oferecer oportunidades aos seus concidadãos. Na leitura do presidente do Instituto Locomotiva, sair dessa

---

* EM SÃO PAULO, Segurança (20%), Saúde (18%), e Educação (18%), são as prioridades mais apontadas para próximo prefeito. *Folha de S.Paulo*, ago. 2024. Disponível em: https://datafolha.folha.uol.com.br/eleicoes/2024/08/seguranca-20-saude-18-e-educacao-18-sao--prioridades-mais-apontadas-para-proximo-prefeito.shtml. Acesso em: 27 fev. 2025.

polêmica é o caminho enxergado pelo brasileiro para que a economia cresça e a vida melhore.

Em outro momento da entrevista, Meirelles afirmou que, a partir de junho de 2013, a classe política e os analistas se equivocaram ao ignorar o descompasso entre meritocracia e igualdade de oportunidades.

A discussão, a propósito, não é banal. Por conta da crise econômica e também da pandemia, não foram poucos os que "denunciaram" a dinâmica do mérito como uma ideologia malsã, uma farsa que jogava a parte mais fragilizada da sociedade no colo de populistas, conforme reportagem veiculada pela BBC Brasil* em 2020 e, mais tarde, em livros como o de Michael J. Sandel, *A tirania do mérito*.

Diferentemente de certo consenso negativo que se criou em torno do tema, Meirelles ressalta que os brasileiros acreditam na meritocracia a ponto de reconhecerem o valor do trabalho. Da mesma forma, no entanto, também entendem que vivem em um país marcado pela desigualdade, onde aqueles oriundos de famílias mais abastadas têm mais oportunidades do que aqueles de famílias mais pobres. Talvez a cisma com a ideia da meritocracia nos últimos anos repouse exatamente aí: naturalizar que essas diferenças não impactam na meritocracia, quando, na verdade, a influência é visível.

> **Episódio 573**
> Christian Lynch
> "Haverá pelo menos uma década conservadora"

Outro olhar para as Jornadas de Junho de 2013 foi lançado por **Christian Lynch**. Pesquisador e autor de livros sobre a monarquia brasileira, Lynch falou a respeito da conjuntura política do país ao fim do primeiro ano do governo Jair Bolsonaro, em dezembro de 2019. Naquela ocasião, anterior à pandemia, o cientista político afirmou que os protestos de 2013 representavam um marco na ruptura institucional com o presidencialismo

---

* ALEGRETTI, Laís. Farsa da meritocracia cria ressentimento explorado por populistas como Trump e Bolsonaro, diz professor de Yale. *BBC Brasil*, 6 out. 2020. Disponível em: www.bbc.com/portuguese/geral-54373123. Acesso em: 27 fev. 2025.

de coalizão* — de acordo, assim, com o que disse Amoêdo em sua entrevista. A crise no sistema representativo, denunciada nos protestos, era o sinal de que a política não mais operava conforme os ditames da redemocratização, cujo resultado mais notável foi a Constituição de 1988.

Desde os protestos de rua, portanto, a percepção geral é que a classe política não conseguiu responder à altura às demandas da população, ainda que algumas iniciativas, como a Operação Lava Jato, tenham sido consequências indiretas daquelas manifestações.

Para **Consuelo Dieguez**, em entrevista ao podcast em setembro de 2022 a propósito do livro *O ovo da serpente: Nova direita e bolsonarismo: seus bastidores, personagens e a chegada ao poder*, as Jornadas de Junho de 2013 representam o grande movimento

> **Episódio 714**
> Consuelo Dieguez
> Como Bolsonaro chegou ao poder

de mudança no país: "Os protestos começam com um movimento de esquerda, o Passe Livre, contra o aumento das passagens." Dieguez explicou que os manifestantes foram para a rua, entraram em confronto e atraíram um grupo que estava descontente com o governo, mas de forma difusa. "As pessoas que foram para a rua logo depois do Passe Livre não eram de esquerda. Elas foram para a rua colocar para fora seu descontentamento."

Como não pertenciam à agenda política que convocara os protestos, essas pessoas foram atacadas, chamadas de reacionárias. Ato contínuo, houve uma espécie de acomodação, segundo a leitura da jornalista: "'Se eu não sou de esquerda, só posso ser de direita.' E eles vão para as ruas, se descobrem nas redes sociais, passando a se comunicar por lá, e Bolsonaro percebe isso. Ele captura esse sentimento. As pessoas estavam lá, insatisfeitas, não sabiam quem iria representá-las; e, de repente, Bolsonaro dá voz a elas."

---

* Sobre presidencialismo de coalizão, vale a leitura do ensaio: ABRANCHES, Sérgio Henrique Hudson de. Presidencialismo de coalizão: o dilema institucional brasileiro. *Dados*, Rio de Janeiro, v. 31, n. 1, p. 5-34, 1988. Disponível em: https://dados.iesp.uerj.br/es/artigos/?id=348. Acesso em: 17 jan. 2024.

E, quando as Jornadas de Junho pareciam ter caído no esquecimento, a Lava Jato se impôs como fio condutor da indignação pública, como veremos a seguir.

Como a Operação Lava Jato sacudiu o país

A Operação Lava Jato* começou oficialmente em 17 de março de 2014, data da primeira ação da Polícia Federal (PF). Por outro lado, não é exagero estabelecer uma conexão entre as manifestações de junho de 2013 e as várias investigações que buscavam revelar escândalos de corrupção envolvendo um desvio de bilhões de reais da Petrobras.

Em resposta ao clamor da população que foi às ruas, uma das medidas tomadas foi a rejeição à Proposta de Emenda à Constituição 37/2011, que tinha como objetivo retirar o poder de investigação criminal de alguns órgãos, principalmente do Ministério Público, e manter a exclusividade para as polícias federais e civis. A proposta ficou conhecida como PEC da Impunidade e foi percebida como uma afronta pelos manifestantes, e, assim, teve rejeição absoluta: 430 votos contra e apenas 9 a favor.

Desde o início, a Lava Jato se estabeleceu como uma frente que capturou a imaginação da opinião pública nacional, e o Ministério Público Federal (MPF) e alguns integrantes do Judiciário ganharam notoriedade numa jogada talvez sem precedentes na sociedade brasileira. Pela primeira vez em muito tempo, a impressão que se tinha era que a classe política não sabia como reagir à velocidade da Lava Jato e à exposição midiática de suas operações, sempre com nomes sugestivos.** Rapidamente, as investidas

---

* Para compreender o início de tudo: ENTENDA a Operação Lava Jato. *G1*, 14 abr. 2014. Disponível em: https://g1.globo.com/politica/noticia/2014/04/entenda-operacao-lava-jato-da-policia-federal.html. Acesso em: 17 jan. 2024.

** A revista *piauí* publicou uma reportagem a propósito do nome das operações da PF (antes da Lava Jato): SCARPIN, Paula. Estalos lítero-policiais: um nome vale mais do que mil prisões. *piauí*, 9 jun. 2007. Disponível em: https://piaui.folha.uol.com.br/materia/estalos-litero-policiais/. Acesso em: 17 jan. 2024.

da Lava Jato se tornaram um segmento à parte nos telejornais. Os veículos impressos tentavam responder à altura, sempre aludindo à Operação Mãos Limpas — o que, no longo prazo, se provou mau agouro.

O *Podcast Rio Bravo* começou a abordar o tema em novembro de 2014. A intenção, na época, era esboçar uma leitura das consequências da operação fora do Brasil. Conversamos naquela ocasião com **Luke Cadigan**, sócio do escritório de advocacia K&L Gates e antigo diretor-assistente da divisão de execução da Security and Exchange Commission (SEC), a Comissão de Valores Mobiliários dos Estados Unidos, o que lhe conferia experiência em investigações relacionadas à fraude e ao uso de informações privilegiadas.

Episódio 308
Luke Cadigan
As investigações da Operação Lava Jato nos Estados Unidos

Na entrevista, Cadigan explicou o quanto a investigação poderia ser nociva aos envolvidos, uma vez que as empresas listadas na Bolsa de Valores de Nova York, caso da Petrobras, precisam garantir que não haja qualquer tipo de má conduta que possa ser interpretada como prática ilegal pela SEC. Fora isso, ele destacou que, nos Estados Unidos, a investigação costuma ir atrás de quem paga a propina, não de quem a recebe. Em relação aos malfeitos, portanto, a Petrobras era considerada vítima do esquema de corrupção.

A opção editorial pela abordagem técnica, e não necessariamente política, se devia não apenas ao cuidado diante da complexidade do tema — haja vista que a Lava Jato era liderada pelo MPF e pela PF —, mas essencialmente à necessidade de discuti-lo de forma mais elaborada, tirando de cena as paixões. É preciso colocar em perspectiva que o acirramento provocado pelas redes sociais aos poucos inflamava a opinião pública, que só se extremaria à medida que os anos avançassem — e, como se verá adiante, numa escalada que permanece até hoje.

A Lava Jato atingiu em cheio a classe política. Para se ter uma ideia, no fim de 2015, o então senador Delcídio Amaral foi preso. Naquele contexto, um dos principais temores era que os políticos não fossem punidos. Desse modo, assim como a rejeição à PEC 37 ganhou força em 2013, a Operação Lava Jato se mobilizou para evitar que os parlamentares se protegessem.

Um dos principais porta-vozes da Lava Jato foi Deltan Dallagnol, na época procurador federal. Ele foi um dos artífices da campanha 10 Medidas contra a Corrupção, pacote que defendia, entre outros pontos, "aumento das penas e crime hediondo para a corrupção de altos valores" e "prisão preventiva para assegurar a devolução do dinheiro desviado". Isso não estava restrito à Lava Jato: outras investigações da PF e do MPF envolvendo corrupção haviam encontrado altas somas de dinheiro na posse dos corruptores. Era isso que trazia mais indignação à opinião pública.

> **Episódio 412**
> Rodrigo Dall'Acqua
> Uma análise das dez medidas contra a corrupção

Havia, portanto, uma pressão maciça para que aquelas medidas fossem aprovadas. No dia 23 de novembro, **Rodrigo Dall'Acqua**, então sócio da Oliveira Lima, Hungria, Dall'Acqua e Furrier Advogados, apresentou no podcast um contundente contraponto ao pacote oriundo da Lava Jato. Quando se retoma esse episódio, é digno de nota que, apesar de discordar frontalmente das medidas, Dall'Acqua manteve a crítica no campo do direito. Para ele, também associado do Instituto de Defesa do Direito de Defesa (IDDD), o fato de a população endossar a Operação Lava Jato não significava que as medidas eram válidas. Antes, ressaltou o advogado, era preciso compreender o risco de adotar tal receituário, como o fato de que a Polícia Federal poderia invadir a casa dos indivíduos para colher provas.

Na entrevista, Dall'Acqua concordou com a tese de que a corrupção é um mal a ser enfrentado de forma prioritária. "É um tipo de crime que prejudica a sociedade de forma indeterminada e deve, sim, ser combatido." No entanto, o advogado rechaçou a qualificação como crime hediondo: "Colocar o rótulo de hediondo no delito de corrupção não vai melhorar em nada o combate a esse crime." Ele também argumentou que essa rotulação poderia aumentar injustiças e citou como exemplo hipotético uma dona de casa que subornasse um policial. Seria evidente tratar-se de um crime de corrupção. Se as medidas estivessem valendo, essa mulher, que merecia pagar por esse malfeito, teria uma pena desproporcional considerando o caso em questão.

Na análise do entrevistado, o êxito da Operação Lava Jato era a maior prova de que o Estado brasileiro era capaz de combater o crime organizado.

Na madrugada de 29 de novembro de 2016, o Congresso desidratou a campanha 10 Medidas contra a Corrupção. Em que pese essa derrota, a Lava Jato não perdeu força naquela época. Isso porque o êxito da operação já se mostrava a partir de um evento em paralelo: o processo de impeachment de Dilma Rousseff, que ainda será abordado neste capítulo.

Sob um novo presidente da República, Michel Temer, a agenda do combate à corrupção não perdeu força, conforme a expectativa do cientista político **Carlos Pereira**, entrevistado dias depois da votação do impeach-

> **Episódio 382**
> Carlos Pereira
> As relações entre Executivo e
> Legislativo e a nova coalizão nacional

ment na Câmara dos Deputados. Para ele, o compromisso com essa pauta era a única jogada capaz de conferir legitimidade a Temer, pois a sociedade estaria intolerante com a corrupção.

À medida que a operação avançava, não sobravam políticos e empresários na frente da Lava Jato. Grandes nomes ficaram pelo caminho, por assim dizer, e a sensação de que algo novo estava em curso deixava perplexos até analistas políticos e jornalistas mais experientes.

Em maio de 2017, a trama se adensou ainda mais quando houve um episódio que ficou marcado não apenas no noticiário político, de certa forma já habituado com o caráter da Lava Jato, mas também no mercado financeiro. Trata-se do #JoesleyDay.

No dia 17 de março do mesmo ano — exatos três anos após o início da Lava Jato —, a Polícia Federal deflagrou a Operação Carne Fraca, com o objetivo de investigar irregularidades nos frigoríficos brasileiros, que teriam dado propina a auditores do Ministério da Agricultura, Pecuária e Abastecimento. O que se viu a partir de então foram conduções coercitivas e consumidores brasileiros mais cautelosos. Na internet, os memes fizeram as pessoas que trafegavam nas redes sociais ganharem o dia: uma das acusações era que estava sendo comercializada carne vencida e moída com papelão,* o que rendeu uma consequência para o agronegócio de exportação — a suspensão, ainda que temporária, da venda de carne brasileira para 14 países da União Europeia.

E então, quando o noticiário parecia se recuperar desse episódio, veio o dia 17 de maio. Pouco antes da edição do *Jornal Nacional* daquela quarta-feira, estoura a notícia: em gravação, o presidente Michel Temer teria atuado para comprar o silêncio de Eduardo Cunha, ex-presidente da Câmara dos Deputados e responsável pela condução do processo de impeachment. Quem primeiro noticiou o episódio, com exclusividade, foi o jornalista Lauro Jardim, d'*O Globo*. O que se viu naquela noite parecia ser o prenúncio da derrocada de Michel Temer, pouco menos de um ano após ter assumido a presidência da República.

| **Episódio 438**
| Diego Escosteguy
| A crise política e o fator Lava Jato

A percepção era exatamente essa quando **Diego Escosteguy** nos concedeu entrevista. Era, sem dúvida alguma, o auge da Lava Jato, e a sociedade parecia estar em transe com o que vinha sendo descoberto. E o fato de os políticos e partidos tradicionais, um após o outro, continuarem sob o escrutínio da Polícia Federal e do Ministério Público Federal dava a sensação de que um movimento mais arrebatador estava em marcha.

Para o então redator-chefe da *Época*, os áudios vazados eram um sinal flagrante de que a classe política não parecia contente com os rumos

---

* Para informações sobre a Operação Carne Fraca, leia: NOVAES, Dulcinéia; BOMTEMPO, Claudia. Operação revela venda de carne vencida e moída com papelão. *G1*, 17 mar. 2017. Disponível em: https://g1.globo.com/jornal-hoje/noticia/2017/03/operacao-revela-venda-de-carne-vencida-e-moida-com-papelao.html. Acesso em: 17 jan. 2024.

da Lava Jato — de certa maneira, isso combina com a rejeição das 10 Medidas contra a Corrupção, meses antes. Por esse motivo, o jornalista ressaltou que os políticos buscavam interromper a Lava Jato. "Após três anos de Lava Jato, os grupos políticos passaram a ter uma espécie de comunhão de desígnios criminosos. Interessa aos chefes desses partidos obstruir a Lava Jato — legalmente ou ilegalmente."

Na avaliação de Escosteguy, o #JoesleyDay se explicava a partir da percepção de Joesley Batista de que a PGR precisava de "ativos" contra o grupo político que tinha interesse em manietar a Lava Jato. "Joesley grava o presidente Temer. Começa-se uma ação controlada: grava-se Aécio Neves, do PSDB [Partido da Social Democracia Brasileira]. Grava-se um deputado que é assessor direto do Temer, o Rocha Loures. A JBS faz uma delação que, pela primeira vez, pega desvios no BNDES [Banco Nacional de Desenvolvimento Econômico e Social]." Em outras palavras, o cenário não parecia positivo para Michel Temer.

De fato, a leitura daquele contexto, no calor do momento, era que o presidente Temer não resistiria e o país seria jogado numa crise política sem fim, impedindo as reformas das quais precisava para sair da crise econômica. Diego Escosteguy avaliava que essas mudanças só aconteceriam se o Brasil estivesse sob normalidade política. E a estabilidade "só poderia vir com um ator político que fosse diferente dos que estavam tão expostos ao risco".

Para entender o que aconteceu especificamente nesse episódio — e por que Michel Temer não caiu, como se previa —, é importante retomar um episódio do podcast do fim de 2016, com o cientista político **Christopher Garman**, responsável pela área das Américas do Eurasia Group. Para Garman, o Congresso também temia pelo fracasso da gestão Temer, porque isso teria força o bastante para desencadear uma crise sem

> **Episódio 413**
> Christopher Garman
> Como os sistemas políticos reagem a períodos de instabilidade

precedentes, dessas que poderiam abalar a dinâmica político-eleitoral de 2018, o pleito seguinte.

A entrevista de Garman aconteceu antes das denúncias contra Michel Temer, mas trouxe um diagnóstico que seria fundamental para a permanência deste no poder, numa imagem que o próprio ex-presidente dizia apreciar: a do *designated survivor* [sobrevivente designado], tal como na série homônima da Netflix. Nessa produção, o personagem vivido pelo ator Kiefer Sutherland é literalmente o único membro do governo que sobrevive a um atentado em Washington durante o tradicional Discurso do Estado da União. Resta ao político, desse modo, tentar se manter no poder enquanto tramas palacianas são urdidas para tentar desalojá-lo. Em mais de uma ocasião, Michel Temer disse que gostava da série.* Na imprensa, o consenso era que o presidente não iria suportar a pressão. Só alguns veículos cravaram que Temer iria resistir.**

Do universo da ficção para o mundo da política como ela é, o presidente Temer não conseguiu levar adiante a Reforma da Previdência, que ficaria para seu sucessor, Jair Bolsonaro. Ainda assim, conseguiu permanecer no cargo, esquivando-se das ações da Procuradoria-Geral da República e da Operação Lava Jato. No entanto, isso não deixou de afetar ainda mais a percepção da crise de representatividade da classe política, fenômeno que já era notável fora do Brasil desde o Brexit e a eleição de Donald Trump, ambos eventos de 2016. Os analistas políticos não conseguiram capturar esses dois acontecimentos, e a sensação era de que alguma coisa estava fora do lugar.

---

* GASPARI, Elio. Temer aprecia personagem com história diametralmente oposta à sua. *Folha de S.Paulo*, 22 fev. 2017. Disponível em: www1.folha.uol.com.br/colunas/eliogaspari/2017/02/1860849-temer-aprecia-personagem-com-historia-diametralmente-oposta-a--sua.shtml. Acesso em: 17 jan. 2024.

** Em entrevista ao *Podcast Rio Bravo*, Fernando Rodrigues, do site *Poder360*, explicou como a cobertura feita remotamente não consegue capturar a temperatura de Brasília. Disponível em: https://soundcloud.com/riobravoinvestimentos/fernando-rodrigues-o-poder360-e-o-modelo-disruptivo-da-cobertura-jornalistica. Acesso em: 27 fev. 2025.

* * *

Em certa medida, a história da Lava Jato foi contada no livro-reportagem *A organização: A Odebrecht e o esquema de corrupção que chocou o mundo*, da jornalista e escritora **Malu Gaspar**, que em 2014 já havia concedido uma entrevista ao *Podcast Rio Bravo* a propósito do livro *Tudo ou nada: Eike Batista e a verdadeira história do grupo X*.

> **Episódio 623**
> Malu Gaspar
> A Odebrecht e o esquema de
> corrupção que chocou o mundo

Em *A organização*, tal como fez na reportagem sobre o caso Eike, Malu Gaspar parte da história do clã Odebrecht e acaba por apresentar as entranhas do capitalismo à brasileira em suas conexões, nem sempre transparentes, com as diferentes instâncias do poder. A jornalista destacou, por exemplo, o fato de a Odebrecht levar a cabo a política externa promovida pelo governo federal, numa abordagem que remonta ao tempo dos militares. A expansão da empresa pela América do Sul contou com uma estratégia de proximidade com o Estado brasileiro. É assim que operam muitas empreiteiras — cujo modelo de negócio depende de investimento estatal —, para as quais é importante esse intercâmbio geopolítico e até mesmo cultural.

A solução, segundo a jornalista, foi seguir o eixo geopolítico do Brasil — e muitas vezes a empresa antecipa isso, como no caso de Angola. Até o início da década de 1980, não se pensava na Angola como uma possível área de influência brasileira, até porque o país estava dominado por uma guerrilha de esquerda enquanto o Brasil passava pela Ditadura Militar. Gaspar conta que foi feito um esforço para convencer os generais de que valia a pena trocar petróleo por obras brasileiras em Angola. As lideranças da Odebrecht criaram o mecanismo da conta-petróleo, antecipando uma estratégia geopolítica de cooperação entre os países do Sul Global que ganharia notoriedade no governo Lula.

Para escrever o livro-reportagem, Malu Gaspar se baseou em farta documentação sobre o caso e em material oriundo da Operação Lava

Jato, apresentando um retrato definitivo não apenas da derrocada da Odebrecht, uma das principais empreiteiras do mundo, mas também da crise política provocada pela investigação da PF e do MPF. Pelo menos era essa a impressão que se tinha da Lava Jato até junho de 2019, quando explodiu a Vaza Jato, como ficou conhecida a investigação do portal *Intercept Brasil* a partir do vazamento de conversas pelo aplicativo de mensagens Telegram. O que se revelou foi um conluio envolvendo o então juiz Sergio Moro e o Ministério Público Federal,* algo que ia contra a legislação — juízes não podem aconselhar partes de um processo que estejam julgando.

A revelação da troca de mensagens entre Sergio Moro e alguns procuradores foi nociva para a Lava Jato, a ponto de marcar uma reviravolta no modo como a classe política passaria a reagir à operação. Se, até aquele momento, a investigação parecia inabalável do ponto de vista de sua reputação perante a opinião pública, as denúncias aumentaram a resistência ao seu método. Em poucos meses após a denúncia, o STF já tinha formado maioria para, em 9 de novembro de 2019, permitir a saída de Lula da prisão e, em 9 de março de 2021, reabilitar o ex-presidente para o jogo político naquele mesmo ano.

Quando de sua entrevista ao podcast, Malu Gaspar comentou o impacto da Vaza Jato no contexto da Lava Jato. Na opinião da jornalista, apesar de todos os problemas, a operação entregaria um raio-x do estado das nossas instituições e do que precisa melhorar. Ao falar sobre o tema que envolveu a denúncia da Vaza Jato, ela pontuou que a conduta questionável do juiz Sergio Moro na orientação da atuação dos procuradores não descartava a possibilidade dos esquemas de corrupção.

Gaspar ainda declarou não acreditar que a Lava Jato fez mal ao país. Pelo contrário. Para ela, precisamos deixar de ser um país infantil e amadurecer institucionalmente, e a Lava Jato faria parte desse processo.

---

* ENTENDA vazamento envolvendo Moro, Lava Jato e hackers em 500 palavras. BBC *Brasil*, 31 jul. 2019. Disponível em: www.bbc.com/portuguese/brasil-49169196. Acesso em: 17 jan. 2024.

Anos depois de seu início, e na esteira de uma investigação que levou à prisão de políticos, empresários e demais operadores, existe, no momento em que este texto é escrito, uma tentativa de ressignificar a Lava Jato: os acordos firmados no auge da operação têm desmoronado, e nota-se uma tentativa de reabilitar políticos* que caíram em desgraça nas delações premiadas.

Em 2023, Emílio Odebrecht publicou um livro de memórias em que dá sua versão dos acontecimentos. O título é significativo: *Uma guerra contra o Brasil: Como a Lava Jato agrediu a soberania nacional, enfraqueceu a indústria pesada brasileira e tentou destruir o grupo Odebrecht.*

O impeachment que não foi golpe

Embora o processo de impeachment de Dilma Rousseff não tenha sido uma consequência da Operação Lava Jato, é impossível retirar de cena a crise política que se seguiu à ação conjunta do Ministério Público Federal e da Polícia Federal. Dito de outro modo, Dilma caiu por conta das pedaladas fiscais, "apelido dado a um tipo de manobra contábil feita pelo Poder Executivo para cumprir as metas fiscais, fazendo parecer que haveria equilíbrio entre gastos e despesas nas contas públicas".**

Aos olhos do povo, no entanto, ficava a impressão de que o governo Dilma compactuava com a corrupção enquanto o país soçobrava numa crise econômica sem precedentes na história recente: aumento do desemprego e falência da política de estímulo anticíclica, amplamente conhecida entre os especialistas como Nova Matriz, culminando com

---

* ACIONISTAS da Vale veem pressão por Mantega como ameaça. *Poder360*, 24 jan. 2024. Disponível em: www.poder360.com.br/governo/acionistas-da-vale-veem-pressao-por-mantega-como-ameaca/. Acesso em: 24 jan. 2024.

** Para o conceito de pedaladas fiscais, utilizamos o texto do site do Senado Federal: pedalada fiscal. *Senado Notícias*, [201-?]. Disponível em: www12.senado.leg.br/noticias/entenda-o-assunto/pedalada-fiscal. Acesso em: 17 jan. 2024. Outra leitura recomendada é o livro de João Villaverde, *Perigosas pedaladas: Os bastidores da crise que abalou o Brasil e levou ao fim o governo Dilma Rousseff.*

o anúncio de recessão no final de 2015, pouco antes que o então presidente da Câmara, Eduardo Cunha, autorizasse a abertura do processo de impeachment.

Episódio 375
Kim Kataguiri
Os protestos e a crise política

No entanto, a conversa a respeito da cassação começa muito antes disso, ainda no final de 2014. O relato a seguir é de um dos personagens que se tornaram referência para esse acontecimento, **Kim Kataguiri**, uma das lideranças do Movimento Brasil Livre (MBL), cuja ascensão remonta ao momento seguinte à reeleição de Dilma, na época a mais acirrada disputa política desde a redemocratização. O então ativista do MBL recordou que a primeira manifestação do grupo, ainda no "dia seguinte" da reeleição da presidente Dilma Rousseff em 2014, teve como mote a liberdade de expressão. Ao falar a respeito do movimento e dos protestos, uma reportagem do diário *El País* falava do grupo como uma banda de indie rock. O texto destacava a liderança de Kataguiri, reforçando que as palavras do jovem recebiam aplausos de manifestantes que bem que poderiam ser os pais dos líderes daquela mobilização.*

Kataguiri concedeu entrevista ao podcast na sede do MBL, em São Paulo, poucos dias antes daquele que seria um dos maiores atos de rua das últimas décadas. Para ele, o protesto de 13 de março de 2016 era o principal capítulo daquela história que vinha sendo construída a partir das mobilizações populares. Para que se tenha uma ideia do tamanho dos protestos, os manifestantes tomaram as ruas uma semana após o panelaço durante o pronunciamento da presidente Dilma Rousseff por ocasião do Dia Internacional da Mulher.** Só que o próprio Kim Kataguiri disse, na

---

* Não é uma banda de indie-rock, é a vanguarda anti-Dilma. EL PAÍS *Brasil*, 12 dez 2014. Disponível em: https://brasil.elpais.com/brasil/2014/12/12/politica/1418403638_389650. html. Acesso em: 28 fev. 2025.

** MANIFESTAÇÃO das panelas surpreende e reacende polarização do país. EL PAÍS *Brasil*, 9 mar. 2015. Disponível em: https://brasil.elpais.com/brasil/2015/03/09/politica/1425912098_442390.html. Acesso em: 28 fev. 2025.

entrevista que concedeu ao *Podcast Rio Bravo*, que a reação da oposição ao governo foi ruim. Nem mesmo os políticos de oposição estavam convictos de que havia clima para impeachment. Em entrevista ao programa *Roda Viva* em 16 de março de 2015, Eduardo Cunha, mais tarde listado como grande algoz de Dilma Rousseff, rechaçava a tese do impeachment: "Não posso achar que o Brasil virou uma republiqueta e que podemos tirar o presidente democraticamente eleito. O Brasil não pode fazer como o Paraguai, que tirou o Lugo do dia para a noite porque ele perdeu o apoio, vai ser um impeachment atrás do outro se isso acontecer."*

De fato, as vozes que tocavam nesse assunto eram poucas no início. Em fevereiro de 2015 (antes, portanto, das grandes manifestações), Ives Gandra da Silva Martins publicou um artigo na *Folha de S.Paulo* no qual destacava que, "à luz de um raciocínio exclusivamente jurídico, [havia] fundamentação para o pedido de impeachment da presidente Dilma Rousseff".** O texto foi bastante discutido, mas não levou a consequências mais concretas naquele instante. Em outra intervenção, o já citado Eduardo Cunha declarou que a "discussão de processo de impeachment neste momento, com as circunstâncias que estão colocadas, beira a ilegalidade, a inconstitucionalidade, para não dizer o golpismo".***

Por outro lado, a discussão ganhava corpo com o passar do tempo, até culminar nos atos de março. Pouco a pouco, a temperatura do debate público escalava, deixando de ser um assunto apenas das eleições e se transformando num tópico mais corriqueiro. De certa maneira, embora

---

* AS POLÊMICAS de Eduardo Cunha no Roda Viva. *Exame*, 17 mar. 2015. Disponível em: https://exame.com/brasil/as-polemicas-de-eduardo-cunha-no-roda-viva/. Acesso em: 28 fev. 2025.

** MARTINS, Ives Gandra da Silva. A hipótese de culpa para o impeachment. *Folha de S.Paulo*, 3 fev. 2015. Disponível em: www1.folha.uol.com.br/fsp/opiniao/206640-a-hipote-se-de-culpa-para-o-impeachment.shtml. Acesso em: 17 jul. 2024.

*** A entrevista em questão foi concedida ao jornalista Mario Sérgio Conti no programa *Diálogos*, da GloboNews. EDUARDO CUNHA rejeita impeachment, mas critica gestão Dilma. *G1*, 16 mar. 2015. Disponível em: https://g1.globo.com/politica/noticia/2015/03/eduardo--cunha-rejeita-impeachment-mas-critica-gestao-de-dilma.html. Acesso em: 17 jan. 2024.

não fosse possível entender dessa forma, era um ciclo da política brasileira que ora se encerrava, haja vista os trinta anos da redemocratização, coincidentemente celebrados também naqueles idos de março.* A política nacional não foi mais a mesma desde então, e governo e oposição passaram a trocar ofensas numa escalada sem precedentes em tempos não eleitorais (mais adiante, ainda neste capítulo, abordaremos a polarização política).

Na entrevista ao *Podcast Rio Bravo*, Kim Kataguiri contou a história do avanço das manifestações de rua, trazendo o olhar de quem viu o MBL crescer. Para ele, estava claro que era necessário um empurrão para que a oposição saísse da defensiva. O futuro deputado pelo partido União Brasil observou a importância do tom mais aguerrido para que a oposição abraçasse a causa do impeachment. Mais tarde, não foram poucos os que criticaram a postura do MBL como deletéria para o debate político, e a organização faria uma espécie de mea-culpa depois do episódio envolvendo o então deputado estadual Arthur do Val.**

Muito antes disso, e de volta à entrevista ao *Podcast Rio Bravo*, Kataguiri citou como elemento decisivo para essa virada de chave a marcha do MBL para Brasília, na qual levaram assinaturas para protocolar o pedido de impeachment. Às vésperas dos protestos de abril de 2016, ele recordava o valor simbólico da empreitada, para além das assinaturas propriamente ditas. O episódio em questão ficaria registrado no documentário produzido pelo próprio MBL anos depois. A marcha cumpriu o papel de ser um rito de passagem — que envolveu conflitos com opositores, atropelamento e, por fim, o acampamento em frente ao Congresso. O MBL ainda não tinha representantes próprios na política, de modo

---

* SCHREIBER, Mariana. Trinta anos após o fim da Ditadura, Brasil tem 'democracia imperfeita'. *BBC Brasil*, 14 mar. 2015. Disponível em: https://www.bbc.com/portuguese/noticias/2015/03/150313_democracia_30anos_pai_ms. Acesso em: 28 fev. 2025.

** *MBL* PROMETE atuação mais profissional e menos política após caso Do Val. *Folha de S.Paulo*, 2 maio 2022. Disponível em: https://www1.folha.uol.com.br/colunas/painel/2022/05/MBL-busca-atuacao-mais-profissional-e-menos-antipolitica-apos-caso-do--val.shtml. Acesso em: 28 fev. 2025.

que a chegada a Brasília, naqueles termos, teve todo um apelo simbólico para o movimento. Assim, de acordo com Kataguiri, a marcha serviu como narrativa desse grande ponto de partida da história do movimento, concedendo uma espécie de prerrogativa para que a oposição tivesse que encaminhar o impeachment.

Esses momentos são marcados por algumas imagens. E talvez aquela que representa esse instante de passagem do poder aconteceu quando, em maio de 2015, os integrantes do MBL protocolaram o pedido de impeachment junto a membros da oposição ao governo. Uma foto desse encontro captura o presidente da Câmara dos Deputados, Eduardo Cunha, ladeado por integrantes do movimento. Alguns meses depois, essa cena seria usada também para contestar a legitimidade do impeachment, numa outra narrativa sobre o processo que tirou Dilma Rousseff da presidência.

O porta-voz do MBL não foi o primeiro a falar em "narrativa", palavra que se tornou central em uma infinidade de discussões não apenas entre acadêmicos, mas também entre jornalistas e comentaristas. O que se entende por narrativa, aqui, vai além do relato episódico: trata-se de uma teia de significados acerca de um determinado acontecimento. Não por acaso, em 2016, logo após a eleição de Donald Trump, a palavra do ano eleita pelo *Oxford* foi "pós-verdade". De acordo com o dicionário, a pós-verdade remete a "circunstâncias nas quais fatos objetivos são menos influenciadores na formação da opinião pública do que apelos à emoção ou à crença pessoal".*

O assunto merece atenção porque, no que se refere à crise política, não existe consenso sobre o impeachment de Dilma Rousseff até o momento em que este texto está sendo escrito. Mesmo que o processo tivesse sido avaliado pelo STF após a votação na Câmara e no Senado, não houve

---

* 'PÓS-VERDADE' é eleita a palavra do ano pelo Dicionário Oxford. G1, 16 nov. 2016. Disponível em: https://g1.globo.com/educacao/noticia/pos-verdade-e-eleita-a-palavra-do--ano-pelo-dicionario-oxford.ghtml. Acesso em: 17 jan. 2024.

pacificação — e o que deveria ser matéria já decidida é motivo de disputa severa nas mais diferentes frentes do espectro político.

No *Podcast Rio Bravo*, quisemos dar espaço a quem pudesse proporcionar aos nossos ouvintes uma interpretação desse episódio da maneira mais técnica possível. Jurista e professor emérito da Faculdade de Direito da Universidade de São Paulo, **Manoel Ferreira** não teve dúvida ao ser perguntado sobre a legalidade da cassação de Dilma Rousseff: "O impeachment não pode ser qualificado como golpe porque se trata de uma medida que está prevista na Constituição."

> **Episódio 381**
> Manoel Ferreira
> Uma análise sobre o processo
> de impeachment

Fundamentando sua análise na própria Lei do Impeachment,* Ferreira sustentou que o processo não representou uma ruptura, mas sim o cumprimento da Constituição. O argumento de que se tratava de golpe era meramente político, uma vez que não teria ocorrido crime de responsabilidade que justificasse o processo. Só que os fatos narrados na denúncia comprovam o crime de responsabilidade.

Na época, o advogado-geral da União, José Eduardo Cardozo, descartou a tese de crime de responsabilidade, defendendo que "tais crimes só podem ser [assim] qualificados quando representam condutas graves e dolosas". Em contrapartida, Ferreira observou que o crime de responsabilidade não necessariamente compreende uma infração grave às leis do país, mas uma infração política ao cumprimento da Constituição. O jurista arrematou: "O crime de responsabilidade tem elementos em comum com o crime em geral, mas tem características próprias. A essência do crime de responsabilidade é o descumprimento da Constituição."

O impeachment se concretizou no Senado Federal em 31 de agosto de 2016, em obediência ao rito constitucional e ao cronograma previsto.

---

* BRASIL. Lei n. 1.079, de 10 de abril de 1950. Define os crimes de responsabilidade e regula o respectivo processo de julgamento. Brasília, DF: Presidência da República, [20--]. Disponível em: www.planalto.gov.br/ccivil_03/leis/l1079.htm. Acesso em: 17 jan. 2024.

Mas a tese do golpe permanece, em parte porque, diferentemente do processo contra Fernando Collor no ano de 1992, a deposição de Dilma Rousseff terminou por não incluir a suspensão de seus direitos políticos. Em vez disso, a sessão final daquele 31 de agosto traçou um novo desfecho para o caso: Dilma sofreu impeachment, mas poderia concorrer a cargos eletivos na eleição seguinte, em outubro de 2018.

Ao comentar esse caso no *Podcast Rio Bravo*, **Daniel Falcão**, professor de direito e especialista em impeachment, destacou que a Constituição é muito clara a respeito das consequências legais de um crime cometido pelo chefe de Estado: "Caso haja condenação do presidente da República, ele tem de sofrer as duas penas: ou seja, perda de mandato com inabilitação de função pública por oito anos." A manobra que favoreceu Dilma só foi possível porque o então ministro Ricardo Lewandowski, que presidiu a sessão de julgamento, permitiu o fatiamento da votação, de modo que a cassação foi separada da suspensão dos direitos políticos.

> **Episódio 401**
> Daniel Falcão
> Uma análise sobre a decisão do impeachment de Dilma Rousseff

A resolução do Senado, como era de se esperar, aumentou o ambiente de incerteza. Afinal, será que foi legítima a decisão dos parlamentares, haja vista o desfecho do caso? Em sua entrevista, Falcão aproveitou para reiterar as características do processo de impeachment, que "é regulado pela Lei de Crime de Responsabilidade, a [Lei n.] 1.079, datada de 1950. A interpretação dada ao fatiamento foi considerada errada por 99,9% das pessoas que estudam direito constitucional".

Para além da discussão a respeito dos desdobramentos do impeachment, o professor discutiu o papel do STF em um contexto de crise política.

Desde a estreia do *Podcast Rio Bravo* até aquele momento, havia crescido a sensação de insegurança jurídica, e era bastante comum ouvir a expressão "ativismo judicial" para tratar da atuação dos ministros do STF como que legislando em determinadas causas. Falcão foi enfático: cabe ao Supremo zelar pela Constituição. No entendimento do jurista, que mais tarde seria eleito membro da Academia Brasileira de Letras, qualquer contrariedade no que tange à leitura da Constituição exige a mudança da Carta. Ao STF cumpriria o papel de guardião do documento.

Anos mais tarde, Flavio Dino, que tomou posse como ministro do Supremo em fevereiro de 2024, disse em um evento para alunos da Pontifícia Universidade Católica de São Paulo que "é falsa a ideia de que o Supremo, quando se abstém de decidir alguma coisa, fez o certo". Para ilustrar o seu argumento, o ministro citou como exemplo o caso de Olga Benário Prestes, a judia comunista que foi deportada na década de 1930 na antessala da Segunda Guerra Mundial, quando a perseguição contra os judeus já havia começado.

Nas palavras de Dino, "Quem tiver dúvida, olhe o julgado do Supremo sobre a deportação de Olga Benário. Uma cidadã alemã, é verdade, casada com um brasileiro, grávida de um bebê e que foi para a Alemanha e morreu no campo de concentração. Ela buscou evitar essa deportação onde? No Supremo Tribunal Federal. E o que foi que meus colegas da época disseram? Isso é ato político. Não é algo de importância. É certo entregar uma mulher grávida para morrer no campo de concentração?".*

O Supremo seria abordado novamente em outras oportunidades, nas entrevistas de Joaquim Falcão (que não tem relação de parentesco com Daniel Falcão) e Conrado Hübner Mendes.

> **Episódio 448**
> Joaquim Falcão
> Como funciona o STF

Joaquim Falcão advogou uma tese interessante: a dos 11 Supremos, representados, no caso, pelos ministros, conforme livro publicado sob a organização de Diego Arguelhes, Felipe Recondo e o próprio Falcão. A tese da obra, lançada em 2016, apresenta um diário crítico tomando o ano de 2016 como referência e analisa as decisões do tribunal, levando em conta as preocupações políticas, sociais

---

* SANTOS, Rafa. Flávio Dino defende constitucionalismo social em aula magna na PUC-SP. *Consultor Jurídico*, 25 fev. 2025. Disponível em: www.conjur.com.br/2025-fev-25/flavio-dino--defende-constitucionalismo-social-em-aula-magna-na-puc-sp/. Acesso em: 1º mar. 2025.

e econômicas de cada decisão. Para Falcão, o processo decisório do Supremo o tornaria mais próximo de um juizado de primeira instância, o que criaria muita incerteza econômica e política.

Já **Conrado Hübner Mendes**, professor de direito da Universidade de São Paulo (USP) que se notabilizou pela crítica contundente ao Judiciário, não mediu palavras para destacar a atuação deletéria do STF no que se refere à crise política. Para Mendes, o tribunal arruinou seu próprio capital político "com comportamentos que prejudicaram sua imagem de imparcialidade".

Episódio 543
Conrado Hübner Mendes
A conduta do judiciário na atual conjuntura política do país

A posição do STF em relação ao impeachment merece destaque não apenas pelo julgamento em si, conforme já mencionado, mas também porque foi um ministro da Suprema Corte brasileira, Gilmar Mendes, que impediu que o então ex-presidente Lula assumisse o posto de ministro da Casa Civil poucos dias antes da votação na Câmara dos Deputados.* Para muitos observadores políticos, a entrada de Lula poderia ter impactado a votação do impeachment.**

Em outra decisão, de abril de 2018, o Supremo rejeitou o *habeas corpus* preventivo para Lula, o que tornou possível que, dias depois, ele fosse preso por corrupção passiva e lavagem de dinheiro no caso do triplex do Guarujá.*** Em novembro de 2019, o STF mudou seu entendimento,

---

* OLIVEIRA, Mariana. Gilmar Mendes suspende nomeação de Lula como ministro da Casa Civil. G1, 18 mar. 2016. Disponível em: https://g1.globo.com/politica/noticia/2016/03/gilmar-mendes-suspende-nomeacao-de-lula-como-ministro-da-casa-civil.html. Acesso em: 17 jan. 2024.

** BENITES, Afonso. O negociador Lula que tenta salvar o Governo Dilma do impeachment. *EL PAÍS Brasil*, 12 abr. 2016. Disponível em: https://brasil.elpais.com/brasil/2016/04/09/politica/1460166122_568182.html. Acesso em: 17 jan. 2024.

*** RAMALHO, Renan *et al.* Supremo rejeita por 6 votos a 5 habeas corpus preventivo para Lula; prisão agora depende do trf-4. G1, 4 abr. 2018. Disponível em: https://g1.globo.com/politica/noticia/STF-julgamento-habeas-corpus-lula-4-de-abril.ghtml. Acesso em: 17 jan. 2024.

e a prisão em segunda instância foi proibida, numa decisão que, poucos dias depois, permitiu que Lula saísse da prisão em Curitiba.

Com idas e vindas que afetaram diretamente a paisagem política nacional, era natural que o Supremo se convertesse em uma instituição decisiva para quem quisesse acompanhar no detalhe a vida política nacional. Não foi por outro motivo que, mais do que saber os 11 jogadores da Seleção Brasileira, a sociedade passou a reconhecer os 11 ministros do Supremo, um destaque que se faz visível, inclusive, na presença de livros que buscam interpretar as decisões da mais alta corte do país.

Ao podcast, Hübner Mendes apontou as consequências da conduta do Supremo. "Para resumir, por falhas de ética judicial, o Judiciário acaba prejudicando a sua própria autoridade. Em razão do seu método decisório, do seu tipo de falta de disciplina procedimental, da falta de cuidado com critérios e com justificativa pública do porquê [de] uma certa questão [ter sido] decidida hoje por meio de decisão liminar e não pelo plenário, o STF perdeu sua aura de autoridade máxima e de guardião da Constituição, e isso é responsabilidade do próprio tribunal, não é culpa da conjuntura externa." Ainda assim, o entrevistado salientou que o tribunal continuava sendo alvo em um ambiente político cada dia mais complexo. "A verdade é que o STF permanece sob intenso ataque, pois continua a ser um potencial adversário naquilo que o governo pretende mudar e agredir o direito e a Constituição. Um tribunal constitucional é sempre um contrapeso ao governo e às maiorias mais apaixonadas. Existem limites constitucionais, e é o STF que operacionaliza esses limites."

O comentário de Conrado Hübner Mendes não é sinal de trégua para com o tribunal. Antes, tem a ver com o ambiente político bastante carregado do país, trazendo a polarização para um nível jamais visto na história recente. Esse fenômeno não aconteceu somente a partir da eleição de Jair Bolsonaro, em 2018; envolve, isso sim, um processo de radicalização política que só fez crescer desde 2013.

O caminho da polarização

O primeiro episódio do *Podcast Rio Bravo* no qual o tema da polarização foi abertamente enfrentado aconteceu meses antes da eleição de 2014 e contou com a participação do cientista político **Cláudio Gonçalves Couto**, professor da FGV em São Paulo.

Episódio 286
Cláudio Gonçalves Couto
Direita e esquerda, 2014:
os descaminhos da polarização

Naquele momento, todavia, o que se entendia por polarização política no Brasil e no mundo respondia a uma disputa partidária, por aqui encapsulada na querela entre PT e PSDB; nos Estados Unidos, entre o Partido Republicano e o Partido Democrata; na Inglaterra, entre o Partido Trabalhista e o Partido Conservador; e, na França, entre o Partido Socialista e a extrema direita capitaneada por Jean-Marie Le Pen.

Era uma polarização marcada essencialmente por uma divisão ideológica que remontava à Revolução Francesa, entre esquerda e direita. Em sua entrevista, Couto apontou um desdobramento dessa oposição, destacando que o sentido de ser de esquerda e de direita foi se transformando com o tempo. As questões materiais, antes *pièce de résistance* do discurso à esquerda, foram perdendo apelo para uma leitura de mundo pós-moderna. Em entrevista ao jornalista Silio Boccanera, exibida no programa *Milênio*, o pensador David Graeber criticou os rumos que a esquerda tradicional havia tomado: "Acredito que a esquerda tradicional adotou uma política estúpida. Aqui, no Reino Unido, a esquerda achou que, para ser considerada razoável, tinha que adotar o mercado e a burocracia. Veja o sistema educacional aqui. Veja o resultado. É um pesadelo. É como o pior de todos os cenários. E ficam surpresos que a classe trabalhadora vote na direita."

As ideias de Graeber e a participação de Couto no *Podcast Rio Bravo* se encontram, pois, apesar de a entrevista ter sido concedida antes da ascensão de Donald Trump e da eleição de Bolsonaro, a análise de Cláudio Gonçalves Couto apresentou um cenário de alta tensão no que tange ao debate de ideias, acusando aqui especificamente os liberais. Para o professor da FGV, no Brasil, os liberais seriam intolerantes, posto que, muito embora defendam o livre mercado, atuavam para desqualificar o adversário, imobilizando sua atuação no debate público.

Vale a pena ressaltar que, nesse momento, Claudio Gonçalves Couto chamava de "liberais" especificamente aqueles que defendiam o livre mercado, portanto, pessoas que estariam na oposição ao PT. Diferentemente do que acontece nos EUA, por exemplo, a noção de direita e esquerda no Brasil atende pela distinção de quem defende que a economia seja guiada mais pelo Estado (à esquerda) ou mais pelo mercado (à direita), estes últimos sendo chamados, com sentido pejorativo até, de liberais ou neoliberais.

Esse ambiente de pouco diálogo só se agravou desde 2014. De um país que, exceto no período eleitoral, pouco falava a respeito de política até 2013, o Brasil passou a tratar desse assunto de forma constante nos últimos anos. Só que sem a mediação dos partidos políticos, que têm perdido a cada eleição a capacidade de se conectar, dialogar e ouvir o que a sociedade tem a dizer.

Cláudio Gonçalves Couto observou que o embrião desse ambiente polarizado estava na maneira como os publicistas forjaram um clima de opinião. Naquela ocasião, eram as pessoas que, na imprensa, tencionavam o debate a partir de opiniões extremadas, estigmatizando os adversários, como que autorizando, por tabela, o público a se comportar de modo semelhante. Ao longo dos anos, esse *modus operandi* ganhou fôlego com a popularização definitiva das redes sociais em meados da década passada. Assim, o chamado discurso de ódio escalou de tal maneira que o ambiente das redes sociais passou a ser considerado igualmente tóxico — e o cerne da discussão se tornou a regulação dessas redes.*

---

* O debate em torno da regulação das redes sociais se intensificou bastante no Brasil nos últimos anos. Um dos principais analistas do tema, Carlos Affonso Souza, escreveu um artigo no qual aponta o quão delicada é a matéria: SOUZA, Carlos Affonso. Regulação das redes sociais: é urgente agir com cautela. *Estadão*, 9 fev. 2025. Disponível em: https://www. estadao.com.br/politica/regulacao-das-redes-sociais-e-urgente-agir-com-cautela/. Acesso em: 1 mar. 2025.

Na ocasião da entrevista, o cientista político comentou que, nesse ambiente onde vigora o clima de opinião, as pessoas buscam tão somente a confirmação das próprias ideias preconcebidas, numa espiral de radicalização.

Nessa época, as redes sociais ainda não eram percebidas como um problema para o debate público. Anos mais tarde, a jornalista **Lúcia Guimarães**, também em entrevista ao podcast, afirmou que o Facebook tinha se tornado um ecossistema de bolhas, destacando que a imprensa, no Brasil e no exterior, "perdeu muito de sua credibilidade, [por] buscar cliques e ser mais sensacionalista".

> **Episódio 519**
> Lúcia Guimarães
> "O Facebook virou um ecossistema de bolhas"

Em seu depoimento, Cláudio Gonçalves Couto antecipou que muitos dos formadores de opinião que atuavam na internet poderiam ser qualificados como blogueiros de entretenimento. Em outras palavras, eles não necessariamente estão pautados pela clareza ou pela veracidade dos fatos; antes, graças ao seu estilo, com discurso virulento, esses personagens do debate público aumentavam o antagonismo político recíproco.

Vale a pena resgatar que, naquela época, uma das celeumas envolvendo essa cisma no debate público aconteceu em junho de 2014, na abertura da Copa do Mundo. A presidente Dilma Rousseff recebeu uma sonora vaia, fato que entrou para os assuntos daquele dia, além da fraca performance da Seleção Brasileira contra a Croácia.

Na mesma noite, o jornalista esportivo José Trajano, então comentarista da ESPN, disse que os autores dos xingamentos se inspiravam em gente que só semeia ódio e inveja, como Demétrio Magnoli, Augusto Nunes, Diogo Mainardi e Reinaldo Azevedo. Na época autor de um dos blogs mais lidos da *veja* e conhecido por suas críticas ao PT, Azevedo respondeu que já tinha sido avisado que a ESPN era uma "gaiola das loucas" do esquerdismo.

Três dias depois, Alberto Cantalice, então vice-presidente do PT, publicou um artigo em que acusava nove comentaristas de serem propagadores de ódio: Arnaldo Jabor, Marcelo Madureira, Danilo Gentili, Guilherme Fiúza, Lobão, além dos quatro já citados por Trajano.*

Olhando em retrospectiva, é possível perceber que algumas falas antecipavam o que viria a seguir, e o fato inescapável é que o ódio como combustível da polarização política ganhou relevo à medida que a eleição de 2018 se aproximava.

Havia um grande temor (ou ao menos uma imensa desconfiança) do que representaria a vitória de Jair Bolsonaro.

O pleito de 2018 foi marcado por uma série de acontecimentos políticos. Em fevereiro daquele ano, o governo Temer decretou intervenção federal no estado do Rio de Janeiro em função da onda de violência. No mês seguinte, houve o assassinato da vereadora Marielle Franco, do Partido Socialismo e Liberdade (PSOL). A investigação demorou o suficiente para que a sensação de insegurança prevalecesse. Em abril, ocorreu a já citada prisão de Lula. Tudo isso muito antes de a campanha oficial começar.

> **Episódio 499**
> Maurício Moura
> As mídias sociais e a cabeça do eleitor

Em julho daquele ano, fomos ouvir **Maurício Moura**, fundador do instituto de pesquisa Ideia Big Data. Como o nome sugere, a proposta do instituto era fazer uso de uma metodologia de pesquisa diferente — depois do Brexit e da eleição de Donald Trump, os meios empregados pelos institutos de pesquisa foram colocados em xeque pela opinião pública.

Já naquela ocasião, Maurício Moura apontava como um dos principais desafios estabelecer uma metodologia capaz de capturar a velocidade

---

* VICE-PRESIDENTE do PT publica lista negra de jornalistas "pitbulls". *Repórteres sem Fronteiras*, 20 jun. 2014. Disponível em: https://rsf.org/pt-br/vice-presidente-do-pt-publi-ca-lista-negra-de-jornalistas-pitbulls. Acesso em: 2 mar. 2025.

com que as pessoas formavam opinião. Com as redes sociais, a rapidez se impõe como um fato novo para os institutos de pesquisa, que ainda se valem de ferramentas tradicionais.

Citando o exemplo de Donald Trump, cuja eleição em 2016 pegara a todos de surpresa, Moura afirmou que, na última semana da corrida pela Casa Branca, houve uma série de eventos que poderiam alterar o destino daquele pleito. Graças às informações que o eleitor tem à sua disposição, suas escolhas não podem mais ser antecipadas como no passado.

Mais do que destacar o impacto das redes sociais como espaços de formação de opinião e de criação de bolhas, onde as convicções dos usuários eram estimuladas, Maurício Moura chamou a atenção para outro fenômeno que, de fato, foi um ponto de virada na corrida eleitoral de 2018: o WhatsApp. Nas palavras do fundador do Ideia Big Data: "No Brasil, as pessoas usam mais o WhatsApp. A estimativa é que tenha hoje mais de 125 milhões de perfis nesse aplicativo, dos quais 90 milhões [...] são ativos. E a maioria esmagadora tem um grupo no qual o usuário se relaciona com mais de uma pessoa ao mesmo tempo. O WhatsApp passou a ser a principal plataforma de discussão política e disseminação de conteúdo."*

A história das eleições de 2018 não será contada por completo se o fator dos aplicativos de mensagens não for levado em consideração; afinal, essas plataformas veicularam com ampla audiência informações que não eram transmitidas pelos meios de comunicação tradicionais. Daí que muitos especialistas passaram a realçar o papel das notícias falsas entre o grande público.

No entanto, outros elementos pesaram para a eleição de Bolsonaro, como apontou o jornalista e ex-deputado **Fernando Gabeira**, na entrevista

| **Episódio 512** |
| Fernando Gabeira |
| Para entender as eleições de 2018 |

---

* RIZÉRIO, Lara. Desafio hoje dos institutos de pesquisa eleitoral é monstruoso, diz o fundador do Ideia Big Data. *InfoMoney*, 30 ago. 2018. Disponível em: https://www.infomoney. com.br/politica/desafio-hoje-dos-institutos-de-pesquisa-eleitoral-e-monstruoso-diz-fundador-do-idea-big-data/. Acesso em: 2 mar. 2025.

que concedeu ao *Podcast Rio Bravo* em 26 de outubro de 2018 — sexta-feira anterior à votação. O episódio teve grande repercussão e foi reproduzido em veículos da imprensa tradicional.*

Em sua participação no podcast, Gabeira foi questionado sobre o modo como tratou Bolsonaro em uma entrevista de 2018, quando este era candidato. O jornalista se lembrou do convívio com Bolsonaro, especificamente no período em que os dois foram colegas de Parlamento, mas a informação mais importante viria na sequência: "Mesmo quando não era um candidato bem-sucedido, ele já expressava coisas que quem anda nas ruas do Brasil sabe que as pessoas pensam também. Então, é necessário ter com o Bolsonaro, no meu entender, uma visão construtiva, porque, se partimos para a ideia de que é um fascista, de que é um nazista, perdemos um pouco o contato com a possibilidade realmente de não só falar com ele, mas falar com os eleitores dele também, porque os eleitores dele não são essas pessoas que são descritas nas visões alarmistas."

A entrevista de Gabeira já apontava para o impasse do dia seguinte à eleição — e que, de certa forma, assombra o debate público até os nossos dias: a dificuldade de compreender o outro, tendo em vista que a troca de insultos se tornou o padrão para qualquer tentativa de diálogo ou interação nas redes sociais.

O ex-deputado federal ressaltou ainda que, nas duas primeiras décadas do século XXI, surgiram pensadores liberais e de direita que ocuparam um espaço importante. "Gente que discutia a questão de costumes, toda uma corrente de direita mais intelectualizada e mais dona de seus argumentos. A esquerda não conseguiu responder a isso à altura. Pelo contrário, de certa maneira ela foi presa fácil desse novo movimento intelectual que acabou respaldando muito Bolsonaro nas redes."

Mais adiante na entrevista, Gabeira aprofundou a reflexão e comentou que o Brasil vivia, nas redes sociais, a continuidade das manifestações

---

* AMENDOLA, Gilberto. Esquerda 'tem de ser reavaliar', avisa Gabeira. *Estadão*, 26 out. 2018. Disponível em: www.estadao.com.br/cultura/gilberto-amendola/84609-2/. Acesso em: 17 jan. 2024.

de Junho de 2013: "O que justifica a presença e a constância do debate político nas mídias sociais é exatamente a gravidade da situação política. A resposta não está nas mídias, está no país. As pessoas se cansaram de ver os problemas do país e passaram a se comunicar mais e trocar ideias, e viram nas eleições uma maneira de dar uma resposta coletiva."

Quase um ano depois, por ocasião do episódio com o advogado **Modesto Carvalhosa**, a compreensão de Gabeira a respeito do que havia sido decisivo para Bolsonaro chegar ao poder ainda

Episódio 545
Modesto Carvalhosa
O legado do combate à corrupção

ecoava. Isso porque, além de falar a respeito do combate à corrupção ("um dos elementos fundamentais da eleição de 2018", nas palavras dele), Carvalhosa apontou o problema da crise de representatividade nas democracias ao redor do mundo.

"A crise existe em quase todos os países democráticos do mundo, como na Europa e nos Estados Unidos, onde o regime representativo foi basicamente superado porque houve uma evolução [muito grande] da sociedade civil, fruto da tecnologia e dos avanços nos direitos sociais [...], e a política continua igual. Nós temos o regime de representação democrática ainda do tempo da concepção praticamente napoleônica. Isso não existe mais. Os eleitos pelo povo defendem grupos de interesse, não defendem o bem público. Eles estão ali encarregados de defender interesses egoísticos dos grupos de interesse."

Segundo Carvalhosa, como consequência desse fenômeno, os partidos estão desprestigiados: na Inglaterra, dos *tories* ao Partido Trabalhista; na França, os partidos acabaram. "O sistema de representação não existe mais. Hoje nós temos as redes sociais, onde diariamente estamos discutindo cidadania e outros temas."

Essa é a moldura do quadro da eleição de Bolsonaro. Falta a pintura, que apresenta a história do protagonista daquela corrida eleitoral.

* * *

A ascensão política de Jair Bolsonaro foi narrada em dois episódios do *Podcast Rio Bravo*.

No primeiro deles, o jornalista **Luiz Maklouf Carvalho**, que, em fins de 2019, acabara de lançar seu livro *O cadete e o capitão*, reconstituiu a vida de Bolsonaro desde o momento em que ele foi expulso do Exército. Na entrevista,

> **Episódio 569**
> Luiz Maklouf Carvalho
> O cadete e o capitão: A vida de Jair Bolsonaro no quartel

o jornalista destacou que Bolsonaro quis testar armas com o principal veículo da imprensa brasileira na ocasião, a revista *veja*, quando de sua saída das Forças Armadas. Maklouf, que faleceu em fevereiro de 2020, falou a respeito do processo de apuração do livro, tomando como base os áudios do julgamento. E ali ganhou destaque o papel da imprensa, que já naquela época era o alvo de Bolsonaro.

O modo como o jornalismo profissional foi tratado antes, durante e depois da eleição de Bolsonaro foi tema do episódio com **Mônica Waldvogel**, gravado durante a pandemia. A acusação

> **Episódio 596**
> Mônica Waldvogel
> A imprensa e Jair Bolsonaro

corriqueira naquele instante era que a imprensa perseguia Jair Bolsonaro porque o presidente era um político de direita, enquanto o alinhamento político dos jornalistas e da mídia era à esquerda.

Quando questionada, Waldvogel respondeu que, desde passou a trabalhar em redação, nos anos 1980, jamais percebeu esses espaços como um corpo homogêneo. Ela destacou ainda que dificilmente os chefes perguntam a inclinação ideológica dos jornalistas antes de contratá-los.

Se, em 2020, a pergunta parecia impertinente a Waldvogel, nos EUA ao menos os jornalistas passaram a discutir o tema da identificação política dos jornalistas. No episódio que ficou conhecido como Rathergate,*

---

* NUNES, Letícia. Emissora fará investigação do caso Rather. *Observatório da Imprensa*, 28 set. 2004. Disponível em: www.observatoriodaimprensa.com.br/monitor-da-imprensa/emissora-fara-investigacao-do-caso-rather/. Acesso em: 2 mar. 2025.

envolvendo o repórter Dan Rather e a história de que George W. Bush não havia cumprido o serviço militar no período da Guerra do Vietnã, a jornalista e produtora Mary Mapes foi questionada a esse respeito.

A questão da inclinação ideológica dos jornalistas ganhou repercussão em 2024, quando Jeff Bezos, proprietário do *Washington Post*, agiu para impedir que o diário norte-americano apresentasse editorial em defesa da candidatura de Kamala Harris, a candidata democrata que disputava a eleição contra Donald Trump.

De sua parte, Maklouf assinalou que o embate que Bolsonaro manteve com o jornalismo profissional confirma que o então presidente não tinha compreensão da importância da imprensa para a democracia.

O segundo episódio que explica como Bolsonaro chegou à presidência foi ao ar em setembro de 2022, quando a tensão entre os Poderes da República estava em alta voltagem. Autora de um dos primeiros perfis* de Bolsonaro na imprensa tradicional, a jornalista Consuelo Dieguez acabara de publicar o livro *O ovo da serpente*, que narra, no estilo de um *thriller*, os momentos decisivos para a ascensão do político, começando pelo episódio da facada — ponto de não retorno para a eleição de 2018, que quase se consumou no primeiro turno — e depois detalhando como Bolsonaro foi se consolidando como alternativa política viável num momento de grave crise de lideranças partidárias. Na entrevista, Dieguez afirmou que o político se transformara em uma voz legítima após as Jornadas de Junho de 2013. Embora não tenha sido um protagonista daquelas manifestações de rua, ele soube como ninguém se aproveitar daquele momento.

Ciente do poder das redes sociais, Bolsonaro percebeu que havia um espaço ali a ser ocupado e canalizou o sentimento de uma parte do povo. "As pessoas estavam insatisfeitas, não sabiam quem ia representá-las e, de repente, elas olham para Bolsonaro, que lhes deu voz."

---

* DIEGUEZ, Consuelo. Direita, volver. *piauí*, ed. 120, set. 2016. Disponível em: https://piaui.folha.uol.com.br/materia/direita-volver/. Acesso em: 17 jan. 2024.

Quando ele chegou à presidência, o fenômeno da polarização extrapolou a disputa eleitoral. Não apenas as conexões nas redes sociais se embruteceram, mas as relações nos núcleos de amizade e nos espaços familiares sofreram muito desgaste. O que parecia praticamente impossível — que os brasileiros se importassem com política da mesma maneira como se importam com futebol — se converteu em uma realidade distópica em alguns casos.

> **Episódio 573**
> Christian Lynch
> "Haverá pelo menos uma
> década conservadora"

Para o cientista político **Christian Lynch**, esse clima de embate permanente tem a ver com a natureza do governo Bolsonaro. Em sua leitura original acerca do bolsonarismo, Lynch afirmou que, embora eleito, o então presidente da República não havia se organizado para assumir o Palácio do Planalto. Um exemplo dessa falta de estrutura tem a ver com os grupos que se articularam a Bolsonaro, sem qualquer unidade orgânica.

Isso pode ser visto no fato de que Bolsonaro perdeu aliados de primeira hora logo nos primeiros meses do governo. Uma reportagem da *BBC Brasil* destacou como superaliados do presidente terminaram o ano de 2019 como desafetos, citando, entre outros, os deputados federais Joyce Hasselmann e Alexandre Frota e o ex-ministro Gustavo Bebianno.* Em 2022, Hasselmann e Frota não foram reeleitos, e Bebianno faleceu no início de 2020.

Como consequência dessa falta de organização política, prosseguiu Lynch, faltavam quadros para desempenhar o papel de governo. Por esse motivo, o que efetivamente servia como elemento de unidade na administração Bolsonaro era a pauta cultural. O cientista político sublinhou, em seguida, como esse comportamento se organizava: as bancadas temáticas — no caso, as conservadoras, como a evangélica e

---

* SHALDERS, André. Os ex-superaliados que terminaram 2019 como desafetos de Bolsonaro. *BBC Brasil*, 30 dez. 2019. Disponível em: https://www.bbc.com/portuguese/brasil-50874219. Acesso em: 2 mar. 2025.

a ruralista — serviam como esteio para o discurso antipolítica, o que evitava que o governo fosse definitivamente engolido pelas forças tradicionais do Congresso.

Ao não negociar com os políticos tradicionais, Bolsonaro se tornava cada vez mais fraco, ainda que em público estivesse endurecendo o discurso. Só que, ao navegar essas águas da antipolítica, a administração Bolsonaro se fragilizava. Conforme reportagem veiculada pelo portal *G1*, as negociações com o Centrão, bloco informal na Câmara dos Deputados que agrega partidos de centro-direita, envolviam a distribuição de cargos às agremiações, que, por sua vez, poderiam indicar para as vagas. A contrapartida para Bolsonaro seria a força para emplacar suas pautas no Congresso.

A título de contextualização, é importante salientar que os analistas políticos apontaram que o governo Bolsonaro se tornou dependente* do Centrão, personificado aqui na figura do então presidente da Câmara dos Deputados, Arthur Lira.

Em que pese essa relação de dependência, o mandato de Bolsonaro foi marcado por inúmeros momentos de ameaça institucional. Foi assim nos primeiros meses da pandemia, quando foram convocadas manifestações em defesa do governo federal; e foi o que ocorreu em setembro de 2021, quando foram convocadas manifestações para o Dia da Independência, talvez o momento mais delicado dessa disputa entre os poderes. Além disso, havia um clima de apreensão com o que o presidente da República diria da atuação do Supremo Tribunal Federal. O confronto parecia inevitável, e o nosso entrevistado na ocasião foi o cientista político **Felipe D'Avila**, que concorreria como presidenciável pelo Partido Novo no ano seguinte.

> **Episódio 661**
> Felipe D'Avila
> "Nós vivemos a crise institucional mais perigosa desde 1964"

---

* CRUZ, Valdo. Bolsonaro pode vencer disputas no Congresso, mas ficará mais dependente do Centrão. *G1*, 1 fev. 2021. Disponível em: https://g1.globo.com/politica/blog/valdo-cruz/post/2021/02/01/bolsonaro-pode-vencer-disputas-no-congresso-mas-ficara-mais-dependente-do-centrao.ghtml. Acesso em: 17 jan. 2024.

D'Avila não hesitou em apontar o que estava em jogo na véspera daquele 7 de Setembro: "Nós vivemos a crise institucional mais perigosa desde 1964." Na mesma entrevista, ele acusou o sequestro dos símbolos nacionais pelo governo Bolsonaro. "É a data da Independência, não é a data do bolsonarismo. Portanto, [ele] não pode transformar uma data nacional em uma data do sectarismo."

As piores expectativas em relação à polarização política e à crise da democracia viriam a se concretizar em 8 de janeiro de 2023, exatamente uma semana após a posse de Lula para seu terceiro mandato. O levante, que reuniu uma turba de manifestantes na Praça dos Três Poderes, onde vândalos invadiram prédios públicos, depredaram obras de arte e destruíram peças importantes que simbolizam a história do Brasil, vinha sendo antecipado por alguns dos entrevistados no podcast de 2018 para cá.

> **Episódio 513**
> Fernando Bizzarro
> A democracia e as consequências
> da polarização política

Após a eleição de Bolsonaro, o cientista político Fernando Bizzarro, pesquisador em Harvard, falou a respeito da maneira como a democracia é percebida no contexto de uma sociedade polarizada. Desse modo, sob uma liderança autoritária, "quanto maior a polarização, maior a chance de que as pessoas perdoem o político que lhes é próximo".

Essa discussão teve como premissa uma pesquisa sobre a democracia ser ou não o melhor regime político, divulgada na época pela *Folha de S.Paulo*. Para 68% dos respondentes, a resposta era sim. Bizzarro, no entanto, entendia que esse dado camuflava um fator importante para a manutenção da normalidade democrática. Desse modo, na medida em que existem contextos polarizados, a adesão à democracia enfraquece, porque as pessoas optam pela preferência política.

Em sua entrevista, Fernando Bizzarro já previa que as instituições no Brasil não dariam conta de controlar o presidente da República, ainda que, no longo prazo, o STF tenha servido de freio e contrapeso, sobretudo entre 2021 e 2022. Acontece que o próprio Bizzarro já salientava que a Corte Suprema não conseguiria, sozinha, defender a democracia.

Alguns anos depois, a cientista política **Maria Hermínia Tavares** falou ao podcast a propósito do episódio de 6 de janeiro de 2021: a invasão do Capitólio poucos dias antes da posse de Joe Biden como presidente dos Estados Unidos.

Episódio 629
Maria Hermínia Tavares
Trump, Bolsonaro e os riscos da
desconfiança na democracia

Mais do que um alerta, o ocorrido foi a confirmação de que as especulações sobre a recusa do resultado das urnas tinham fundamento e não eram uma diatribe de quem estava fora do poder. Por conta daqueles acontecimentos, Trump sofreria impeachment no Congresso, embora isso não tenha sido decisivo para a tentativa de retornar à Casa Branca em 2024.

Ao participar do podcast, Tavares, que também é pesquisadora do Centro Brasileiro de Análise e Planejamento (Cebrap), ressaltou justamente como era importante o respeito ao resultado das urnas. Em retrospectiva, o ponto alto da entrevista da cientista política foi a correlação que fez entre a reação dos adeptos do trumpismo nos EUA e a onda bolsonarista no Brasil. Para a cientista política, o país vivia uma situação paradoxal: parte da população brasileira havia escolhido, pela via democrática, um presidente que não tinha compromisso com a democracia. A entrevistada ainda fez uma previsão, que à época poderia soar exagerada: Bolsonaro preparava para montar uma narrativa que atribuiria sua eventual derrota a uma fraude, tal como Donald Trump fez no fatídico 6 de janeiro de 2021 nos EUA.

O que explica a força da democracia brasileira, que, apesar desse teste de estresse, enverga, mas não quebra? Para Maria Hermínia Tavares, isso tem a ver com um edifício, por assim dizer, muito sólido no país. As instituições seguravam os avanços autoritários. A propósito, vale a pena ressaltar que, no livro *Por que a democracia brasileira não morreu?*, os cientistas políticos Marcus André Melo e Carlos Pereira destacaram que as instituições democráticas cumpriram o seu papel no sentido de garantir a democracia.

Episódio 721

Renato Meirelles

Há espaço para reconciliação depois das eleições presidenciais?

Na véspera do segundo turno das eleições de 2022, o clima político estava bastante carregado. Nas ruas, nas salas de aula,* nos ambientes de trabalho e até nos relacionamentos conjugais,** a polarização falava mais alto. Quando perguntado se essa divisão permaneceria para além da eleição, **Renato Meirelles**, como que antecipando o que o Brasil testemunharia nos meses seguintes, respondeu que isso dependia do modo como os brasileiros sairíamos da votação. Até que ponto, perguntava o especialista, a parte derrotada questionaria o resultado das urnas? Será que haveria passeatas, mobilizações violentas e tentativas de impugnação nos tribunais? Seriam esses fatores, analisava Meirelles, que definiriam o processo de reunificação nacional.

Depois de anunciada a vitória de Lula nas eleições de 2023, Jair Bolsonaro não seguiu o protocolo de telefonar para o presidente eleito, tampouco discursou reconhecendo a derrota. Em vez disso, o derrotado preferiu o silêncio, enquanto parte de seus apoiadores se aglomerava em volta dos quartéis. Nas estradas, alguns caminhoneiros ensaiaram paralisação, e um dos apoiadores se pendurou na frente de um caminhão que furou um bloqueio, numa cena que se tornou um meme irresistível desse período.***

---

* STOCK, Adriana. Eleições 2022: como polarização política se manifesta nos pátios das escolas. *Terra*, 15 ago. 2022. Disponível em: https://www.terra.com.br/noticias/brasil/eleicoes-2022-como-polarizacao-politica-se-manifesta-nos-patios-das-escolas,2f4dc7c104d-38ocd0fba2231dbd2100dj8fi5669.html. Acesso em: 2 mar. 2025.

** SETUBAL, Yasmin. Polarização política invade aplicativos de relacionamento e gera reflexão sobre furar bolhas sociais. *O Globo*, 28 out. 2022. Disponível em: https://oglobo.globo.com/ela/relacionamento/noticia/2022/10/saiba-como-a-polarizacao-politica-mudou--o-flerte-em-aplicativos-de-relacionamento.ghtml. Acesso em: 2 mar. 2025.

*** CABRAL, Eduarda. Patriota do caminhão: bolsonarista que viajou pendurado fala sobre vídeo que viralizou: 'Fui muito exposto'. *G1*, 8 nov. 2022. Disponível em: https://g1.globo.com/pe/caruaru-regiao/noticia/2022/11/04/conhecido-como-patriota-do-caminhao-bolsonarista-que-viajou-pendurado-fala-pela-primeira-vez-sobre-video-que-viralizou-fui-muito-exposto.ghtml. Acesso em: 2 mar. 2025.

Um ano depois da eleição, **Felipe Nunes**, diretor da Quaest Pesquisa e Consultoria, respondeu à mesma pergunta feita a Meirelles sobre a reconciliação: para o cientista político, o país ainda segue dividido, num movimento que não parece ter retorno no curto prazo. Nunes, que desde o início do governo Lula 3 vinha conduzindo pesquisas que avaliavam o clima político, declarou que os dados apontavam uma consolidação dos dois polos. Ancorado nesses dados, Felipe Nunes e Thomas Traumann escreveram o livro *Biografia do abismo: Como a polarização divide famílias, desafia empresas e compromete o futuro do Brasil.*

> **Episódio 773**
> Felipe Nunes
> Como está a avaliação do governo
> Lula (um ano depois da eleição)

Nas páginas da *The Economist* em 2009, o Brasil parecia orgulhoso de si mesmo, à espera do cumprimento de seu destino: o êxito. Assim como na Copa do Mundo de 2014, quando, em vez do título, sobreveio o 7 × 1 a favor da Alemanha, enganou-se quem imaginou que a política se tornaria previsível. As Jornadas de Junho jogaram o país num redemoinho, e a classe política ainda não conseguiu resgatar a confiança da população.

Mas não foi só a política que se revelou para os brasileiros nesses anos de *Podcast Rio Bravo*. Também a sociedade passou por transformações significativas, como se verá a seguir.

SOCIEDADE

A década dos costumes

Em 2024, parece consenso que ao menos parte significativa da sociedade brasileira é conservadora. As últimas eleições, sobretudo as para o Congresso Nacional, indicam que uma agenda de costumes mais arraigada a valores tradicionais não apenas recebe apoio, como também reflete interesses de uma população que não quer avançar em pautas como a descriminalização das drogas, a legalização do aborto e um combate mais ostensivo ao crime.

Na segunda década dos anos 2000, o conservadorismo foi, num primeiro momento, uma linha política identificada com determinados setores do Congresso, principalmente a bancada da Bíblia. Mas, enquanto o PT esteve na presidência, de 2003 a 2016, esse grupo parecia não ter tanta influência nos rumos da sociedade brasileira.

Depois do impeachment de Dilma Rousseff e da eleição de Bolsonaro, tornou-se lugar-comum qualificar a sociedade brasileira como conservadora e, em alguns casos, como reacionária. À parte a disputa ideológica, natural em tempos eleitorais, o novo normal que se estabeleceu demarca uma cisão mais evidente entre progressistas e conservadores, fenômeno que também ocorreu em outras partes do mundo, sobretudo nos Estados Unidos, após a vitória de Donald Trump em 2016.

Episódio 298
Dorival Mata-Machado
Sobre a moral conservadora
da sociedade brasileira

Muitos anos antes de essa disputa aparecer nesses termos, o então diretor de pesquisa do Ipsos, **Dorival Mata-Machado**, concedeu em 2014 uma entrevista ao *Podcast Rio Bravo*, na qual, a partir do levantamento do instituto, apontava o conservadorismo como elemento-chave da sociedade brasileira — em alguns casos, em níveis muito próximos da Turquia e da Índia, por exemplo.

Com efeito, segundo o levantamento, e para a surpresa de muitos pesquisadores, as respostas dos entrevistados dão conta de que o Brasil é um país de valores mais conservadores do que o olhar estrangeiro esperava encontrar. Mata-Machado destacou, nesse sentido, que a discussão sobre os princípios conservadores tem ganhado fôlego no Brasil, porque só de uns tempos para cá é que surgiram temas que começaram a ocupar espaço na agenda pública nacional, algo impossível quando os problemas do país giravam em torno de questões mais básicas, como o emprego e a hiperinflação. "Nos últimos anos, tivemos muitas mudanças, principalmente no que diz respeito à inclusão social, à estabilidade e ao crescimento econômico, assim como houve muita mudança em como se contou o Brasil para fora."

Mata-Machado mencionou o exemplo da percepção do Brasil dentro da própria Ipsos. "Quando falamos de nossa empresa, que é global, sobretudo nos últimos três anos, depois das crises, as impressões que eles tinham é de que o Brasil vivia num mundo maravilhoso, de Oz. Lá as coisas estavam muito difíceis e aqui as coisas estavam muito mais fáceis."

Acontece que o resultado da pesquisa apresentou um clima diferente daquele de alegria, Carnaval e futebol que o Brasil projeta. O espanto se deu quando os indicadores do levantamento mostraram um lugar de moral conservadora. Até mesmo Mata-Machado teve de dar conta dessa perplexidade. "O espanto maior era que o país fosse uma nação liberal. A impressão é de que o Brasil era a única democracia de esquerda com caminho evolutivo."

Ao demonstrar o modo como o conservadorismo aparece, o diretor analisou de que forma esse comportamento se esconde. "Nós vivemos muito no rótulo de ter uma imagem, de passar uma imagem, mas no cerne a população brasileira ainda é muito conservadora, é ainda muito preconceituosa, tem ainda um conjunto desses itens muito fortes que não são declarados. E não são declarados porque talvez até sejam motivo de vergonha. Só que as pessoas foram criadas nesse ambiente e não conseguiram vencer essa predisposição conservadora."

Ele observou, além disso, que a predisposição conservadora dos brasileiros não se deve apenas à influência da religião, mas é fruto também do modo como a sociedade se define. A propósito deste último ponto em particular, o entrevistado comentou uma frase típica dos brasileiros. "No Brasil, as pessoas bebem socialmente. Essa é uma frase que não existe em outro lugar do mundo. No fundo, nós fazemos muita coisa socialmente. Socialmente as pessoas convivem umas com as outras. Socialmente é possível assumir posturas acerca de uma série de coisas. Agora, quando se está dentro de casa, a formulação é outra."

Ao falar sobre a influência da religião, Mata-Machado observou que é preciso relativizar esse impacto, uma vez que, em um país com mistura religiosa muito forte, "todas as religiões são igualmente conservadoras porque, no limite, foram religiões que se adaptaram ao jeito conservador do brasileiro ser".

A força da religião como fator decisivo para a leitura política do Brasil apareceria anos depois: na eleição de Jair Bolsonaro em 2018. Até aquele momento, a ascensão dos evangélicos era um fenômeno ignorado, que passou a desafiar jornalistas, intelectuais e pesquisadores.

| **Episódio 677** |
| Juliano Spyer |
| Quem são os evangélicos? |
| E por que eles importam? |

Em 2020, um livro veio lançar luz sobre o tema, tomando como base uma leitura bastante original. Em *O povo de Deus: Quem são os evangélicos e por que eles importam*, **Juliano Spyer** argumenta que o preconceito expressado por muitos brasileiros escolarizados contra o cristianismo evangélico reflete o preconceito contra pobres que não se vitimam e que buscam sua inclusão social via educação e consumo.

Por 18 meses, Juliano Spyer viveu em um bairro popular da periferia de Salvador. O livro, portanto, é fruto dessa experiência, conforme o autor revela no trecho a seguir: "Tive a oportunidade de conviver com algumas pessoas das igrejas evangélicas e descobri o quanto minha perspectiva, apesar da minha formação de historiador, era pequena em relação a esse grupo. Eu não tinha em vista escrever esse livro. Fui a campo para estudar internet, e esse livro nasce da descoberta não dos evangélicos, mas da ignorância de quem vive nos circuitos mais afluentes da sociedade e que, apesar da sua grande escolaridade, não tem acesso a esse tema."

A propósito do fato de que o impressionante crescimento dos evangélicos no país nas últimas décadas não é devidamente discutido entre a opinião pública mais informada, Juliano Spyer observou: "Quando ignoramos esse grupo, nós damos impressão de ignorar as camadas populares brasileiras."

A observação de Spyer aludia principalmente ao fato de pesquisadores lançarem um olhar mais atento e justo a determinadas comunidades (como a dos quilombolas, a dos ribeirinhos, a dos indígenas), ao mesmo tempo que tratam com desdém o pobre comum (o vigia, o cozinheiro, a faxineira). "Quando essas pessoas estão relativamente distantes, são vistas até com certa boa vontade e interesse, mas, quando se aproximam, geralmente são patologizados. E o contexto da falta de entendimento dos evangélicos vem dessa perspectiva", analisou.

Adiante, nosso entrevistado fez uma leitura arguta a respeito da diferença entre o protestante histórico e o protestante pentecostal. "As igrejas consideradas protestantes históricas são essas que surgiram nos primeiros séculos posteriores à reforma protestante (presbiterianos, batistas, metodistas, calvinistas, luteranos). No século XIX, surgem duas igrejas importantes, que têm grandes contingentes no mundo e que são, de certa forma, híbridas: as Testemunhas de Jeová e os Adventistas. E a partir do século XX há uma fusão de tradições por meio de um missionário afrodescendente, que começa a pregar em casas. E um grupo que ficou interessado na pregação dele acaba ocupando uma igreja na rua Azusa (na cidade de Los Angeles, Califórnia, Estados Unidos). É uma pregação que tem algumas características: o retorno à simplicidade; uma rejeição a certa intelectualidade em nome de uma religiosidade mais quente; e uma disciplina moral quase militarizada em relação aos preceitos bíblicos."

Ao comentar a importância da disciplina para os evangélicos, Spyer afirmou tratar-se de um elemento fundamental, haja vista a vulnerabilidade social de parte considerável desse grupo: "A disciplina, de fato, ajuda num espaço muito convulsionado, muito vulnerável, onde você está exposto, como um brasileiro que não é branco, a todos os tipos de tensão. A disciplina, portanto, auxilia a se manter em pé nesse ambiente de precariedade." O escritor citou, ainda, o fator da ajuda mútua, algo que não é exclusivo dos evangélicos. Nesse caso, se alguém perde o emprego, sempre existe quem possa apoiar com uma cesta básica ou com indicação para um trabalho, por exemplo.

Além disso, o pesquisador observou que a igreja funciona como um espaço para dignificação de quem estava excluído. Em outras palavras, o cristianismo evangélico opera no sentido de trazer para o convívio social pessoas outrora marginalizadas, como que acolhendo e dizendo que elas não são piores ou melhores do que ninguém naquele contexto.

Em que pese o fato de Bolsonaro ter saído derrotado das eleições de 2022, os evangélicos seguem sendo um ponto de atenção nas pesquisas de avaliação do governo federal. E o trabalho de Juliano Spyer mostrou quão complexa é a análise desse tema.

Episódio 696
Rafael Mafei
O necessário debate sobre liberdade de expressão na internet

A presidência de Bolsonaro também foi importante porque provocou um cisma em torno da liberdade de expressão. Essa discussão apareceu em várias frentes, seja na forma como entendemos esse princípio, seja a partir da iniciativa de Elon Musk de comprar o Twitter (atual X), passando, ainda, pelo caso Daniel Silveira, o deputado que foi condenado pelo STF e recebeu a graça constitucional do então presidente Jair Bolsonaro. Com o objetivo de explorar os múltiplos caminhos dessa discussão, nosso entrevistado foi **Rafael Mafei**, professor de direito da USP e autor de um artigo publicado pouco tempo antes, sobre liberdade de expressão na internet.*

---

* QUEIROZ, Rafael Mafei Rabelo. Liberdade de expressão na internet: a concepção restrita de anonimato e a opção pela intervenção de menor intensidade. *Suprema*, v. 1, n. 1, 30 jun. 2021, p. 241-266. Disponível em: https://suprema.stf.jus.br/index.php/suprema/article/view/24. Acesso em: 27 jun. 2024.

No artigo, Mafei discorre acerca da maneira como os tribunais interpretam a restrição ao anonimato. Nas palavras do entrevistado: "A Constituição brasileira é muito única porque, embora assegure a liberdade de expressão, ela veda o anonimato, e existe muita dúvida acerca do que o anonimato significa, principalmente no contexto de internet." A dúvida em questão gira em torno das páginas de paródia, perfis satíricos ou avatares ocultos e/ou fictícios para se proteger de retaliações dentro e fora do Brasil.

A discussão pode, sim, parecer prosaica, mas, conforme comentou Mafei, isso pode implicar o risco de perder a vida se, por acaso, o usuário da internet denunciar um cartel de drogas usando sua identidade real ou um perfil que possa ser identificado. Para o entrevistado do *Podcast Rio Bravo*, os tribunais lidam mal com essa questão "não só porque as decisões são inconsistentes, como também parecem pouco compatíveis com a realidade da internet, sobretudo por conta da dificuldade de distinguir anonimato e pseudoanonimato".

Na avaliação do professor, no entanto, o que se percebe "é falta de critério no que se refere ao entendimento à liberdade de expressão, de quais são os limites que ela tem e quando o Estado pode invocar para si uma autoridade de revogar a palavra e tirar do debate público um conjunto de ideias por critérios que sejam justificados".

Na esteira dessa discussão, Mafei também analisou as possibilidades do Twitter, na época recém-comprado por Elon Musk: "O que Elon Musk tem de melhor a oferecer ao Twitter pode estar ligado à melhoria dos critérios de atribuição de responsabilidade dentro da plataforma. O Twitter tem um problema, sim, na maneira como a rede se configura como infraestrutura para a disseminação de opinião na internet, mas este não é um problema da moderação de conteúdo. A ideia de que o Twitter vai virar uma terra sem lei esbarra na perspectiva de que, se isso acontecer, corre o risco de virar uma rede de nicho, muito usada por um público radical, e que perca a importância como um todo."

Para Mafei, o desafio de Elon Musk era a forma como o empresário iria lidar com a manipulação de tráfego por meio da alimentação falsa de volume e de irrelevância, em especial de "comportamentos inautênticos". O professor da USP se referia aqui ao caso dos robôs, "usuários falsos controlados por máquinas, que ficam ali replicando conteúdos incessantemente, tentando promover uma relevância falsa daquele conteúdo no debate. Esse é um problema real do Twitter".

* * *

No campo da esquerda, as duas primeiras décadas dos anos 2000 marcaram um período em que o PT esteve no poder e, mesmo quando não esteve, entre 2016 e 2022, suas ideias ainda pautavam o debate público seja nas redes sociais, seja na imprensa, seja na sociedade.

Num primeiro momento, os personagens que alcançaram destaque no período eram quadros forjados na militância partidária, enquanto os nomes dos postos técnicos ocupa-

Episódio 241
Jean Wyllys
A guerra contra a homofobia

ram, preferencialmente, posições de destaque nas universidades públicas. Por esse motivo, é notável a trajetória de nomes como o de **Jean Wyllys**, político baiano que ganhou espaço na mídia por ter sido protagonista de uma edição do *Big Brother Brasil*, o reality show da TV Globo.

Gay e progressista, Wyllys não chegou ao Congresso como unanimidade, mas antes como novidade, defendendo pautas progressistas em uma casa historicamente conservadora. Nesse sentido, no evento que pode ter sido uma das grandes prévias do que o Brasil viveria em termos de polarização política, o deputado foi o antagonista de Marco Feliciano quando este foi escolhido como presidente da Comissão de Direitos Humanos em 2013, ano em que Wyllys concedeu entrevista ao *Podcast Rio Bravo*.

Logo em sua primeira intervenção, Wyllys reagiu ao comentário de que, num primeiro momento, sua eleição provocara reação de parte da opinião pública exatamente porque ele tinha participado de um reality show. O parlamentar considerava no mínimo curioso certa reserva de mercado da política a um conjunto de pessoas, como se apenas determinado perfil pudesse entrar para o parlamentarismo. Na contramão desse entendimento, Wyllys ressaltou que até mesmo pessoas famosas poderiam disputar um cargo eletivo.

O fenômeno das celebridades na política não era uma exclusividade de Jean Wyllys. Em 2010, outras pessoas públicas também debutaram na disputa por uma cadeira no Congresso. Naquele ano, o palhaço Tiririca foi o deputado mais votado do país, com 1,3 milhão de votos. Em 2015, uma reportagem do portal da Câmara dos Deputados já destacava que a presença de celebridades na política havia se tornado um hábito.*

Para Wyllys, as pessoas que lhe torceram o nariz porque ele participou de um reality show se acham politizadas, mas apenas afetavam esse interesse, sem efetivamente se envolverem com o tema. Caso se interessassem de verdade, argumentou o deputado, perceberiam que boa parte de suas convicções era fruto de preconceito.

Antes do BBB do qual saiu vencedor, em 2005, Wyllys já contava com uma trajetória profissional: era professor da Universidade Jorge Amado, mestre em Letras pela Universidade Federal da Bahia e militante do movimento LGBTQIAPN+, e já havia participado de lutas sociais pelo movimento pastoral da Igreja Católica. Por isso, ele dizia que não tinha sido forjado no reality show.

Depois de ter levado o prêmio, Wyllys conta que trabalhou por mais dois anos na emissora como autor-roteirista, até que pediu demissão para concluir o doutorado. Só que ele atendeu a outro chamado. Em vez fazer o doutorado e seguir carreira acadêmica, Wyllys preferiu a militância e o ativismo político. Embora tenha declarado, mais tarde, que a sua participação na emissora ajudou a debater a questão da homofobia na TV aberta, na época de sua entrevista ao *Podcast Rio Bravo*, o deputado revelou que o vínculo empregatício com a emissora limitava sua atuação política por conta dos contratos que a Globo estabelece.

---

* CELEBRIDADES na política. *Ver TV*, Brasília, DF, 2015. Disponível em: https://www. camara.leg.br/tv/470073-celebridades-na-politica/. Acesso em: 2 mar. 2025.

Na hora de escolher um partido, Jean Wyllys contou que comparou os programas e outros aspectos envolvendo a questão da legenda. Entre PT e PSOL, preferiu o segundo. Ele ainda admitiu que sua campanha foi invisível, a ponto de ninguém saber que ele era candidato. Em 2010, isso fez com que ele fosse eleito apenas graças ao quociente eleitoral, visto que só contou com a menor porcentagem de votos (0,16%)*.

Na entrevista, ao comentar as frentes parlamentares da qual fazia parte, Jean Wyllys falou a respeito da tomada vertical do Legislativo das forças fundamentalistas, que, de acordo com essa linha de raciocínio, primeiro ocuparam as câmaras de vereadores, depois as assembleias legislativas e então o Congresso Nacional. O entrevistado criticou fortemente os líderes religiosos, que, segundo ele, estariam agindo para abolir o Estado laico, na medida em que emplacavam projetos de lei que interferiam nas políticas públicas propostas pelo Executivo, seja nas religiões minoritárias, seja em grupos estigmatizados, como a população LGBTQIAPN+.

Em 2011, ganhou relevância no debate político a polêmica do kit anti-homofobia,** que foi apelidado pejorativamente de "kit gay". A medida havia sido lançada naquele ano pelo então ministro da Educação do governo Dilma Rousseff, Fernando Haddad, mas foi cancelada depois que a própria presidente criticou o material.

Na ocasião de sua entrevista ao podcast, Jean Wyllys falou, ainda, sobre o episódio em que fora acusado de defender pedofilia em uma entrevista à rádio CBN. O então deputado denunciou que o líder religioso Silas Malafaia e os deputados Marco Feliciano e Jair Bolsonaro estavam por trás da difamação, com a complacência do Twitter, plataforma onde as acusações foram feitas.

---

* JEAN Wyllys de Matos Santos. *Lideranças Políticas NEAMP*, [20--]. Disponível em: https://neamp.pucsp.br/liderancas/jean-wyllys-de-matos-santos. Acesso em: 2 mar. 2025.

** GOULAR, Nathalia. Governo Dilma: 'Kit gay' será reformulado e relançado até o fim do ano. *VEJA*, 27 maio 2011. Disponível em: https://veja.abril.com.br/educacao/kit-gay-sera-reformulado-e-lancado-ate-fim-do-ano-diz-haddad. Acesso em: 2 mar. 2025.

De acordo com Wyllys, por causa dos motivos mencionados, os deputados hesitavam em abraçar a causa dos direitos humanos da comunidade LGBTQIAPN+. O parlamentar entendia que seu papel não se limitava à política partidária e parecia entender que sua atuação no Congresso poderia ser passageira. Como professor, jornalista e escritor, ele assinalava que poderia trilhar outros caminhos, para além da vida pública.

No ano seguinte, Jean Wyllys foi reeleito deputado federal e exerceu mandato até o final de 2018. Em 2019, com a chegada de Jair Bolsonaro ao poder, foi embora do país e passou quatro anos num autoexílio na Espanha. Voltou para o Brasil em 2023, apresentando-se para contribuir com o governo Lula. Em 2024, disse em uma entrevista que o PT deveria abrir mão de ser cabeça de chapa. Wyllys defendeu o nome de Simone Tebet, ex-candidata à presidência e ministra do Planejamento, como protagonista de uma nova aliança.

Protagonista ou coadjuvante: o papel do Estado

Parte integrante de uma onda de renovação no debate público, o cientista político **Bruno Garschagen** publicou, no primeiro semestre de 2015, um livro que rapidamente se transformou em best-seller: *Pare de acreditar no governo: Por que os brasileiros não confiam nos políticos e amam o Estado*. Olhando para trás, é interessante notar de que forma o viés antiestablishment e provocativo do livro se impôs como um elemento de novidade em um momento no qual a classe política ainda rejeitava a pecha de conservadora ou de direita.

> **Episódio 336**
> Bruno Garschagen
> Pare de acreditar no governo

No livro, Garschagen propõe uma explicação para o fato de que, embora rejeite os políticos, a sociedade brasileira ainda confia e espera que a solução para os problemas venha do Estado.

A relação do cientista político com o tema de seu livro tinha sido forjada durante uma temporada de estudos em Portugal. "Eu começo pensando em construir a minha vida acadêmica a partir de 2007, quando vou para Lisboa [a fim de] estudar no Instituto de Estudos Políticos da Universidade Católica Portuguesa. É a partir daí que o estudo da política se torna realmente sério e constante. Nesse período, os meus interesses não eram a política brasileira, a cultura brasileira não fazia parte dos meus interesses acadêmicos nem intelectuais."

Longe do país, Garschagen percebeu um aparente paradoxo na situação brasileira: "De qualquer forma, mesmo no período em Lisboa, o distanciamento do Brasil me fez perceber a política brasileira e a cultura brasileira de uma forma diferente daquela que eu tinha quando morava aqui. Essa percepção de que [...] nós não confiávamos nos políticos e, ao mesmo tempo, pedíamos que o governo resolvesse todos os problemas é algo que já fazia parte de algumas dúvidas que eu tinha a respeito da política brasileira ou da cultura política brasileira."

A ideia para o título do livro surgiu de uma conversa com o historiador Leandro Narloch, autor da série de best-sellers Guia Politicamente Incorreto. "Falando sobre o livro diretamente, o título vem de uma provocação, ou de uma mensagem, que o Leandro Narloch me enviou alguns anos atrás dizendo que: 'Um dia gostarei de ver um livro de minha autoria cujo título seria *Parem de acreditar na política*.' Eu fiquei com esse título na cabeça, e discordando um pouco da afirmação dele, porque acho que a política é importante e [que] é preciso lidar com ela."

Discorrendo sobre o tema do livro, o autor observou que a contradição se impõe à medida que os brasileiros se envolvem com a política: "A cada escândalo de corrupção, a cada promessa não cumprida, nós, brasileiros, conseguimos identificar aquele responsável por essa promessa frustrada, e aí a razão de nós canalizarmos essa desconfiança nos políticos. Com relação ao governo e ao Estado, é interessante, porque é como se nós dissociássemos, desvinculássemos o governo dos políticos, como se esse governo não fosse formado por esses mesmos políticos em que nós não confiamos."

Garschagen observou que há vício de origem no modo como o país se constituiu politicamente. "A tese que eu defendo no livro é que a vinda dos portugueses e a colonização portuguesa trazem não só os portugueses, mas toda uma cultura, dentro da qual [há] uma cultura política — e essa cultura política portuguesa é uma cultura política patrimonialista, intervencionista, [tem] uma série de problemas e [está] fundamentada nessa ideia de que o Estado deveria ser o grande agente social, político e econômico. Era um período de uma monarquia com poder bastante centralizado, ou seja, um momento político e social completamente diferente do que temos agora."

Publicado num período em que o governo do PT estava na corda bamba, o livro oferece uma nova leitura sobre a cultura patrimonialista do país. Nesse sentido, havia um encaixe perfeito para o contexto político que o Brasil vivia na ocasião, com as denúncias de corrupção novamente ganhando terreno no noticiário e mobilizando, assim, a atenção das pessoas para a discussão política. Garschagen entendia a importância do timing: "Há um período que é muito interessante, especialmente para o meu livro, [em] que as pessoas estão prestando atenção no que está acontecendo e querem entender o que está acontecendo. Do ponto de vista da ideologia, quando você tem uma ideologia no poder, como é o caso do PT, que tem no DNA essa conduta intervencionista de controlar, de aparelhar o Estado e de colocar o Estado e o governo a serviço do partido, essa característica fica muito mais evidente, muito mais aflorada, e as consequências negativas são ainda piores do que um governo que não tivesse esse conjunto de elementos que constitui a ideologia do PT."

Influenciado por esse timing, Garschagen entendia que aquele período da história do Brasil era uma janela de oportunidade para uma mobilização e, consequentemente, para uma mudança de mentalidade na sociedade brasileira: "Acho que parcelas da sociedade brasileira estão preocupadas com isso e estão se mobilizando, mas vai depender de nós, a responsabilidade é nossa, e não do Estado ou do governo, fazermos agora o que precisa ser feito para que, no futuro, nós tenhamos uma mudança clara dessa mentalidade estatista."

Em 2018, Garschagen publicou outro livro, *Direitos máximos, deveres mínimos: O festival de privilégios que assola o Brasil,* e no início de 2019 foi assessor de Ricardo Vélez, então ministro da Educação do governo

Bolsonaro. Depois, teve passagem na Jovem Pan e na CNN Brasil como comentarista político.

Episódio 249
Rodrigo Constantino
A "esquerda caviar" e
o argumento liberal

Pouco antes da obra de Garschagen, houve os livros, as colunas e as ideias de **Rodrigo Constantino**, que, durante um período significativo nas duas primeiras décadas dos anos 2000, foi um dos principais polemistas da imprensa e da internet brasileira. Escreveu para o *Valor Econômico*, a *Veja* e a *Isto É*, além de atuar como comentarista da rádio Jovem Pan e de ser presença constante no YouTube. É autor, entre outros, de *Privatize já: Pare de acreditar em intrigas eleitorais e entenda como a privatização fará do Brasil um país melhor*, onde acusa as estatais de fazerem mal ao país, e de *Esquerda caviar: A hipocrisia dos artistas e intelectuais progressistas no Brasil e no mundo*, que apontava a hipocrisia da esquerda no debate político.

Já em sua primeira participação, Constantino delineou seu entendimento a respeito das diferenças entre esquerda e direita. Para o entrevistado, os grupos à esquerda advogavam bandeiras que, no limite, iam de encontro à liberdade individual e à livre iniciativa. A agenda defendida por esse segmento da esquerda apoiava um Estado paternalista, que interferia na vida dos indivíduos.

Em contrapartida, aqueles que não se encaixavam ficavam relegados à direita. Constantino fazia uma distinção: os conservadores de boa estirpe e os liberais não estavam alinhados com os reacionários, aqueles que gostariam de voltar a um passado idealizado. Os liberais e os conservadores rejeitavam abraçar de vez as revoluções. Em certa medida, o economista e analista político se alinhava à leitura proposta pelo cientista político e escritor João Pereira Coutinho no livro *As ideias conservadoras*.

Na visão de Constantino, a direita uniria esses liberais e esses conservadores em defesa de uma economia mais livre, de um Estado mais enxuto, com escopo mais reduzido, levantando, ao mesmo tempo, a bandeira de que determinadas agendas progressistas que rejeitem tradições do passado deveriam, no mínimo, ser tratadas com cautela. Mais de uma vez, o entrevistado reforçou seu ponto de vista de que a direita era cética e não abraçava logo de cara as revoluções.

Na entrevista, Constantino se apresentou como um liberal que desconfiava do capitalismo de Estado, em que os governos interagem com investidores privados (na definição do economista Sérgio Lazzarini), citou Roberto Campos, o economista e pensador brasileiro que polemizava junto à esquerda (seja em seu livro de memórias, *A lanterna na popa*, seja nas entrevistas que concedia a programas como o *Roda Viva*), mas reconheceu que o país tinha passado por algumas reformas importantes em direção a essa agenda, citando a abertura comercial promovida no governo Fernando Collor e as privatizações do governo FHC.

Nesse sentido, Rodrigo Constantino observou que as privatizações precisavam ser defendidas com mais convicção — num momento no qual o próprio PSDB, que havia liderado o processo, hesitava nessa matéria, é necessário lembrar.

Na primeira década dos anos 2000, sempre que o PSDB concorria às eleições, faltava convicção aos escolhidos pelo partido para defender essa pauta da agenda liberal. Em 2006, por exemplo, Geraldo Alckmin vestiu a jaqueta das estatais* — com o objetivo de negar a acusação de que privilegiaria as privatizações.

Questionado se era otimista em relação às ideias liberais num país onde as pessoas buscavam (e ainda buscam) estabilidade via concurso público, o autor de *Privatize já* admitiu que não era uma causa tão popular. De forma contundente, Constantino criticou os brasileiros que optavam (e ainda optam) pela estabilidade como forma de garantir prosperidade e desenvolvimento, como indicam estudos a respeito desse tema. Uma investigação** realizada no Programa de Pós-Graduação em

---

* ALCKMIN no Banco do Brasil veste camisa das estatais. *G1*, 18 out. 2006. Disponível em: https://g1.globo.com/noticias/politica/0,,aa1315799-5601,00-alckmin+no+banco+do+brasil+veste+camisa+de+estatais.html. Acesso em: 2 mar. 2025.

** ALBRECHT, Pricila Anny Tomachski; KRAWULSKI, Edite. Concurseiros e a busca por um emprego estável: reflexões sobre os motivos de ingresso no serviço público. *Cadernos de Psicologia Social do Trabalho*, São Paulo, v. 14, n. 2, p. 211-226, dez. 2011. Disponível em: https://pepsic.bvsalud.org/scielo.php?script=sci_arttext&pid=S1516-37172011000200005. Acesso em: 2 mar. 2025.

Psicologia da Universidade Federal de Santa Catarina apontava, ainda, a remuneração e a possibilidade de progressão de carreira como motivos para ingressar no serviço público.

Para Constantino, dadas as circunstâncias, era natural que as pessoas buscassem o funcionalismo. Assim, era fundamental explicar às pessoas que o estado natural era a miséria e que a riqueza é que deveria ser explicada — o entrevistado fazia alusão ao livro de Adam Smith, *A riqueza das nações*.

Ao mesmo tempo, no entanto, Constantino afirmou que era necessária uma mudança institucional. No caso, seria uma transformação capaz de tornar mais fácil para os brasileiros empreender na contramão das vantagens embutidas no concurso público. Só assim o setor privado se tornaria mais atrativo do que o setor público.

Mas o que dizer dos setores do empresariado que defendem a privatização do lucro e a socialização do prejuízo? Eles também são parte da chamada direita? A pergunta acontecia num momento em que o Brasil ainda vivia a onda das campeãs nacionais, quando o BNDES concedeu mais de 30 bilhões de reais nas empresas escolhidas pelo governo brasileiro para se transformarem em multinacionais* poderosas.

Rodrigo Constantino acreditava que o Estado não deveria ser instrumento para impulsionar as companhias no mercado internacional. E até mesmo apontava certa contradição na esquerda que, ao defender o modelo proposto pelo PT, não enxergava a cooptação dos bens públicos para fins privados. A solução, de acordo com Constantino, era a da extinção do BNDES.

A crítica à atuação do BNDES escalaria de forma intensa à medida que a Operação Lava Jato avançava. A certa altura, até mesmo Marina Silva, então candidata pelo REDE Sustentabilidade nas eleições de 2018, criticou o programa de incentivos do BNDES durante os primeiros mandatos do presidente Lula.**

---

* NUNES, Augusto. As campeãs nacionais continuam roendo os bolsos dos brasileiros. *VEJA*, 30 mar. 2017. Disponível em: https://veja.abril.com.br/coluna/augusto-nunes/as-campeas-nacionais-morreram-de-megalomania. Acesso em: 2 mar. 2025.

** RODRIGUES, Douglas. Marina critica política do BNDES: 'Lava Jato trouxe a verdade nua e crua'. *Poder360*, 4 jul. 2018. Disponível em: https://www.poder360.com.br/economia/marina-critica-politica-do-bndes-lava-jato-trouxe-a-verdade-nua-e-crua/. Acesso em: 2 mar. 2025.

O BNDES, por sua vez, reagiu, ressaltando que a Lava Jato não encontrou qualquer irregularidade no banco estatal.

Ainda no podcast, Constantino falou a respeito do livro *Esquerda caviar*, no qual apresentava críticas ao discurso dos artistas e dos intelectuais na política, que, no Brasil e nos EUA, aderiram sem pensar à agenda de esquerda. Para o economista, esses artistas e intelectuais não são necessariamente têm preparação e repertório para discutir os temas do momento e muitos abraçavam o que ele chamava de discurso fácil do politicamente correto, porque estavam em busca de validação do público.

O autor estendeu o que ele próprio chamou de "ataque" aos intelectuais, destacando, como faz no livro, a contradição em que viveriam muitas dessas personalidades: enquanto gozam de estabilidade e conforto garantidos pelo Ocidente, propõem alternativas utópicas que não são benéficas para a sociedade.

Apoiador do governo Bolsonaro durante boa parte do mandato do ex-presidente, Rodrigo Constantino continuou a cumprir o papel de polemista. Em 2023, chegou a ter seus perfis nas mídias sociais suspensos. Atualmente, mantém uma coluna no jornal *Gazeta do Povo* e faz participações em canais no YouTube. Ainda hoje é um defensor do liberalismo e crítico aos artistas e intelectuais.

O dilema da meritocracia e as novas políticas organizacionais

Boa parte do discurso liberal se fundamenta na ideia da meritocracia. Nos últimos anos, no entanto, uma pergunta começou a ser feita em voz alta: "A meritocracia funciona?" A resposta não é simples. Durante muito tempo, o argumento pró-meritocracia não apenas se estabeleceu como fundamento para as sociedades mais justas e democráticas, mas também foi um dos princípios norteadores para que as pessoas buscassem se aprimorar, sobretudo no âmbito profissional, a fim de que alcançassem melhores condições de trabalho e reconhecimento pelo que realizaram.

Entretanto, torna-se cada vez mais legítima a preocupação com os limites da meritocracia. Afinal, será que determinados processos podem ser classificados como meritocráticos?

| Episódio 628
William Deresiewicz
Precisamos falar sobre meritocracia

Ao *Podcast Rio Bravo*, **William Deresiewicz** esboçou uma resposta a essa pergunta. Autor do livro *Excellent Sheep: The Miseducation of the American Elite and the Way to a Meaningful Life* [Excelente massa de manobra: a deseducação da elite americana e o caminho para uma vida com significado, em tradução livre], Deresiewicz é um dos críticos mais contundentes da meritocracia e na entrevista comentou que essa ideologia pode contaminar até mesmo o ambiente cultural e político contemporâneo.

Deresiewicz já começou a entrevista com uma afirmação forte: "Meritocracia pode ser muito boa em teoria, mas, na prática, não é realmente meritocracia. Quanto de mérito você pode demonstrar e ainda assim chamar de 'mérito'?" A pergunta, retórica, envolvia a dinâmica do ingresso nas universidades inglesas e norte-americanas, tendo em vista que há todo um ecossistema de educação e de oportunidades associadas à riqueza que as famílias dos estudantes possuem. O autor continuou: "Em tese, a meritocracia deveria fazer com que as coisas fossem mais igualitárias, e acho que, durante um tempo, nos Estados Unidos, assim aconteceu. Então, a classe média e a classe média alta descobriram como o sistema funcionava para reproduzir o seu próprio privilégio — e é isso que majoritariamente acontece agora."

Para Deresiewicz, o problema se agravou porque nada foi feito, nos últimos anos, para aplacar a desigualdade crescente no seio da meritocracia. Com isso, famílias foram demarcando territórios que idealmente estavam mais franqueados a um público mais amplo. Como exemplo, ele cita o episódio envolvendo universidades norte-americanas que ficaram marcadas por um escândalo relacionado às admissões. O FBI, a polícia federal dos Estados Unidos, chegou a prender cinquenta pessoas acusadas de participação em esquema milionário para burlar os exames de ingresso em universidades da Ivy League, incluindo as atrizes Felicity Huffman e Lori Loughlin. Para o escritor, no entanto, o caso não tem a ver necessariamente com celebridades, mas sim com pessoas ricas "que compram o acesso à educação".

Ele observou que, no século XX, a educação foi um caminho para o desenvolvimento de pessoas e para a ascensão social de famílias. "Até a década de 1970 e de 1980, havia investimento em universidades públicas, por exemplo, mas hoje em dia não se faz mais isso no nível que seria necessário." O autor, então, explicou como o privilégio cria a noção de direito ligado à meritocracia: "Basta observar como as universidades de elite nos Estados Unidos conduzem seus processos de admissão: eles procuram notas, aproveitamento nos testes, atividades extracurriculares. Tudo isso pode ser aprimorado desde que a família do candidato tenha muito dinheiro." Ele citou outras coisas que o dinheiro pode comprar, como a possibilidade de fazer intercâmbio ou de viajar para um lugar exótico — experiências que serão úteis na hora de escrever um ensaio no referido exame — e a chance de estudar música ou de praticar esporte de alto rendimento. "Existem agora clubes privados de alto nível onde se pratica esporte. Não é mais como a aula de educação física na escola."

Nesse sentido, Deresiewicz comentou que a narrativa do *self-made man*, tão difundida nos filmes e séries sobre personagens icônicos nos Estados Unidos, é um agravante para essa visão deturpada da meritocracia. "No passado, essa narrativa pode ter sido mais verdadeira, mas esse mito ainda é muito forte, de modo que as pessoas acabam evitando pensar no tema." Em outras palavras, disse o entrevistado, é sempre possível apontar para pessoas que crescem no meio da adversidade e que se tornam ricas e bem-sucedidas. Sempre haverá pessoas assim. "Mas isso não quer dizer que o sistema é justo. Não quer dizer que as pessoas têm as mesmas oportunidades ou sequer algo próximo disso, a depender de onde se começa na vida."

Em certa medida, as palavras de Deresiewicz encontram eco numa discussão que foi normalizada não apenas no mercado financeiro, mas na sociedade brasileira como um todo ao longo dos últimos anos: a agenda

ESG,* que corresponde aos assuntos relacionados ao meio ambiente, à sociedade e à governança.

Episódio 615
Fabio Alperowitch
A agenda ESG e a busca por um capitalismo consciente

No Brasil, o tema se confunde com a trajetória profissional de **Fabio Alperowitch**, sócio-fundador da Fama Investimentos, que, com 2,8 bilhões de reais sob gestão em um fundo de ações, se tornou uma das principais vozes que militam em defesa dos investimentos responsáveis e das causas ambientais e sociais.

"Quando a Fama Investimentos foi fundada em 1993, eu tinha 21 anos de idade, e, junto com meu sócio, estabelecemos como nossa primeira regra que só faríamos investimentos em empresas que estivessem alinhadas com nossos valores pessoais. E nós somos bastante intolerantes em relação à falta de ética."

Enquanto para boa parte da sociedade brasileira a falta de ética corresponde à obtenção de vantagem financeira com métodos escusos, para os fundadores da Fama Investimentos a ética está relacionada às pessoas e ao meio ambiente. "Então, pessoas que destratam as outras, que não respeitam minorias, que não respeitam o meio ambiente ferem a ética, no nosso entender."

Grosso modo, o entendimento de boa parte das pessoas a respeito do objetivo das empresas e do mercado financeiro é a busca pelo lucro em detrimento da sustentabilidade e dos direitos humanos. Ao falar a respeito disso, Alperowitch trouxe uma perspectiva histórica. "Quando a Fama nasceu, nos anos 1990, nós vivíamos a pior fase do capitalismo. Então, empresas tinham como objetivo aumento dos lucros, mas não existiam freios. Desse modo, se fosse necessário passar por cima de princípios, muitas empresas, ou investidores, ou controladores de companhia, não tinham essa barreira."

---

* Vale a pena conferir, no capítulo "Cultura", o comentário do pensador Antonio Risério sobre o movimento ESG.

A busca por maximizar os resultados a qualquer custo, observou o cofundador da Fama Investimentos, fazia com que não houvesse qualquer sorte de escrúpulos, "jogando a responsabilidade para a frente".

Com o tempo, empresários e algumas companhias começaram a entender que esse modelo não era sustentável a longo prazo. E passaram, assim, a considerar um modelo distinto. Alperowitch explicou: "Não era só pensando no lucro, mas em todas as partes interessadas. Então, ao tomar decisão, as empresas precisavam contemplar fornecedores, clientes, colaboradores, concorrentes, governo, meio ambiente, comunidades no entorno etc. Curiosamente, os lucros subiram em vez de cair."

Fabio Alperowitch destacou, desse modo, que é o capitalismo de stakeholder que sustenta o modelo ESG. O empresário complementou: "O ESG não é contra o lucro. Muito pelo contrário. Os fundos que investem em ESG terão retornos ainda maiores."

Com isso, a mentalidade das lideranças e dos envolvidos nesse novo modelo passa a incorporar questões que, no paradigma anterior, não eram sequer notadas. "Se eu tenho esse olhar para as questões ambientais, entendo de outra maneira as tomadas de decisão da empresa, entendo o ritmo de crescimento de maneira diferente, assim como os custos e as necessidades de investimento."

Como exemplo, Alperowitch citou o fato de que, mais cedo ou mais tarde, as empresas terão de ser responsabilizadas pelas emissões de gases de efeito estufa. Mas não é só isso. "É preciso considerar questões de sofrimento animal; fazer auditoria de investidor para ver se está sendo utilizada mão de obra infantil ou análoga à escravidão; entender racismo e homofobia e inclusão de diversidade."

Dito de outra forma: de acordo com o entrevistado, é preciso levar em conta uma série de aspectos na análise das companhias além do business tradicional. "Está tudo entrelaçado."

Questionado se, com base em sua experiência, havia resistência por parte dos gestores e das companhias em atuar conforme esse novo modelo, Alperowitch reconheceu que o debate em torno desse tema foi ideologizado. "É como se esses assuntos fossem proibidos no mercado. Muitas vezes me vi em situações em que trazia esses aspectos para as companhias e automaticamente era tachado de comunista, psolista, petista, como se direitos humanos e meio ambiente tivessem algum tipo de ideologia, o que não faz nenhum sentido." Todavia, o empresário observou que essas atitudes estão mudando. "Essas barreiras estão sendo quebradas muito rapidamente. O ESG não é novo, mas está causando uma transformação muito grande no mundo dos investimentos, seja porque as pessoas estão sendo impactadas, seja porque as pessoas estão percebendo que o mundo está com um olhar maior para essas questões e que [elas] precisam se adequar em termos de discurso, de estudo e de atitude."

Em outro episódio do podcast, foi a vez de **Deives Rezende Filho**, executivo com larga experiência no mercado financeiro, abordar o tema da diversidade — mais especificamente, a necessidade de os executivos se engajarem na busca por profissionais que, de fato, representem diversidade.

Episódio 636
Deives Rezende Filho
Por que os CEOs precisam se engajar em prol da diversidade

Filho de pai e mãe negros, Deives Rezende Filho contou, logo no começo da entrevista, sua trajetória profissional, que pode ser considerada nada menos que improvável: ele começou no Banco Real, mas rapidamente galgou posições nesse segmento, chegando a JP Morgan, Morgan Stanley e Credit Suisse, entre outros grandes bancos. Mas também viveu outras experiências, tendo trabalhado como relações-institucionais do Ethos e como ombudsman do Itaú Unibanco, onde atuava para resolver os conflitos entre os trabalhadores.

O tema diversidade e inclusão chegou à sua trajetória no momento em que já havia se afastado do dia a dia das empresas, quando atuava como mentor de executivos. "Nasci negro, sou negro e vou morrer negro. Gosto muito de conversar sobre esses temas de uma forma geral e tenho trabalhado com isso."

Com a experiência de quem trabalhou por quarenta anos no mercado financeiro, Deives Rezende Filho observou que é possível ter outra conversa com o jovem de hoje. Disse o entrevistado: "Eu falaria com o jovem de hoje: comece a trabalhar quando for possível, estude bastante e tenha um mentor em sua carreira."

Como o tema diversidade ganhou espaço nas empresas muito recentemente, existe certa apreensão, entre grupos minorizados, de que essa agenda seja temporária, uma espécie de tendência que vai passar. "Não vejo como tendência, não vejo como modismo. A sociedade está alerta. O mundo mudou, e as empresas não podem mais fugir da responsabilidade. É preciso ter diversidade nas empresas, mas, mais do que isso, incluir quem chega", observou o entrevistado.

Para o executivo, os ganhos são visíveis, uma vez que a diversidade cria um ambiente propício para a criação de coisas novas, a partir de conversas novas.

Nas reuniões que costuma fazer com os membros do comitê executivo da empresa ou com o conselho de administração, Deives Rezende Filho nota que é comum a presença exclusiva de homens, brancos, héteros. "Nós ainda sentimos falta da diversidade." Dito de outra maneira, ainda que muitas empresas cumpram os números de diversidade, no comando das companhias não existe a mesma diversidade. Nesse sentido, o executivo ressaltou que somente um time diverso nas empresas pode entregar produtos e soluções à altura da diversidade existente no país.

Deives Rezende reconheceu que, em sua própria trajetória, muitas vezes foi o único negro nas reuniões, ou o único negro que falava outras línguas, apesar de ter feito uma faculdade que não está ranqueada no primeiro escalão. O que essa experiência ensinou é que muitas vezes não adianta ser diverso; é preciso incluir. "Logicamente, na minha época como executivo de empresa, queria buscar os melhores talentos nas melhores universidades. E eu trazia UFRJ [Universidade Federal do Rio de Janeiro], USP, FGV, Insper. É disso que precisávamos para a empresa fazer a virada cobrada por investidores e acionistas. Só que isso não é sustentável por muito tempo."

O entrevistado comentou, então, que tem sido muito comum as empresas abrirem programas de trainee e de estágio para negros. "Acho isso fundamental. Porque é o certo. Trabalhar com diversidade e com inclusão de uma forma respeitosa e de uma forma sincera é o certo." Para Deives Rezende, portanto, além de trazer as pessoas para as companhias, é necessário prepará-las para esse novo momento.

Ao relatar sua experiência como executivo que foi buscar promover a inclusão, Deives Rezende afirmou que havia percebido, em uma universidade onde apresentara um programa de trainee para estudantes negros, que não existia só desconfiança quanto à veracidade da iniciativa: muitos alunos e alunas não se reconheciam merecedores de fazer parte de empresas localizadas na Faria Lima.

"Não é obrigação do RH ir às universidades e procurar candidatos negros. É obrigação do CFO e do CEO buscar essas pessoas que estão prontas para trabalhar nas empresas."

Mais para o fim da entrevista, Deives Rezende Filho comentou a respeito dos vieses inconscientes, as práticas que, mesmo involuntárias, reforçam o preconceito e a exclusão de grupos minorizados. "É muito mais tranquilo para um gestor contratar alguém parecido com ele." O entrevistado falou sobre a ocasião em que visitou uma empresa e lá, ao conversar com os executivos, teve a nítida impressão de que eram parentes entre si, dada sua semelhança. "É preciso acabar com esses vieses inconscientes de afinidade e aparência. E isso vai acontecer com gerações."

Para o entrevistado, a vantagem deste momento envolve justamente as novas gerações, muito mais predispostas ao diálogo.

Antirracismo, um dever de todos

Episódio 620
Ligia Fonseca Ferreira
Luiz Gama e a educação antirracista

O tema da inclusão dos grupos minorizados passa, sem dúvida alguma, por um entendimento maior a respeito do letramento e da educação para derrubar as barreiras impostas pelo preconceito. Assim, se no passado o racismo não era um tema discutido no país, hoje em dia já se fala abertamente em educação antirracista. E foi esse o tema da entrevista da professora **Ligia Fonseca Ferreira** ao *Podcast Rio Bravo*, em novembro de 2020.

Na ocasião, também no Brasil havia um clima diferente em relação a esse assunto, graças aos ventos do norte, os quais, daquela vez, moveram moinhos. George Floyd fora assassinado depois de uma ação policial, provocando protestos antirracistas nos Estados Unidos e na Europa. No Brasil, em meio à pandemia, a discussão ganhou relevo a partir das intervenções de intelectuais públicos, como Lilia Schwarcz e a polêmica em torno de um texto para a *Folha de S.Paulo*; Silvio Almeida e sua participação no programa *Roda Viva*, da TV Cultura, falando de racismo estrutural, conceito bastante difundido nos últimos anos; sem mencionar Djamila Ribeiro, uma das principais vozes da intelectualidade, apresentando o controverso tema do "lugar de fala".

De sua parte, a relação de Ligia Fonseca Ferreira com a educação antirracista tem a ver com a própria pesquisa acadêmica. No podcast, a doutora pela Universidade Paris 3 — Sorbonne, com tese sobre a obra de Luiz Gama, não apenas discutiu a trajetória do abolicionista, como comentou sua contribuição para o movimento republicano.

"É interessante acompanhar e pensar o que será a trajetória de Luiz Gama quando chega escravizado na cidade de São Paulo e vai se tornar no fim da vida, ao falecer em 1882, sem ver a abolição e sem ver a República, um homem reverenciado nos relatos e testemunhos que serão deixados por seus contemporâneos. Luiz Gama, quando falece, é um dos principais cidadãos, um homem da palavra, um jornalista. Ele ocupa um espaço de poder e de política muito forte — um universo de brancos", analisou a pesquisadora.

Luiz Gama não entrou no ambiente dos homens letrados de forma oficial. Ainda assim, tornou-se uma presença muito forte a partir da década de 1860. "Ele então começa a se identificar como um homem de ideias abolicionistas e republicanas."

No podcast, Ligia Ferreira sublinhou que o antirracismo precisa de educação. Para tanto, aludiu novamente a Luiz Gama, que disse a seu filho: "Faze-te apóstolo do ensino desde já." Articulando essa proposta com o tempo presente, a pesquisadora assinalou: "O antirracismo é uma educação, é uma ética. Não é uma coisa que nós descobrimos do nada.

É preciso formação. E seria até muito bonito buscarmos na tradição desse trabalho. Essa tradição pode ser rastreada, e eu colocaria Luiz Gama como uma das pessoas para isso."

A título de exemplo dessa prática de educação antirracista, a pesquisadora citou o trabalho do ex-jogador Lilian Thuram, que pertenceu à geração ganhadora da Copa do Mundo na França, em 1998. "Aquela seleção da França era formada por muitos jogadores franceses de origem estrangeira ou [por] negros. O próprio Zidane era de origem argelina. Aquela seleção foi alvo de ataques e de muitas críticas dizendo que era uma seleção que não representava a França."

Quando parou de jogar, continuou a professora, Thuram vai se dedicar à causa antirracista. "Depois que deixou o futebol, ele estabeleceu a Fundação Lilian Thuram. Um dos focos é trazer à tona não só o que foi a presença da França nos territórios coloniais, como também discutir a xenofobia e o racismo, que são produto do colonialismo."

Para Ligia Fonseca Ferreira, seria interessante se os jogadores de futebol brasileiros negros seguissem esse exemplo, de modo a oferecer seus recursos e seu prestígio para financiar projetos de pesquisa científica, historiadores e antropólogos, promovendo o combate ao racismo e também a luta antirracista.

Na última intervenção da entrevista, a pesquisadora afirmou que era preciso dar o devido relevo a Luiz Gama. "Precisamos entender o destaque que ele teve no século XIX. Como brasileiros, precisamos saber disso. Nós temos um grande patrimônio no caso de Luiz Gama, que é o único ex-escravizado que se tornaria abolicionista."

De certa forma, esse reconhecimento apareceu, ainda que tardio. Luiz Gama foi homenageado pela escola de samba Portela no Carnaval de 2024. O samba-enredo foi inspirado no livro *Um defeito de cor*, de Ana Maria Gonçalves. Embora não tenha conquistado o prêmio de campeã do Carnaval, a Portela recebeu o Estandarte de Ouro como a melhor escola do ano.

EDUCAÇÃO

A disputa em torno da educação pública

Um dos temas fundamentais para o desenvolvimento do Brasil, a educação ocupa um espaço privilegiado na trajetória do *Podcast Rio Bravo*. A reflexão oriunda das entrevistas realizadas vai além da abordagem que busca reforçar o impacto da educação na sociedade brasileira. A pluralidade de vozes converge para um denominador comum: a necessidade de encontrar uma agenda para esse tema.

Dito de outro modo, é notório que a sociedade se preocupa com o estado de coisas da educação no Brasil, mas essa atenção não parece se materializar em termos práticos, algo que se nota quando se analisam as iniciativas dos políticos.

> **Episódio 699**
> Daniel Barros
> "A ideia de que as crianças deveriam ser educadas em casa é absurda"

Um dos trabalhos mais relevantes nesse sentido é o do pesquisador **Daniel Barros**, autor de *País mal educado*. Jornalista de formação, com mestrado em administração pública pela Universidade de Columbia, Daniel Barros pontuou que não existe uma única resposta aos problemas da educação no Brasil. Com efeito, as respostas são muitas, e algumas delas nem sequer apontam para o cerne da discussão.

Exemplo máximo disso é o tema do *homeschooling*, da forma como vinha sendo tratado na época da entrevista de Daniel Barros ao *Podcast Rio Bravo*. Dadas as implicações envolvidas, o assunto merece um tratamento objetivo e técnico, levando em consideração as evidências, o contexto e os eventuais impactos negativos. Acontece que na época em que essa discussão estava em pauta, e esse foi um dos motivos para o convite feito a Daniel Barros, sua motivação soava essencialmente oportunista: a administração Jair Bolsonaro levava para a frente da educação um dos braços armados da chamada guerra cultural.

Marcado por polêmicas na área da educação — desde a escolha dos ministros até a ofensiva contra as universidades, passando pela inação em políticas específicas durante a pandemia —, o tema do *homeschooling* fazia parte de um conjunto de medidas que ganhou tração entre a opinião pública exatamente porque se originou a partir de expoentes do governo federal no parlamento, como as deputadas Bia Kicis, Caroline De Toni e Chris Tonietto.

Na ocasião da entrevista, concedida em maio de 2022, Daniel Barros explicou por que esse tema não deveria ser prioritário na agenda do governo, considerando a urgência da aprendizagem na educação básica.

No lugar do debate a respeito da viabilidade do *homeschooling*, Daniel Barros sustentou que melhor seria se o governo destinasse esforços para o ponto de contato entre a educação e o mercado de trabalho, haja vista que, no ensino médio, o número de desistentes aumenta drasticamente, colocando em risco a qualidade da mão de obra e a empregabilidade da população que acessa as escolas nessa faixa etária.

Ao apontar as possíveis saídas e soluções para o tema, Barros observou que a proposta da Base Nacional Comum Curricular (BNCC), aprovada no fim de 2016 e que, grosso modo, instituía o Novo Ensino Médio, aparecia como um avanço. No entanto, a despeito de seu entusiasmo, Barros salientou que era necessário um freio de arrumação para a implementação da BNCC, haja vista que, em 2022, era flagrante a quantidade de problemas em sua implementação tanto nas capitais quanto no interior do país.

Barros salientou ainda a importância da valorização do professor nesse contexto. E aqui é certo que se trata, também, de uma bandeira historicamente defendida por todos aqueles que são bem-intencionados em relação ao estado de coisas da educação no país. Para o entrevistado, no entanto, a carreira do professor não pode ser vista com condescendência; era fundamental valorizar aqueles cujo desempenho era superior à média. Em 2024, o governo Lula decidiu investir nesse segmento com a criação do programa Mais Professores.*

O papel dos pais nessa equação não foi esquecido. Segundo Daniel Barros, os responsáveis têm impacto decisivo no que tange à influência e à motivação dos filhos numa etapa tão sensível.

> **Episódio 577**
> Alexandre Schneider
> "O atual governo tem posição
> ideológica na educação"

Alguns anos antes do podcast com Daniel Barros, outro especialista no tema educação, **Alexandre Schneider**, destacou aspectos que se correlacionavam com a visão de Barros. Na época, Schneider era professor visitante de uma universidade nos Estados Unidos e tinha grande experiência no setor público nesse segmento — afinal, ele havia sido secretário durante a administração tucana na capital paulista.**

Coincidentemente ou não, assim como Barros, Schneider jogou luz sobre o tema da educação básica, citando que o segmento era visto como prioridade nos países desenvolvidos. De acordo com o estudo*** *Education at a Glance 2023*, o Brasil destina tanto quanto os países da OCDE para o ensino superior, mas três vezes menos para a educação básica.

Para Schneider, chamava a atenção o fato de que houve melhora até o sexto ano do ensino fundamental.

Já no ensino médio, a situação estava muito mais grave, ecoando uma espécie de consenso entre os especialistas e os principais estudos a esse

---

* Disponível em: https://www.gov.br/mec/pt-br/mais-professores/valorizacao. Acesso em: 3 mar. 2025.

** Alexandre Schneider foi colunista da *Folha de S.Paulo* e, antes disso, candidato a vice-prefeito na chapa de José Serra, por ocasião das eleições de 2012 na capital paulista.

*** BRASIL investe tanto quanto países da OCDE no ensino superior, mas destina três vezes menos à educação básica. *CNN Brasil*, São Paulo, 12 set. 2023. Disponível em: https://www.cnnbrasil.com.br/economia/investimentos/brasil-investe-tanto-quanto-paises-da-ocde-no--ensino-superior-mas-destina-tres-vezes-menos-a-educacao-basica/. Acesso em: 3 mar. 2025.

respeito no Brasil. Nas palavras de Schneider, no ensino fundamental poucos têm proficiência em matemática, por exemplo. Além disso, o modelo de educação no país falhava em manter o aluno na escola, quanto mais em fazê-lo aprender. Para que se possa ter uma dimensão do problema, 9,1 milhões de pessoas abandonaram a escola sem terminar o ensino básico até o ano de 2023.* Já de acordo os resultados do Índice da Educação Básica (IDEB), enquanto as taxas de aprovação melhoraram em todas as etapas analisadas, o indicador de desempenho está em patamares menores do que o de antes da pandemia.**

A entrevista de Schneider foi concedida em janeiro de 2020, poucas semanas antes da pandemia, mas já com um ano do governo Bolsonaro. Eleito com uma plataforma que se esgueirava em agendas difusas, ora flertava com o movimento Escola Sem Partido ("o objetivo é desideologizar a educação"), ora confrontava as universidades públicas — no primeiro semestre de 2019, o então ministro Abraham Weintraub motivou o primeiro grande protesto contra o governo Bolsonaro, depois de ter sinalizado cortes de recursos nas universidades públicas onde houvesse "balbúrdia".***

Para Schneider, entretanto, ao contrário do que prometera, o governo Bolsonaro trazia, sim, uma visão ideológica da educação, deixando de lado, portanto, todo um debate que deveria se pautar em questões pragmáticas, tomada de posição fundamentada em análise técnica e soluções que pudessem resolver os problemas da educação brasileira.

---

* SALDANHA, Rafael. IBGE: 9,1 milhões abandonaram a escola sem terminar o ensino básico até 2023. CNN Brasil, 4 dez. 2022. Disponível em: https://www.cnnbrasil.com.br/nacional/ibge-91-milhoes-abandonaram-a-escola-sem-terminar-o-ensino-basico-ate-2023/. Acesso em: 3 mar. 2025.

** IDEB E SAEB: veja os destaques dos resultados de 2023. Todos pela Educação, 14 ago. 2024. Disponível em: https://todospelaeducacao.org.br/noticias/ideb-e-saeb-veja-os-destaques-dos-resultados-de-2023/. Acesso em: 3 mar. 2025.

*** PROTESTOS e paralisações contra cortes na educação ocorrem em todos os estados e no df. G1, 15 maio 2019. Disponível em: https://g1.globo.com/educacao/noticia/2019/05/15/cidades-brasileiras-tem-atos-contra-bloqueios-na-educacao.ghtml. Acesso em: 14 jun. 2023.

Em tempos de polarização política, essa posição de Schneider poderia deixá-lo com a pecha de alguém identificado com a esquerda, ainda mais quando as já citadas credenciais tucanas eram apresentadas. Acontece que Schneider também tinha uma posição que era anátema para os diversos tons da esquerda brasileira. Ele acreditava que o governo deveria pensar na possibilidade de cobrar mensalidade de quem poderia pagar pela universidade pública.

Será que isso significa que a experiência da universidade pública tem de ser colocada em xeque? Não na opinião de Schneider. Para o entrevistado do *Podcast Rio Bravo*, é preciso, sim, senso de responsabilidade, de maneira que essas instituições possam prestar contas do que tem sido feito para o Estado — e, por extensão, para o próprio contribuinte.

Em outro momento da entrevista, houve novo ponto de contato com a declaração de Daniel Barros: a ênfase que deveria existir no ensino técnico. Segundo o especialista, as boas experiências em educação no Brasil poderiam, sim, ser aproveitadas para que o país pudesse se beneficiar.

Novos negócios e modelos de ensino

As entrevistas do *Podcast Rio Bravo* que discutiam educação não trouxeram somente opiniões de especialistas no tema. Buscamos, também, a experiência de quem estava à frente de iniciativas educacionais, seja de escolas que tentavam inovar o modelo, seja de entidades cujo alvo era mitigar o impacto da desigualdade na sociedade brasileira.

> **Episódio 641**
> Denise Aguiar Alvarez
> "Queremos ressignificar
> os espaços escolares"

Neste último caso, o exemplo que se encaixa de forma mais precisa é o episódio com **Denise Aguiar Alvarez**, diretora adjunta da Fundação Bradesco, instituição que há mais de seis décadas está envolvida com a promoção da inclusão e do desenvolvimento social, levando educação de qualidade para regiões socioeconomicamente desfavorecidas no Brasil.

Ao descrever a estrutura da Fundação Bradesco, Denise Alvarez detalhou como se dava a escolha das localidades das escolas. A executiva explicou o funcionamento do modelo. A construção e a gestão das escolas são de responsabilidade da Fundação Bradesco, sendo que o público-alvo era, portanto, a população mais desfavorecida. Essa abordagem possibilita que as escolas atendam a população do entorno. A diretora da instituição afirmou, ainda, que a Fundação Bradesco desempenha o papel de uma escola pública: os estudantes recebem uniforme, material didático e refeição. Com isso, ele tinha apenas de ir à escola.

A propósito disso, de modo geral existe uma espécie de nostalgia afetiva em relação ao ensino no Brasil. Segundo essa memória, a escola pública no passado era melhor e ensinava muito mais, algo que as instituições de ensino mantidas pelo Estado (governos e prefeituras, para ser mais específico) não mais dão conta de fazer. Para Denise Aguiar, no entanto, não existe motivo para que a sociedade brasileira louve tanto a educação do passado. Nas palavras da diretora da Fundação Bradesco, antigamente não havia escola pública de qualidade para todo mundo. Então, sim, era uma escola com excelência, no entanto, que não atendia à esmagadora maioria da população brasileira. Desse modo, quando essa escola excelente teve de ser expandida, a realidade se impôs. Dada a extensão territorial do Brasil e sua densidade demográfica, não era um projeto para todos.

Ao apresentar as prioridades da Fundação Bradesco na proposta de ensino, Denise Alvarez salientou que um dos desafios era fazer com que o aluno aplicasse no seu dia a dia aquilo que estava aprendendo.

Aqui, como em outras entrevistas, a executiva também falou a respeito da Base Nacional Curricular Comum e não escondeu certo ceticismo com sua implementação. Ainda assim, Denise Alvarez entendia que a formatação do ensino médio pré-reforma não era adequada. Para ela, a escola se torna chata porque cada um quer que o aluno saiba de tudo na sua matéria, o que é impossível em termos não apenas do controle de qualidade daquilo que é ensinado, mas também da manutenção de interesse do alunado.

A alternativa proposta pela Fundação Bradesco para reverter esse quadro envolve a ressignificação dos espaços escolares em sintonia com os novos tempos, disse a diretora da instituição.

A executiva argumentou que uma escola inovadora exigia uma transformação não apenas no modelo das aulas, mas também na transformação do espaço físico, por exemplo.

Ao indicar um caminho de como essa mudança deveria acontecer, Denise Alvarez mencionou o caso do laboratório de informática — na verdade, ela explicou por que esse espaço chegava a causar desconforto quando ela ouvia falar a respeito. Em muitos estabelecimentos de ensino, o termo laboratório ainda é o paradigma para a sala onde o aluno passa a ter contato com as novas tecnologias. Para a executiva, esse espaço de aula tem que estar adaptado tanto à proposta da escola quanto ao interesse dos estudantes.

A transformação não para por aí. Para a diretora da Fundação Bradesco, essa mudança implica, também, o novo papel dos profissionais que estão na escola. Além da plataforma virtual de ensino e aprendizagem mantida pela fundação desde 2001, Alvarez comentou a respeito da formação continuada dos professores e orientadores.

O sentido de urgência das declarações de Denise Alvarez alimenta o sentimento de que algo precisa ser feito para mudar o estado de coisas da educação no país. A depender do contexto, essa mudança pode, sim, acontecer por meio da chave tecnológica.

* * *

Como entidade de ensino, a Fiap se estabeleceu no mercado a partir da expertise em tecnologia, mais especificamente pela oferta de cursos de preparação com alto retorno para os alunos, em se tratando de empregabilidade. Portanto, foi de certa forma surpreendente quando soubemos da iniciativa da Fiap School e sua agenda voltada para a cultura *maker*.

Aqui, vale a pena explorar com mais detalhe o sentido da cultura *maker*, para que se possa compreender como essa abordagem se adéqua à metodologia de uma escola para o ensino médio.

A origem do movimento *maker* remonta à década de 1950, quando, em função do alto valor do custo de mão de obra, se estabeleceu o *do it yourself* (DIY), ou *faça você mesmo*. Mais do que um conceito acadêmico, trata-se de um princípio segundo o qual as pessoas deveriam buscar soluções alternativas em função da falta de materiais, sem a necessidade de contratar profissionais para resolver eventuais problemas. Para além da aprendizagem embutida no processo, a motivação estava relacionada à satisfação de ter encontrado uma resposta à questão que se apresentava inicialmente.

Já no século XXI, em 2005, o inglês Dale Dorothy apresentou um manifesto que destacava alguns dos preceitos da cultura *maker*, envolvendo, entre outros, os seguintes pontos:

1. Faça: nada melhor do que fazer ou criar algo que nos expresse. E isso é um motivo para nos sentirmos completos e felizes.

2. Compartilhe: toda criação ou aprendizado deve ser compartilhado. É uma satisfação que todos percebem. Como não compartilhar isso?

3. Presenteie: a sua criação conta um pouco de você. Então, por que não presentear alguém com o seu verdadeiro eu?

4. Aprenda: aprender vai garantir uma existência produtiva e feliz. Então queira aprender, mesmo se você já for especialista ou experiente.

5. Permita-se errar: é errando que se aprende. Aproveite o erro para chegar à perfeição, mas não o transforme em medo de tentar novamente.

A proposta da cultura *maker* permite articulação com a agenda da Fiap School, conforme afirmou **Wagner Sanchez**, diretor acadêmico da instituição, em entrevista ao *Podcast Rio Bravo*.

Episódio 643
Wagner Sanchez
A estratégia da Fiap School: aprendizado baseado em projetos

Na ocasião da conversa, o tema era pertinente não apenas por conta do debate sempre necessário acerca da educação, mas porque o isolamento social devido à pandemia de covid-19 ainda era uma realidade, de modo que pais, estudantes e educadores estavam sentindo na própria pele os efeitos do ensino remoto. Esse recurso permitiu, sim, que os alunos tivessem uma rotina no contexto da pandemia, mas deixou como legado uma defasagem escolar que ainda não foi totalmente revertida.

Nesse contexto, a conexão com a tecnologia é uma possibilidade a ser explorada, haja vista que os estudantes pós-geração Z estão cada vez mais habituados com esse universo.* O diagnóstico do diretor acadêmico da Fiap School não contemplou somente os alunos que se dedicarão a carreiras ligadas à linguagem de programação ou design de games, para citar duas formações em alta; antes, envolveu todas as áreas. "Nós acreditamos que a tecnologia é uma ferramenta para todas as carreiras, principalmente quando olhamos para um futuro ainda tão incerto. Então, desde o fundamental I ao ensino médio, passando pelo fundamental II, nós entendemos que o pensamento computacional pode fazer muita diferença na vida desse jovem, em todas as carreiras. Um médico que tiver conhecimento em tecnologia será muito eficiente, assim como um arquiteto ou mesmo um advogado. Por isso que compreendemos que a tecnologia tem de fazer parte da formação de todos os indivíduos."

Assim, para o contexto da Fiap School, todo o currículo básico gira em torno das esferas de conhecimento elaboradas pela escola, dentre os quais vale citar, além da cultura *maker*, a *digital life*, o pensamento crítico, os negócios digitais. O objetivo declarado aqui é estabelecer um efeito de sentido, por assim dizer, para os alunos em sala de aula. "Vai dar uma causa a esses jovens. O fazer, o pensar e o criar fazem parte do nosso projeto pedagógico, impulsionando, assim, o aprendizado das disciplinas tradicionais, que são necessárias para a formação dos nossos alunos."

---

* De acordo com reportagem publicada pela BBC *Brasil*, para a geração que vem depois da geração Z, os alfas, a tecnologia é uma extensão da forma de eles conhecerem o mundo. BORRULL, André Solé. O que é a geração alfa, a 1ª a ser 100% digital. BBC *Brasil*, 29 maio 2019. Disponível em: www.bbc.com/portuguese/geral-48438661. Acesso em: 14 jun. 2023.

De acordo com avaliação de Wagner Sanchez, existe outro elemento que caracteriza o estudante que está na sala de aula hoje em dia. "O jovem é muito imediatista. Isso explica certa ansiedade dos jovens em relação aos estudos." Como antídoto, Sanchez via a abordagem *maker* como alternativa viável. "[O aluno] precisa aplicar o que está aprendendo."

O diretor acadêmico da Fiap School não aceitava o argumento de que os jovens são superficiais, só se interessando pelo "título da notícia". Para ele, isso acontece até o momento em que esses mesmos jovens são desafiados. "Dê a eles uma causa, um motivo, e então você verá como é que eles irão aprofundar o conhecimento."

Como exemplo, o entrevistado falou de uma atividade voltada para o oitavo ano, quando os alunos tiveram de desenvolver um peixe coletor de resíduos. A atividade ganhou novo sentido quando em formato de causa: "Eles criam um peixe robótico, que vai navegar na superfície de um lago e recolher lixo. Quando apresentamos esse desafio aos alunos, nós dizemos que eles estão ajudando o meio ambiente, que eles vão, no limite, ajudar a despoluir o lago do Parque da Aclimação, que fica do lado da escola. É com essa causa que nós temos a energia do aluno, o olho brilhando."

Afora isso, a experiência permite uma mescla de saberes diversos, conforme Sanchez revelou no trecho a seguir. "Os alunos, então, perguntam: 'O que nós precisamos aprender para isso?' E daí nós entramos com biologia, história, inglês, cultura *maker*. O aprendizado se dá ali de forma prazerosa e automática."

Quando os alunos terminam uma atividade como essa, observou o diretor da Fiap School, a satisfação é grande não apenas porque eles concluíram uma tarefa, mas porque também puderam aprender e se desenvolver no processo.

Quando perguntado se esse modelo de ensino encontra resistência dos pais — e mesmo dos alunos — por não se concentrar no vestibular, o diretor da Fiap respondeu: "A pressão já foi muito maior em relação ao vestibular. Até porque notamos que o jovem hoje precisa de seis meses ou mesmo um ano para refletir um pouco mais acerca da escolha dele. A busca por aprovação a qualquer custo está diminuindo."

A discussão do modelo de ensino não aparece apenas no contexto do ensino médio. Nas últimas décadas, a escolha pela abordagem não conteudista, voltada para a prática, esteve no centro das preocupações em outras faixas etárias. É o caso da Escola Concept, localizada nas imediações do Itaim Bibi.

Thamila Zaher, diretora-executiva do Grupo SEB, disse que, embora o cenário da educação tenha mudado consideravelmente, poucas pessoas estavam interessadas em mudar o modelo de educação.

Na ocasião da entrevista, a escola acabava de ser inaugurada, e um de seus chamarizes estava relacionado a iniciativas semelhantes que aconteciam no mundo inteiro.

As iniciativas em questão tinham como denominador comum o aluno no centro da experiência de ensino-aprendizagem. De acordo com um artigo, quando passam a ser a referência, os alunos são incentivados a serem gradualmente mais comprometidos.* Zaher afirmou na entrevista que, fora do Brasil, muitas dessas abordagens já estavam em operação — e foi a partir daí que a experiência passou a ser encaminhada no Brasil.

Para a executiva do Grupo SEB, no passado, as metodologias olhavam para o professor, demandando, assim, que os alunos acompanhassem. A entrevistada usou a metáfora de um trem: nesse contexto, o aluno era o passageiro e se daria bem (aprendendo) se não perdesse nada da trajetória do transporte. Já o aluno que perdia era simbolizado por aquele que ficava para trás, tendo de pegar o próximo trem.

Em seus escritos sobre educação, o pensador Paulo Freire desenvolveu o conceito de educação bancária, aquela em que o professor vê aluno como um banco onde deposita conhecimento. O contraponto a esse modelo tradicional é a educação libertadora, que faz com que os alunos questionem o mundo e pensem em soluções sem se acostumar com a realidade.

---

* MESQUITA, Isabel *et al.* O aprendiz no centro do processo de ensino-aprendizagem: De recipiente vazio a construtor da própria aprendizagem. *In*: AFONSO, José; MESQUITA, Isabel (org.). *Feedback contínuo bidirecional entre avaliação e implementação em contextos educativos.* Porto: Editora FADEUP, 2023. p. 15-31.

De acordo com a perspectiva de Thamila Zaher, quando o foco está centrado no aluno, enfatizando a forma como ele pode aprender, tem-se uma transformação de perspectiva.

Se, do ponto de vista conceitual, a abordagem parece muito sofisticada, será que sob um olhar prático essa engrenagem é passível de aplicação? Thamila Zaher respondeu que a proposta era que os alunos se transformassem em protagonistas dos movimentos educacionais. Exemplo disso pode ser um projeto no qual o aluno leve em conta a paixão dele e possa aprender nesse processo. Desse modo, se, por exemplo, um estudante tem paixão por um esporte e existe um problema de como resolver a escassez de água no mundo (um problema mundial), por meio de metodologias que apresentem a esse aluno concepções esportivas — como estatística (que ele pode aprender vendo a tabela do campeonato de futebol) — é possível desenvolver o aprendizado de forma palatável.

As formas de ensino que tão somente buscavam reproduzir os modelos dos livros-texto, sem buscar se aproximar do universo do aluno, simplesmente reproduziam conteúdos que, hoje em dia, os alunos podem buscar em outras plataformas, como o modelo idealizado por Salman Khan, da Khan Academy.[*]

Conforme explicou Zaher, a Concept se estrutura a partir de quatro eixos; dito de outra maneira, são as coisas que os alunos precisam aprender num mundo que muda tanto. Em primeiro lugar, fluência digital, algo que vai além de saber usar os dispositivos móveis. Antes, tem a ver com a proficiência em uma nova linguagem, de modo a estimular o raciocínio para a fluência digital. Nesse sentido, o entendimento da diretora da Concept está em linha com o que se está discutindo na academia a propósito da educação para os nativos digitais, sobretudo para os nascidos no século XXI. Conforme destaca o artigo "Os desafios da construção

---

[*] YARZA, Maribel Marín. Um professor para 26 milhões de alunos. EL PAÍS Brasil, 30 ago. 2015. Disponível em: https://brasil.elpais.com/brasil/2015/08/26/tecnologia/1440607240_167958.html. Acesso em: 2 mar. 2025.

do currículo para nativos digitais na educação básica contemporânea",* publicado na revista *e-Curriculum*, é preciso compreender as mudanças do aprender desse público.

O outro eixo, prosseguiu Zaher, é o empreendedorismo. Esse aluno está mais interessado em ter autonomia, de modo a resolver problemas e, por conseguinte, buscar soluções, na mesma direção apontada por Paulo Freire.

A diretora apontou também o pilar da sustentabilidade, realçando um de seus princípios fundamentais: como pensar o futuro do planeta de modo a cuidar dos seus recursos naturais? Nesse sentido, a entrevistada chamou atenção para o fato de os estudantes serem direcionados a projetos sociais. Dessa maneira, os alunos conseguem perceber que fazem parte de um mundo que não se circunscreve a uma bolha — evitando, assim, o que talvez fosse o caminho natural para alunos numa escola de elite.

Por último, Thamila Zaher citou o pilar da colaboração. Na avaliação da entrevistada, os alunos estão mais longe da realidade à medida que compreendem o mundo a partir da perspectiva individualista. Como contraponto, a perspectiva é oferecer uma abordagem pautada na colaboração. A visão da executiva do Grupo SEB está de acordo com o documento da Unesco sobre o futuro da educação. No livro *Reimaginar nossos futuros juntos*,** assim está escrito: "Devemos trabalhar juntos e urgentemente para forjar um novo contrato social, para que a educação possa atender às necessidades futuras da humanidade e do planeta."

A entrevistada não deixou de citar a questão das competências socioemocionais, um fator determinante para os estudantes nos últimos

---

* VALLE, Paulo Roberto Dalla; MARCOM, Jacinta Lucia Rizzi; PORTO, Ana Paula Teixeira. Os desafios da construção do currículo para nativos digitais na educação básica contemporânea. *e-Curriculum*, São Paulo, v. 22, p. 1-25, 2024. Disponível em: https://revistas.pucsp. br/index.php/curriculum/article/view/59219/44795. Acesso em: 2 mar. 2025.

** *REIMAGINAR nossos futuros juntos: um novo contrato social para a educação*. Brasília, DF: Comissão Internacional sobre os Futuros da Educação, UNESCO; Boadilla del Monte: Fundación SM, 2022. Disponível em: https://unesdoc.unesco.org/ark:/48223/pf0000381115. Acesso em: 2 mar. 2025.

anos. "Quando se trabalha com essas competências desde pequeno, isso faz com que o aluno consiga sair dessa zona desconfortável ou entender isso e se colocar como agente transformador, e não como quem sofre nesse processo. Na verdade, o aluno está muito mais preparado para lidar com um assunto como esse do que algum outro aluno que não teve esse preparo desde o começo."

Um dos pontos centrais de qualquer conversa sobre educação, conforme os especialistas destacam, envolve o papel do professor. Desse modo, é de se imaginar o perfil do docente que atuará como mediador desse processo de ensino-aprendizagem. "Os professores precisam ter mente aberta para conseguir entender que algo está mudando. Além disso, precisam ser superpreparados do ponto de vista da formação — não só na língua, mas nas ferramentas que permitam que eles trabalhem com metodologias ativas, ou seja, metodologias que coloquem o aluno como protagonista. Então, antes de os professores ingressarem na Concept, eles recebem uma preparação específica e, uma vez na escola, um quarto do tempo é dedicado à formação contínua e ao planejamento."

Assim como Thamila Zaher, o empresário **Daniel Castanho** tem uma visão ousada para a educação. E na entrevista ao *Podcast Rio Bravo*, em outubro de 2015, ele falou de como era decisivo o papel do professor para colocar em marcha o projeto de "transformar o país pela educação".

> **Episódio 355**
> Daniel Castanho
> A proposta da Ânima para
> reinventar o ensino superior

A história da Ânima Educação remonta ao ano de 2003, quando seus fundadores, entre os quais estava Daniel Castanho, buscavam formar a instituição de ensino mais inspiracional de Minas Gerais, estado onde adquiriam a Una.

Castanho comenta que, no início dos anos 2000, ele e seus sócios começaram a estudar o cenário da educação no Brasil, projetando que haveria uma grande transformação no setor, fosse pela via da sucessão, fosse pelo modelo de negócio. Foi assim que eles assumiram a Una, a primeira instituição do grupo, em Belo Horizonte. Ainda nesse começo, a ideia não era de se tornar tão grande; o que eles buscavam era fazer a diferença.

Depois da Una, outra instituição, a Unimonte (de Santos), foi comprada. Em 2009, foi a vez da Uni-BH, novamente em Belo Horizonte. Em seguida, a HSM. E então a Ânima Educação abriu capital na bolsa. Na época da entrevista, o grupo Ânima tinha 90 mil alunos e mais de 6 mil funcionários, e o executivo brincou que não sabia ao certo quem mais aprendia e quem mais ensinava.

Em que pese essa visão idealista, Castanho pareceu bastante atento às questões do momento envolvendo o negócio da educação. Com a crise política às portas, o segundo mandato do governo Dilma Rousseff iniciara 2015 cortando o que os jornais, na ocasião, qualificaram como "farra do Fies".* De acordo com a investigação à época, os gastos federais com o Fies explodiram, exatamente quando as regras dessa política pública se tornaram mais flexíveis, tornando-se modelo ilimitado e imbatível para as universidades.

De sua parte, Daniel Castanho desaprovou a maneira como o programa foi descontinuado. Para o executivo do ensino superior, a forma como o governo lidou com a situação foi muito abrupta. Meses depois da decisão, a revista *Ensino Superior*, publicação das mantenedoras das instituições de ensino, veiculou uma extensa reportagem** que apresentava as consequências do fim do Fies: "Apenas no processo seletivo de meio de ano de 2015, o número de novas matrículas caiu em média 30% em relação a 2014 [...]. O olho do furacão que se anuncia tem um nome curto: Fies."

Mais para o final da entrevista, Daniel Castanho enfatizou a necessidade de o diploma fazer sentido. Nas palavras do executivo, a formação precisava alavancar as condições de empregabilidade dos egressos. De acordo com essa perspectiva, a sala de aula deve mudar para entregar mais potencialidades aos estudantes.

---

* MIRANDA, Carla. Paulo Saldaña e o jornalismo que vale prêmio. *Estadão*, 21 out. 2015. Disponível em: www.estadao.com.br/brasil/em-foca/paulo-saldana-e-o-jornalismo-que--vale-premio/. Acesso em: 27 jun. 2024.

** CONTENÇÃO de crise. *Revista Ensino Superior*, nov. 2015. Disponível em: https://revistaensinosuperior.com.br/2015/11/23/contencao-de-crise/. Acesso em: 2 mar. 2025.

Atualmente, o grupo Ânima Educação reúne 25 marcas, incluindo Anhembi Morumbi, São Judas e Le Cordon Bleu, entre outras. Daniel Castanho é presidente do conselho de administração da Ânima Educação.

Indicadores de qualidade

O exemplo de Daniel Castanho ajuda a entender como o ensino superior se tornou um negócio altamente lucrativo a partir da primeira década dos anos 2000.

Em abril de 2014, **Simon Schwartzman**, uma das principais autoridades em ensino superior no Brasil, não apenas falou desse tópico, como apresentou um diagnóstico da educação no país.

> Episódio 273
> Simon Schwartzman
> Um diagnóstico da educação
> no Brasil

"Não tenho o número correto, mas há poucos anos o Brasil tinha 2 milhões de estudantes no ensino superior. Hoje são mais de 7 milhões de alunos. Houve um crescimento muito grande, sendo que a maior parte está no setor privado, não público."

As considerações de Schwartzman, no entanto, não se encerraram na análise da fotografia do ensino superior no país. A discussão do especialista foi além, tocando num ponto delicado a propósito da vocação bacharelesca do Brasil.

"Existe um preconceito com ensino técnico — em parte porque nós não temos uma boa tradição de ensino técnico. Essa modalidade costumava, e ainda costuma, ser muito pobre no país. Tem pouco conteúdo e não dá uma titulação que é valorizada no mercado de trabalho." Schwartzman, no entanto, reconhecia as exceções: "Hoje em dia, um bom ensino técnico, como no Centro Paula Souza, vale mais do que um diploma no ensino superior nessas áreas que não são muito disputadas. Um bom ensino técnico, portanto, dá melhor condição no mercado de trabalho que aquele ensino superior que não é dos melhores."

A discussão a respeito da qualidade do ensino toca, também, em outro ponto, a um só tempo interessante e delicado. Em função do modelo gerido a partir de Brasília, as instituições públicas não têm como competir pelos melhores docentes. De acordo com Schwartzman, "no mundo inteiro, mesmo nas universidades públicas, o orçamento delas depende do que elas fazem, de quantos alunos elas têm, que pesquisas elas realizam. Elas são avaliadas por indicadores e critérios, de maneira que é preciso negociar com o governo o que elas vão fazer. No Brasil, não tem isso. O salário dos professores é pago diretamente de Brasília. A universidade nem vê o dinheiro. Não há estímulos, e ela não tem sequer condições de competir por talentos. Quer dizer, se quiserem trazer um excelente professor ou pesquisador para criar um novo departamento, qual salário será pago? Há de ser minimamente competitivo. Por aqui, não pode, porque a remuneração tem de ser a mesma que é paga a qualquer outro professor universitário no Brasil".

Schwartzman enxergava uma solução, que, aos ouvidos de parte significativa da comunidade acadêmica, pode soar provocativa demais. "As universidades têm que deixar de ser repartições públicas. Elas têm de ser instituições, que podem ser públicas, mas têm de funcionar segundo uma lógica de direito privado, têm de ser geridas conforme o uso eficiente dos recursos e têm de ser responsáveis e viver em função dos recursos que elas conseguem arrecadar e justificar."

Em outro momento da entrevista, o especialista discutiu um dos gargalos da educação brasileira, o ensino médio. Provocado pelo entrevistador, Schwartzman refletiu a respeito da seguinte mudança de perfil: houve um tempo em que a educação pública era o padrão a ser seguido, até o momento em que isso deixou de acontecer. Aqui é possível estabelecer um diálogo com a entrevista que, anos depois, seria concedida por Denise Aguiar Alvarez, da Fundação Bradesco. Nas palavras de Schwartzman, "o sistema massificou, e quem entrou não tinha a educação de antes. Quem entrava antes na escola pública eram os filhos da classe média, famílias mais educadas. Pouca gente conseguia entrar, de modo que boa parte da população não chegava lá. Hoje em dia, milhões e milhões de pessoas vão para o ensino médio, e os pais dessas pessoas não estudaram, muitas vezes. É uma população mais pobre".

O especialista destacou, ainda, um problema de atração dos professores. No passado, o professor catedrático da escola pública tinha um prestígio que, atualmente, está mais associado ao professor universitário. "As pessoas de maior talento hoje não querem dar aula no ensino médio; ou elas estão nas universidades ou estão no setor privado."

A discussão acerca do ensino médio alcançaria outros níveis de especialização ao longo dos últimos anos no Brasil. E, nas edições do *Podcast Rio Bravo*, foi possível observar a maneira como essa conversa evoluiu a partir da participação de entrevistados que são os porta-vozes de *think tanks* da educação no país.

Ricardo Henriques é o superintendente executivo do Instituto Unibanco, organização que se propõe a contribuir para a garantia do direito de aprendizagem dos jovens de educação pública. Em sua participação no podcast, o executivo analisou es-

> **Episódio 383**
> Ricardo Henriques
> "Os estudantes querem boas aulas; para isso, é preciso boa gestão"

pecificamente a questão da evasão escolar, um dos principais gargalos do ensino médio no Brasil.

Depois dos anos 1990, o país conseguiu resolver o impasse da educação básica, uma vez que as ações do governo FHC promoveram esse acesso universalizante. Todavia, no ensino médio a evasão ainda representa uma barreira para a melhoria dos indicadores educacionais perante os demais países.

Para Henriques, essa conjuntura tem a ver com a não atenção da política educacional. "É óbvio que existem estados tentando lidar com isso, mas a escola pública, sobretudo, não consegue desenhar uma estratégia de retenção do jovem no ensino médio. Quando nós olhamos com atenção, nossa maior taxa de evasão durante todo o ciclo de educação básica é o final do nono ano, na passagem do fundamental para o médio, e a segunda maior taxa de evasão é o final do primeiro ano do ensino médio. A política educacional tem dificuldade de manter os jovens para concluir sua formação básica."

Parte significativa da evasão tem a ver com fenômenos sociais fruto da desigualdade à brasileira. No caso das jovens que saem da escola, o motivo é a gravidez na adolescência; já no caso dos rapazes, muitos trocam a sala de aula pelo trabalho. "É óbvio que a escola não vai resolver o problema social brasileiro, mas nós temos várias indicações desde o ensino infantil, e isso vai crescendo ao longo de todo o ciclo, [em] que os segmentos mais vulneráveis tendem a não ser acolhidos pela escola pública brasileira. A escola tende não só a manter o padrão de desigualdade, como, sobretudo, a [aumentá-lo]."

Em outras palavras, na avaliação de Ricardo Henriques, jovens negros e jovens da periferia, de baixa renda, de famílias com baixa escolaridade tendem a enfrentar mais dificuldades de permanecer na escola com sucesso. "Um dos grandes desafios que nós temos é garantir que a escola pública fique mais atraente nessa fase de conclusão do ensino médio, para que aumente a probabilidade de fixação."

O especialista mencionou outro fator que explicaria a baixa retenção de alunos no ensino médio: a rigidez do currículo. "Há um agravante. A estrutura absolutamente rígida do ensino médio, sem a mínima possibilidade de dar conta com a trajetória de vidas dos jovens, fazendo com que nós tenhamos em média 13 matérias obrigatórias. O problema não é a quantidade, mas é que são as mesmas 13 matérias para todos os estudantes, em todo o território nacional."

Ricardo Henriques argumentou que, numa fase da vida em que as pessoas têm muitos desejos dispersos, numa sociedade em que a comunicação é muito forte, com um apelo muito sedutor fora do ambiente escolar, a escola vai na contramão do espírito do tempo. "Torna, assim, mais árida e rígida a capacidade de adaptação desses jovens a essa fase do ensino médio."

Embora se reconheça que essa é uma situação desafiadora no mundo todo, a situação no Brasil fica ainda mais complexa em função da exigência do currículo. "Isso inviabiliza o que está consolidado na experiência internacional: que nesse momento de aprendizagem se permitam escolhas de escolarização."

O argumento do executivo do Instituto Unibanco avançou a ponto de elaborar uma abordagem de como o formato desse currículo deveria ser — uma espécie de ensaio do que seria o Novo Ensino Médio. Vale a pena acompanhar a maneira como essa proposta se justifica conceitualmente.

"Do ponto de vista global e mais amplo, é um movimento simples de viabilização da aderência do que é o ensino médio [em relação] às necessidades do mundo contemporâneo. O mundo contemporâneo valoriza tanto os conhecimentos cognitivos [quanto] vários conhecimentos não cognitivos, tais como a capacidade de tomar decisões, trabalhar em equipe, exercer a liderança. Quando se estabelece um cenário que sai da rigidez — que supõe homogeneidade, indiferenciação, em que todos deveriam saber tudo acerca de tudo ao mesmo tempo — e se dá a cada um, num conjunto finito de escolhas, o direito de optar por uma trilha, a possibilidade de aprofundar o conhecimento, a estruturação de projetos, de dinâmicas de ensino-aprendizagem mais engajadas, e a possibilidade de trabalhar com tecnologias ficam muito maiores."

Em certa medida, a linha de raciocínio de Ricardo Henriques guarda relação com as entrevistas concedidas por Thamila Zaher e Wagner Sanchez, assim como ecoa na fala de outros porta-vozes, como é o caso de **Priscila Cruz**, presidente executiva do Todos Pela Educação e um dos principais nomes no debate educacional brasileiro.

> **Episódio 376**
> Priscila Cruz
> A educação como estratégia de
> desenvolvimento para o Brasil

Priscila Cruz se estabeleceu como presença atuante na conversação pública nacional, por exemplo, para discutir os resultados da performance brasileira nos rankings internacionais. Mas não só. Ela se tornou uma das maiores artífices na apresentação da BNCC.

A argumentação de Ricardo Henriques sobre a rigidez do currículo e a evasão escolar tornou-se o ponto de partida para a necessária conversa acerca da mudança no ensino médio.

Nesse sentido, é pertinente observar o papel desempenhado pela Todos Pela Educação. Priscila Cruz define a organização como um *advocacy* que busca levar adiante a agenda da educação brasileira em termos estratégicos com foco em comunicação, articulação política e área técnica.

Vale a pena conferir, a partir da entrevista, como esse tripé estratégico formatou a visão da BNCC, que seria aprovada alguns meses depois que o episódio do podcast foi ao ar.

Priscila Cruz pontuou o principal problema da educação brasileira: a qualidade do ensino. A percepção da porta-voz se fundamentava nos resultados, e não em certo discurso saudosista a respeito da formação dos alunos no passado. Dito de outro modo, embora os números tenham apresentado melhora no desempenho no fundamental I, à medida que os anos de formação avançam, para o fundamental II, os números mostram certa resistência em manter o mesmo nível. No ensino médio, como já indicado anteriormente nesse capítulo, os dados refletem o tamanho do problema, com alunos com baixo desempenho em matemática.

A abordagem de Priscila Cruz se encaminhou de maneira mais aberta para a defesa de um novo modelo. Assim como Ricardo Henriques, a presidente executiva do Todos Pela Educação citou a experiência internacional para advogar pelo projeto de flexibilização do currículo do ensino médio. De acordo com a executiva, mundo afora, os alunos vinham ganhando a possibilidade de escolher pelas disciplinas que gostariam de cursar, sem se comprometer, portanto, com um currículo fechado, sem aderência aos interesses de estudantes que querem mais autonomia." De acordo com Cruz, a nova proposta para o ensino médio modernizaria o currículo, colocando-o mais próximo do século XXI.

Para a entrevistada, a defesa de uma Base Nacional Comum Curricular se encaixava nessa proposta mais engajada da sociedade brasileira em relação à educação pelo fator equidade. Em um país marcado pelas desigualdades, que aparecem ano após ano no Exame Nacional de

Ensino Médio, um ponto de partida equilibrado pode garantir que a aprendizagem dos alunos seja a mesma, independentemente do estado da federação.

A presidente executiva do Todos Pela Educação comentou ainda o papel-chave do professor nessa dinâmica, que, com a mudança, passaria a ser mais valorizado. Cruz defendeu que a carreira docente precisava se tornar mais atraente para os futuros professores, proporcionando, por exemplo, melhores salários.

Para mostrar o que precisa ser feito por aqui nesse segmento, Priscila Cruz ressaltou exemplos de outros países. No Canadá, no Chile, na Coreia do Sul, na Finlândia, os países têm suas particularidades, mas um elemento permanece o mesmo: o apoio da sociedade, simbolizado pela participação das famílias, que, por sua vez, valorizam o professor e a educação. De acordo com levantamento elaborado pelo Todos Pela Educação,* quanto mais participativos os pais são, melhor o desempenho dos alunos.

Nesse sentido, a entrevistada destacou ser fundamental que a sociedade assuma sua responsabilidade, para a educação dar certo. De nada adianta cobrar do Estado melhoria, terceirizando a atenção ao tema, se dentro de casa os pais não se dedicam a fazer com que os resultados apareçam.

A tese da revisão do modelo educacional no mundo também aparece na análise de **Anna Penido**, diretora executiva no Instituto Inspirare. Quando concedeu entrevista ao *Podcast Rio Bravo*, em novembro de 2016, Penido destacou não apenas a importância da mudança do currículo, mas também a necessidade do engajamento social para que as mudanças na educação surtissem efeito.

> **Episódio 411**
> Anna Penido
> Sobre a reforma do Ensino Médio

---

* GUIMARÃES, Camila. A importância da participação dos pais na educação escolar. *Época*, 15 out. 2014. Disponível em: https://epoca.globo.com/vida/noticia/2014/10/importancia-da-bparticipacao-dos-paisb-na-educacao-escolar.html. Acesso em: 2 mar. 2025

Quando a entrevista com Anna Penido foi gravada, o país já havia atravessado um dos períodos mais dramáticos da crise política, com o impeachment de Dilma Rousseff. Assim, muito embora o debate sobre a reforma no ensino médio representasse os interesses de uma agenda pública, não faltou quem qualificasse a transformação como um exemplo do desmonte da educação brasileira, cujo marco principal era a não obrigatoriedade de Artes e Educação Física no currículo escolar.*

Na avaliação de Anna Penido, os próprios alunos estavam expressando, de diversas formas, que a proposta educacional então em vigor já não mais os representava. De acordo com a diretora do Inspirare, os índices de evasão escolar mostravam o quanto os alunos estavam se desinteressando, sem mencionar o descontentamento com as práticas pedagógicas e com a forma como a escola era organizada. Para a especialista, o consenso era evidente: algo precisava mudar.

Para Penido, o desafio para os gestores públicos era tentar entender como construir canais de comunicação não apenas com estudantes, mas com usuários de serviços públicos de um modo geral. Pode-se estender aqui a insatisfação com os serviços executados pelo Estado. Nesse sentido, ficou evidente, em um levantamento conduzido pela Inspirare, o que os alunos não queriam na escola. Os estudantes buscavam desde estrutura física mais flexível (algo já mencionado pela executiva da Fundação Bradesco neste capítulo) até as práticas pedagógicas, as quais deveriam priorizar os alunos colocando a mão na massa.

É interessante observar o quanto os comentários de Anna Penido se relacionam às demais entrevistas sobre educação, funcionando como uma espécie de síntese das ideias que seriam colocadas em prática nas iniciativas de ensino e dialogando, portanto, tanto com o modelo da Fiap School quanto com a abordagem da Concept, duas propostas apresentadas neste capítulo.

---

* Sobre a controvérsia envolvendo o projeto em 2016, vale a pena ler reportagem da *Folha de S.Paulo*: PSOL entra com ação para derrubar reforma na educação. *Folha de S.Paulo*, 28 set. 2016. Disponível em: www1.folha.uol.com.br/educacao/2016/09/1817876-psol-entra-com-acao-no-STF-para-derrubar-reforma-da-educacao.shtml. Acesso em: 2 abr. 2024.

Ao defender a mudança no ensino médio, Anna Penido reforçou a necessidade de repensar o modelo. A especialista falou em mudança cultural, que pautaria a transformação de práticas no modelo de ensino-aprendizagem. Para tanto, a sociedade precisaria ser incluída e se envolver na conversa sobre o tema.

Antes de participar do debate público na área da educação — com artigos e entrevistas —, **Cláudia Costin** foi secretária de Educação na gestão Geraldo Alckmin, além de secretária de Administração no governo FHC. Afora isso, foi diretora de educação do Banco Mundial e, na ocasião em que concedeu entrevista ao *Podcast Rio Bravo*, era diretora do Centro de Excelência e Inovação em Políticas Educacionais da FGV.

> **Episódio 687**
> Claudia Costin
> "Na educação, temos de combinar excelência e equidade"

Em sua segunda entrevista ao podcast, Costin comentou os alarmantes resultados da educação brasileira no "dia seguinte" da pandemia. Naquele momento, o então secretário de Educação do Estado de São Paulo, Rossieli Soares, fora categórico: "O que era ruim ficou pior." O comentário foi feito a partir dos resultados desastrosos do Sistema de Avaliação de Rendimento Escolar do Estado de São Paulo, o Saresp. Para que se tenha uma ideia do estrago, os alunos do quinto ano da rede estadual do ensino fundamental tinham o mesmo nível de conhecimento de matemática que um estudante do segundo ano. Já em língua portuguesa, o aluno que estava no quinto ano tinha a mesma proficiência de um estudante de terceiro ano do ensino fundamental. Era a maior queda na série histórica, iniciada em 2010.

O olhar da especialista, no entanto, atentou para a busca do equilíbrio entre excelência e equidade.

Antes de responder se a pandemia havia sido ou não responsável pelo estado de coisas na educação paulista em 2022, Costin traçou um panorama bastante abrangente do processo de aprendizagem nos últimos anos. A situação estava longe de ser confortável:

"Evidentemente, a educação brasileira já tinha muitos desafios antes da pandemia. O resultado do Saeb, uma avaliação nacional, em 2019, mostrava que só 10% dos alunos sabiam o suficiente em matemática. Em 2017, nós estávamos piores do que isso, pois o índice era de 9,1%. Em português, em 2019 o índice era de 37%, também superior ao de 2017, mas claramente insuficiente. A rede estadual também vinha apresentando sinal de melhora, mas ainda não era o bastante. O Brasil melhorou nos dados do IDEB [Índice de Desenvolvimento da Educação Básica], mas, individualizando São Paulo, é possível dizer que, em 2017, a média do Estado era de 3,7 (melhor que a do país, de 3,5), e agora passou, em 2019, a ser 4,3 contra 3,9 da média brasileira. De fato, é um progresso, mas nós não podemos pensar pequeno. Quer dizer, numa escala de 0 a 10, considerar que 4,3 é algo adequado [quando] evidentemente não é."

Costin ainda destacou que, mesmo antes da pandemia, o Brasil foi considerado o segundo país mais desigual do ponto de vista educacional, entre as 79 economias que participaram do mais recente Programa Internacional de Avaliação de Estudantes (PISA). "Não é que estávamos bem antes da pandemia. Tínhamos desafios. Estávamos muito lentamente avançando em relação a eles, e veio a pandemia."

Com esse marco histórico, houve uma queda acentuada nos resultados. Para a entrevistada, foi uma mostra de que, embora tenha havido um esforço muito grande do governo estadual para garantir algum aprendizado em casa, isso não era suficiente. "Foi muito mais uma estratégia de mitigação de danos do que uma forma de ensinar, dada a baixa conectividade e a baixa disciplina para o estudo autônomo por parte das crianças e dos jovens, especialmente [porque] os pais de muitos deles não estavam em casa, em teletrabalho como a classe média; estavam na rua buscando alguma fonte de renda. Então, sim, em grande medida isso é culpa da pandemia — e da maneira inadequada que a pandemia foi gerenciada, do ponto de vista sanitário e da coordenação nacional do esforço educacional frente [a ela]."

Considerando os números do Saresp e olhando para as perspectivas adiante, Cláudia Costin sublinhou o quanto seria complexa a retomada de um círculo virtuoso, sobretudo porque parte significativa do problema da educação envolve o corpo docente. "Olha, não vai ser fácil. É extremamente desafiador. O Brasil tem baixa atratividade para a carreira de professor, e a formação que o professor recebe no ensino superior é claramente inadequada para a mais complexa das profissões." Ela observou que não há diálogo entre teoria e prática, de modo que o preparo dos futuros professores não atenta para as questões que precisam ser trabalhadas em sala de aula, no sentido de desenvolver os estudantes.

No entanto, Costin entendia que esse momento era a chave para mudar de patamar a educação brasileira. "Nós não queremos mais a educação de 2019; nós temos de nos preparar para combinar duas coisas que são elementares em tempos de Quarta Revolução Industrial: excelência e equidade. É fácil ter uma educação excelente para poucos, mas o desafio que nós temos, olhando para os Objetivos de Desenvolvimento Sustentável, é garantir excelência para todos."

Leitura e letramento digital

Em 4 de fevereiro de 2004, quatro estudantes de Harvard criaram a tela inicial da plataforma que, vinte anos depois, viria a ser a maior e mais importante rede social do mundo, conforme contextualizou o *Meio & Mensagem*.* Ainda de acordo com o portal de mídia, as duas décadas que separam a data da criação para os dias de hoje "abrangem não só o período de maior transformação na forma como as pessoas se comunicam e interagem pelos meios digitais como também contemplam a ascensão da internet como o território principal para a publicidade e para a comunicação das marcas em todo o mundo".

Se, por um lado, a disrupção tecnológica provocou o surgimento de novas oportunidades de negócio, também houve, de outra parte, uma

---

* SACCHITIELLO, Bárbara. Facebook: 20 anos depois, qual é a importância da plataforma como mídia? *Meio & Mensagem*, 5 fev. 2024. Disponível em: www.meioemensagem.com.br/midia/facebook-20-anos. Acesso em: 2 abr. 2024.

consequência inesperada. A internet, que se apresentava no início dos anos 2000 como uma "estrada do futuro" — fazendo uso aqui do célebre título do livro de Bill Gates nos anos 1990 —, aos poucos foi se transformando em um território propício para esquemas criminosos, fraudes financeiras, espaço ameaçador para crianças e adolescentes e, ao longo dos últimos anos, celeiro das fake news.

É bem verdade que a expressão conquistou corações e mentes em 2016, ano do Brexit e da eleição de Donald Trump a presidente dos Estados Unidos. Nesses dois processos, não houve quem não acusasse as plataformas de mídia social, como Facebook e Twitter, de deixarem propagar mentiras em troca de dinheiro de publicidade. A acusação mais grave veio contra a empresa presidida por Mark Zuckerberg ainda em 2018, quando os jornais publicaram denúncias acerca da conduta da plataforma, que teria deixado 126 milhões de usuários à mercê de mensagens que podem ter determinado o rumo das eleições norte-americanas em 2016.

As notícias falsas, no entanto, não ficariam circunscritas ao contexto anglo-saxão. Com o tempo, esse conteúdo parajornalístico se alastraria em momentos decisivos, como nas eleições de 2018 e na pandemia de covid-19. O que se impôs, portanto, foi a necessidade de uma agenda comum para combater as notícias falsas em duas frentes: num primeiro momento, com as agências de checagem e, num segundo instante, com propostas voltadas para a educação midiática.

No *Podcast Rio Bravo*, a proposta da educação midiática apareceria pela primeira vez na entrevista com **Leandro Beguoci**, jornalista e na época editor da revista *Nova Escola*. Já no início da conversa, ele apontou um impasse

> **Episódio 547**
> Leandro Beguoci
> A educação midiática como base
> para a qualidade da democracia

fundamental, que ajuda a explicar por que as fake news emplacam com tanta força no Brasil. "De uma forma bem ampla, a mídia nunca foi tão presente em todos os aspectos de nossa vida. E não estou falando aqui de emissoras de rádio, ou emissoras de TV, ou jornais e revistas. Estou me referindo às mídias sociais, que, para muitas pessoas, têm esse papel de veículo de comunicação — embora as plataformas não se vejam dessa forma. Além disso, nós não temos uma população acostumada a pensar criticamente sobre o conteúdo que recebe via veículos de comunicação."

Para Beguoci, essa baixa percepção crítica está relacionada à "educação recente no país". O especialista explicou: "Se pensarmos que o Brasil universalizou o acesso ao ensino fundamental I e II somente no final dos anos 1990, e que, ao mesmo tempo, o Brasil não universalizou nem a educação infantil, nem o ensino médio, parte da explicação do porquê de a educação midiática não ter sido implementada se deve ao fato de que outras coisas não foram feitas antes."

A causa urgente da educação midiática, no entanto, contempla uma necessidade do século XXI, vinculada, sem dúvida alguma, ao conjunto de saberes elementares desta época. "Todo mundo está consumindo informação o tempo inteiro, de maneira que ninguém sabe mais no que confiar, ou desconfia de tudo. Nenhum dos comportamentos, a meu ver, é saudável para uma democracia como a brasileira."

A preocupação com as plataformas tem a ver com o fato de que, para as pessoas em geral, não existe um letramento em termos do conteúdo disponível na internet. "Muita gente cita as plataformas como fonte de informação. Ainda que os jornalistas e os demais profissionais de comunicação digam que aquele não é conteúdo de jornalismo profissional, para as pessoas pouco importa. O que vale é a forma como as pessoas se relacionam com esse conteúdo."

Beguoci, no entanto, afirmou não ser saudosista de uma época em que os jornalistas eram os únicos *gatekeepers*, isto é, os únicos que determinavam o que era e o que não era notícia. Ao mesmo tempo, ele afirmou ser fundamental a compreensão de que a informação de qualidade é uma das bases da democracia. "Democracia é um regime em que a multidão toma decisões. Se a multidão não estiver bem-informada, ela vai tomar decisões ruins — até porque, mesmo quando está bem-informada, a multidão *pode* tomar decisões ruins."

Nesse sentido, argumentou o especialista, o que se tem é um cenário bastante delicado. "Temos excesso de informação, excesso de conteúdo sendo servido, mas pouca educação de quão crível, quão relevante é esse conteúdo. Se essa discussão não for tomada agora, iremos agravar o problema de confiança no Brasil. Neste momento, as pessoas não confiam umas nas outras."

O jornalista argumentou que o Brasil conta com várias estruturas burocráticas pensadas para servir a essa falta de confiança, como o cartório, onde se registra firma reconhecida. Na avaliação do especialista, a informação jornalística funcionava como uma camada de confiança para os serviços públicos. "Quando esse ecossistema de jornalismo começa a se enfraquecer por uma série de razões, as pessoas perdem confiança no processo e começam a se informar basicamente no que acreditam e se identificam."

De acordo com essa linha de raciocínio, a educação midiática serviria a dois propósitos: reduzir danos, como medida paliativa diante dessa quebra de confiança no jornalismo profissional, e repensar o ecossistema de informação.

O entrevistado comentou, ainda, a visão um tanto otimista a respeito do papel das mídias sociais no início da segunda década dos anos 2000: "Conceitualmente, essa premissa parte de um princípio de que mais informação é sempre bom e de que o mundo é um eterno progresso. Isso criou certa utopia na internet, sobre informação, que se provou errada. Eu fui parte da geração que foi otimista com a tecnologia e posso dizer que nos últimos sete ou oito anos me tornei pessimista em algumas coisas."

Beguoci observou, no entanto, que a BNCC trouxe uma novidade histórica: a proposta previa a educação midiática no ensino fundamental. "Houve um entendimento nas administrações passadas do MEC [Ministério da Educação] de que educar para a mídia era fundamental. Agora, como isso vai acontecer na prática, ainda é um mistério. Há várias formas de fazer, mas o Brasil não tem bons projetos de referência."

O especialista ressaltou que, da forma como se tem falado hoje, educação midiática é um fenômeno recente.

O tema da educação midiática voltou a aparecer no *Podcast Rio Bravo* em maio de 2021, quase dois anos depois da entrevista com Leandro Beguoci. Tomando como histórico o rastro de desinformação da pandemia, o tópico das notícias falsas já era assunto corrente, a ponto de os veículos de mídia terem estabelecido um consórcio para reportar as vítimas do coronavírus. O grupo foi criado em junho de 2020 sob o argumento de que seria preciso contar com um sistema alternativo para informar dados da covid-19, relata o site *Poder360.**

Em 2021, **Patricia Blanco**, presidente do Instituto Palavra Aberta, falou ao podcast sobre a importância da educação midiática a partir de um gancho: o levantamento realizado pela Organização para a Cooperação e Desen-

Episódio 646
Patrícia Blanco
Fatos e opiniões: Por que a
alfabetização digital é necessária

volvimento Econômico (OCDE), que apurou que 67% dos brasileiros de 15 anos não conseguiam distinguir fatos de opiniões.

Blanco destacou, em sua primeira intervenção, que, quando o Instituto Palavra Aberta surgiu, em 2010, houve quem questionasse a importância de sua agenda, isto é, a defesa da liberdade de expressão. Para a especialista, que mais tarde ingressaria no conselho editorial da *Folha de S.Paulo*, o tema da liberdade de expressão jamais foi tão importante.

Na avaliação de Patricia Blanco, a educação ficou defasada no que se refere ao ambiente informativo de múltiplas vozes. "O que nós observamos é que essa mudança no ambiente informacional exige uma nova forma de interpretar a informação. É necessário ler de modo mais amplo. E o conteúdo está blocado em *timelines* que misturam tudo: fatos, opiniões, conteúdo patrocinado, o influenciador que você segue. Tudo isso junto e misturado, sem a separação existente, na imprensa tradicional, do que é editorial, do que é publicidade, do que é opinião."

Tomando como referência a pesquisa da OCDE, a presidente do Instituto Palavra Aberta refletiu acerca do significado da não diferenciação entre fato e opinião. "Saber diferenciar fato de opinião significa que a

---

* MÍDIA tradicional anuncia o fim do consórcio de veículos de imprensa. *Poder360*, 28 jan. 2023. Disponível em: www.poder360.com.br/midia/midia-tradicional-anuncia-o-fim-do--consorcio-de-veiculos-de-imprensa/. Acesso em: 2 abr. 2024.

pessoa sabe diferenciar os gêneros textuais. Isso nós não conseguimos ver nessa pesquisa, o que só reforça algo que já vínhamos sentindo desde 2016, quando um levantamento da Universidade de Stanford apontou que 78% dos jovens não conseguiam diferenciar fato de opinião."

Questionada se não era de esperar que os nativos digitais, por terem sido forjados nesse ambiente, não seriam automaticamente hábeis para entender o conteúdo das mensagens, Patricia Blanco foi categórica: "Por muito tempo, nós acreditamos nessa terminologia do nativo digital. Imaginamos que a geração que já sabia mexer com os dispositivos móveis também teria o discernimento necessário para poder interpretar o conteúdo que recebe. Só que esse mesmo jovem não tem a compreensão elementar para interpretar esses conteúdos." De acordo com Blanco, muitas vezes o jovem se coloca em risco justamente por não entender o que a comunicação de um colega pode causar para as outras pessoas — isto é, a pessoa que está sendo o personagem do meme.

Como contraponto a esse ambiente periclitante, a entrevistada destacou a Base Nacional Comum Curricular. Numa leitura mais aprofundada a propósito do impacto dessa medida para fomentar a educação midiática, a presidente do instituto ressaltou que disciplinas como língua portuguesa podem contribuir para essa agenda. "Das dez competências básicas da BNCC, em cinco delas é possível entrar com essa camada do pensamento crítico, da leitura crítica da informação em diversos momentos, mais especificamente no campo da Língua Portuguesa. Vinte e cinco por cento dessa matéria contempla o campo jornalístico-midiático, que ensina, inclusive, a reconhecer os gêneros textuais: o que é uma crônica, o que é um anúncio publicitário, o que é um texto jornalístico. Então, o professor já dispõe hoje de uma base unificada que pode ser levada para a sala de aula. O que é preciso? Avançar na implantação da BNCC."

Em um momento de tamanha polarização política, quando as bolhas nas mídias sociais têm provocado mais dissenso do que consenso, como a educação midiática pode contribuir para um ambiente mais agregador? Patricia Blanco respondeu: "A educação midiática tem como princípio e objetivo ensinar o indivíduo a consumir informação. Mais: a acessar, interpretar e participar da sociedade conectada. Já existem estudos no mundo todo que mostram a importância da educação midiática para a melhoria, inclusive, da cidadania."

Se o letramento digital é parte integrante da cidadania no século XXI, o que dizer, então, da leitura? Embora dados do Instituto Brasileiro de Geografia e Estatística (IBGE) mostrem

> **Episódio 393**
> Zoara Failla
> Um retrato da leitura no Brasil

que 93% dos brasileiros são alfabetizados, a taxa de leitores permanece aquém do esperado. A pesquisa mais recente do Retratos da Leitura, realizada a cada quatro anos, indica que o Brasil perdeu em torno de 4,6 milhões de leitores entre 2015 e 2019. Quem coordena o Retratos da Leitura é a socióloga **Zoara Failla**, que, em 2016, conversou com o podcast acerca do tema.

Para a entrevistada, um dos fatores que explicam o não crescimento do número de leitores é precisamente a concorrência com outras mídias. "Mais do que nunca, o jovem (e seu tempo livre) hoje tem uma concorrência grande com a internet e com as mídias sociais. E, de fato, ocupar o seu tempo com a cultura digital não necessariamente leva à leitura — em contrapartida, esse hábito pode estar roubando tempo da leitura de livros, não apenas a leitura de diversão, mas a leitura que desenvolve competências nas pessoas."

Zoara Failla destacou, nesse sentido, o papel formador da escola. "É a escola que faz o letramento; é a escola que capacita crianças e jovens para a compreensão leitora, para a decodificação. Mas a escola, também, desenvolve práticas mais complexas, de modo a transformar esse jovem em um leitor autônomo — que lê porque gosta, porque tem interesse em pesquisar novos assuntos. Portanto, a escola tem papel fundamental nesses dois momentos." A socióloga argumenta que a formação de um professor leitor é a primeira condição para que as escolas tenham práticas leitoras mobilizadoras a ponto de preparar leitores para toda a vida.

Em diálogo possível com o diagnóstico de Simon Schwartzman a respeito do perfil das famílias brasileiras, Zoara Failla citou o impacto da baixa escolaridade de pais e mães na formação de novos leitores. "Infelizmente, o perfil leitor das famílias no país é deficiente. Se olharmos a origem social de boa parte dos brasileiros, a escolaridade é baixa e o nível socioeconômico tampouco favorece. E, sem dúvida, a família tem papel fundamental no despertar desse interesse e na valorização da leitura." Em outras palavras, disse a coordenadora do Instituto Pró-Livro, o exemplo é fundamental: quando um pai ou uma mãe lê à noite para o seu filho, "certamente isso ficará na memória afetiva da criança e do jovem".

Na entrevista, a socióloga comentou um dado importante da pesquisa: o conteúdo que as pessoas estão lendo. "Quem passou a ler mais foi a população adulta, o que, aparentemente, seria um resultado importante, uma vez que [indica que ela] está lendo fora da escola e por iniciativa própria. E houve um acréscimo importante na leitura de Bíblias e livros religiosos."

Para Failla, é preciso observar o que essa leitura promove do ponto de vista do desenvolvimento social, do poder de crítica, de análise da realidade. Em certa medida, os dados do Retratos da Leitura sinalizaram que uma mudança maior estava em curso na sociedade brasileira: a ascensão dos evangélicos, conforme visto no capítulo "Sociedade".

No segundo semestre de 2024, o Retratos da Leitura* trouxe outra notícia alarmante: pela primeira vez desde que a pesquisa começou a ser feita, a proporção de não leitores é maior do que a de leitores na população brasileira.

Em que pese o cenário desanimador, a literatura teve espaço relevante no *Podcast Rio Bravo*, segundo o que será apresentado a seguir.

---

* 53% DOS BRASILEIROS não leem livros, aponta Pesquisa Retratos da Leitura 2024. *PublishNews*, 19 nov. 2024. Disponível em: https://www.publishnews.com.br/materias/2024/11/19/53-dos-brasileiros-nao-leem-livros-aponta-pesquisa-retratos-da-leitura-2024. Acesso em: 3 mar. 2025.

CULTURA

Arte e literatura através das gerações

Episódio 139
Ferreira Gullar
Uma crítica da arte contemporânea

Um poeta que queria dizer o que lhe restava enquanto havia tempo. **Ferreira Gullar** se lembrou assim do processo de escrita do *Poema sujo*, um clássico contemporâneo da poesia brasileira, publicado na década de 1970. A declaração aconteceu em maio de 2010, numa entrevista concedida ao *Podcast Rio Bravo*. Na época, é desnecessário dizer, Ferreira Gullar já era Ferreira Gullar. Daí que sua voz era ouvida não apenas por conta de suas considerações acerca da literatura e da crítica de artes visuais, mas essencialmente porque se tratava de uma referência para a cultura brasileira — e isso repercutia também no âmbito da política e dos costumes.

A entrevista de Ferreira Gullar ao podcast aconteceu no mesmo ano em que o segundo mandato de Lula terminava, com altas taxas de popularidade, e surgia no horizonte a chance de o presidente preservar seu legado com a indicação de uma sucessora, a então ministra da Casa Civil, Dilma Rousseff. De algum modo, isso era motivo de preocupação para o poeta.

A preocupação de Gullar, tanto em seus textos para a *Folha de S.Paulo* (onde era colunista aos domingos) quanto nesta entrevista ao *Podcast*, tinha como motivação a eventual perpetuidade de Lula no poder. O autor temia consequências graves caso isso ocorresse.

Os comentários de Ferreira Gullar merecem destaque porque, naquele momento, praticamente não havia contestação aberta ao presidente da

República, exceção feita à revista *veja* e algumas colunas na imprensa. Isso não quer dizer que não houvesse oposição no Parlamento, mas apenas que essa disposição da opinião pública ainda não estava presente. Em 2010, Lula deixava a presidência com taxa de aprovação na casa de 87%.

A autoridade do poeta para falar sobre política decorria não somente de quão bem-informado ele era sobre os acontecimentos da época, mas em especial do fato de ter sido testemunha da Ditadura Militar — e dos métodos de tortura dela.

Na entrevista, Gullar comentou sobre o impacto da prisão, com ênfase para o horror provocado pelo interrogatório de 72 horas a que foi submetido logo após ter retornado do exílio. De acordo com as recordações do poeta, o jornal *O Estado de S. Paulo* recebeu mensagem para que ele comparecesse na Praça Mauá. Os militares alegaram que era necessário que ele assinasse um documento de entrada no país.

Cilada?

Na sede da polícia, Gullar passaria a ser questionado com mais gravidade. Quiseram saber se ele esteve na União Soviética. Ou em outro lugar. O poeta negou. Foi então que ele seguiu para outro lugar. A atuação das forças da repressão junto ao autor de *Poema sujo* se assemelhava às descritas no livro *Ainda estou aqui*, obra que, em 2024, deu origem ao filme de mesmo nome e que recebeu o Oscar de melhor filme estrangeiro.

A princípio, o poeta não sabia aonde estava indo, mas era o local mais temido nos tempos de repressão: o Departamento de Operações de Informações do Centro de Operações de Defesa Interna, ou DOI-Codi. Lá, durante o interrogatório, Gullar foi torturado e ficou sem comer, beber ou dormir.

Ao narrar esse episódio, ele observou que a existência de uma estrutura como aquela no DOI-Codi era prova inequívoca de que os militares sabiam, sim, da prática de tortura, diferentemente do que disseram, na época, os generais Newton Cruz e Leônidas Gonçalves, em entrevista ao jornalista Geneton Moraes Neto para um especial da *GloboNews*. Como contou Ferreira Gullar, a política do governo militar era a prática da tortura, daí que foram construídos espaços específicos para essa atividade: as câmaras de tortura.

A mesma veemência com que Ferreira Gullar refutava o palavrório dos militares foi adotada pelo poeta para emitir juízo acerca da produção artística contemporânea. Nesse caso em particular, a voz do poeta soa ainda mais contundente, uma vez que ele entendia que, do ponto de vista estético, algo havia se perdido com a produção artística contemporânea.

O autor do *Poema sujo* foi categórico quanto à proposta das manifestações artísticas contemporâneas: uma arte sem linguagem, lamentou, destacando que muitos artistas buscam o novo pelo novo. Diferentemente do que acontece com outros observadores, a opinião de Gullar se fundamenta numa avaliação que remete às vanguardas europeias do início do século xx.

Para o poeta, uma tendência niilista das artes começou com Marcel Duchamp, que nomeou o urinol de *Fontaine*. Ao agir assim, explica Gullar, Duchamp embaralhou o estatuto das criações artísticas, privilegiando a releitura que, no limite, dá a entender que tudo o que o artista disser que é arte será arte.

A crítica de Gullar encontrava eco em outros autores de sua geração, como o também poeta Affonso Romano Sant'anna. Fora do Brasil, nomes como o do filósofo Roger Scruton e o do historiador Paul Johnson igualmente denunciavam as questões da arte contemporânea. Essa posição não reservou os melhores predicados ou aceitação a Gullar, que era percebido como uma figura com posição conservadora, conforme se lê no artigo do jornalista Marcos Augusto Gonçalves para a *Folha de S.Paulo*, "Paranoia ou mistificação?".*

Marcos Augusto Gonçalves alude aqui ao célebre artigo de Monteiro Lobato, que, nos primeiros anos do modernismo, deu esse título a uma contundente crítica a propósito da obra de Anita Malfatti.

A leitura crítica acerca das artes se expandiu e proporcionou, ao final do podcast, uma reflexão que incorpora o impacto da tecnologia. Ao

---

* GONÇALVES, Marcos Augusto. "Paranoia ou Mistificação?" *Folha de S.Paulo*, 22 nov. 2007. Disponível em: https://www1.folha.uol.com.br/fsp/ilustrad/fq2211200711.htm. Acesso em: 2 mar. 2025.

refletir sobre a conexão arte e tecnologia, Gullar comentou que a única arte tecnológica que existe é o cinema. Nas artes plásticas, o entrevistado argumentou, essa relação não deu certo, mas no cinema, que nasceu a partir da fotografia (também uma criação tecnológica), permite o desenvolvimento de uma linguagem específica — com recursos que não podem ser explorados em outras manifestações artísticas.

Dividida em duas partes, a entrevista de Ferreira Gullar é um epítome dos episódios sobre cultura no podcast, capaz de mostrar não somente um artista atento aos fenômenos da criação poética, mas uma personalidade atenta às questões que impactam o mundo à sua volta — no limite, a matéria-prima para a produção intelectual.

Assim como Ferreira Gullar, outro escritor, em entrevista ao *Podcast Rio Bravo*, não fugiu da relação entre cultura e política. É bem verdade que, nesse caso, a temática já estava presente no título. Em 2021, **Louis Menand**, professor em Harvard e crítico cultural da prestigiosa *The New Yorker*, falou a respeito de sua obra mais recente, *Free World: Art and Thought in the Cold War* [Mundo livre: Arte e pensamento na Guerra Fria, em tradução livre]. A obra apresenta um panorama da produção cultural nos Estados Unidos durante as duas primeiras décadas do pós-Segunda Guerra Mundial. Na entrevista, além de comentar o processo de escrita, Menand falou a respeito da influência e da importância do seu país no contexto da política mundial.

Episódio 663
Louis Menand
Arte, pensamento e ideias durante a Guerra Fria

Foi surpreendente descobrir também que Menand não estava pessimista quanto ao público mais jovem, posto que muitos poderiam se desinteressar pela longa lista de autores citados e discutidos em seu livro. A resposta não poderia ser mais conclusiva: "Tive a oportunidade de ministrar um curso sobre os autores que estão contemplados no livro, e os alunos ficavam muito animados com as aulas, uma vez que não sabiam tanto a respeito dessas figuras."

Ao falar sobre a dificuldade de elaborar uma narrativa em torno de personagens tão maiúsculos daquela época, Menand destacou: "Adoto um método bastante peculiar, que é o de não fazer um esboço dos capítulos — porque penso que isso limita minha criatividade como historiador. Então, eu deixo o material de minha pesquisa ditar o caminho que devo trilhar."

Um conceito conhecido na teoria das relações internacionais é o de *soft power*, que, em linhas gerais, diz respeito ao poder das ideias e de como elas são capazes de influenciar os comportamentos dos demais atores no contexto internacional. Embora o livro de Louis Menand não seja um ensaio sobre globalização ou segurança nacional, a ideia de *soft power* está presente. Nesse sentido, os Estados Unidos não apenas puderam se destacar das outras nações por conta da sua condição econômica e militar em relação à Europa e ao Japão, mas também aproveitaram as condições para fazer um intercâmbio cultural daquela época, porque havia maior circulação de bens culturais.

As muitas histórias que a obra traz provocam no leitor certa nostalgia de uma época tão rica em termos de experiências culturais e artísticas. A pintura importava. As pessoas se interessavam por poesia e literatura. A música se transformava. Será que essas manifestações ficaram isoladas naquele período? Ou, como perguntamos a Louis Menand, será que estamos *paralisados* no que se refere à produção cultural? "Os horizontes culturais hoje em dia não têm limites. É impossível saber tudo o que está acontecendo, seja na música, na literatura ou nos serviços de streaming. Mas a paisagem é bem plana. Nos anos 1950, por exemplo, era possível saber o que estava acontecendo. Por outro lado, não há obras marcantes hoje, obras que todo mundo conhece e sente que é importante entender. E isso difere dos anos 1950 e 1960, quando havia obras marcantes. E embora haja muita produção crítica hoje em dia, não há mais uma única voz que se estabeleça como autoridade ou que seja capaz de orientar os gostos das pessoas. As pessoas não se sentem tão atraídas se você acerta uma pintura ou um poema. É um ambiente cultural diferente, o que também é bom, porque tudo é mais acessível, abrange mais gostos; no entanto, tudo pode parecer mais do mesmo."

Em outro momento da entrevista, Menand comentou a crítica que se faz ao *excepcionalismo norte-americano* (que remete ao princípio de que os Estados Unidos são uma nação extraordinária, com um papel a desenvolver na história da humanidade), sobretudo quando está ligado ao conceito de liberdade. Quisemos saber se a Guerra do Vietnã significa o início da tendência de criticar essa posição que os EUA assumiam em relação ao mundo. "A experiência do Vietnã serviu para que os norte-americanos questionassem essa ideologia, porque, na verdade, os Estados Unidos pareciam estar colocando em prática ali uma espécie de neocolonialismo. Nós estávamos agindo como um poder colonial. E foi ali que muita gente viu que o excepcionalismo era um mito que deveria ser abandonado."

A entrevista de Menand foi concedida em um momento de teste de força da influência e do poder que os Estados Unidos têm, haja vista que, semanas antes, em agosto de 2021, o presidente Joe Biden autorizara o recuo das tropas que ainda estavam no Afeganistão. Para o autor, eventos assim são a prova de que o país não entende muitas das nações com as quais se relaciona no âmbito militar. "Nós acreditamos que podemos consertá-los para que sejam como nós, mas não conseguimos fazer isso."

Anos antes do episódio com Louis Menand, o escritor **Martim Vasques da Cunha** apresentava, no livro *A poeira da glória*, uma inesperada história da literatura brasileira ao promover uma interpretação singular da nossa cultura, com base na história intelectual de alguns dos principais autores nacionais. Em sua entrevista ao *Podcast Rio Bravo*, o escritor detalhou os pontos de contato entre a visão convencional da literatura brasileira, com seus heróis para sempre elogiados, e a análise a respeito desses mesmos escritores. Assim, logo no início ele justificou por que a obra de Machado de Assis, embora de notável talento estilístico, é um exemplo

> **Episódio 363**
> Martim Vasques da Cunha
> Uma inesperada história
> da literatura brasileira

singular da "poética da dissimulação". Para chegar a essa conclusão, o autor de *A poeira da glória* argumentou sobre o fato de os escritos machadianos espelharem determinados comportamentos bastante comuns à mentalidade nacional.

Em outro momento dessa mesma entrevista — e aqui vale destacar que o podcast foi gravado em dezembro de 2015 —, Martim Vasques da Cunha aludiu à Operação Lava Jato para mostrar o impacto perene da obra dos poetas inconfidentes — no caso, Tomás Antônio Gonzaga, com *Marília de Dirceu*.

Os clássicos e os contemporâneos

Episódio 306
Pedro Bandeira
O escritor de muitas gerações
de leitores brasileiros

Pode-se imaginar que a relação entre política e literatura se dá essencialmente porque as entrevistas mencionadas foram feitas com autores de livros voltados para o público adulto. Acontece que a experiência interdisciplinar proporcionada pela literatura transcende essa relação de causalidade. E um dos principais casos que ilustra essa conexão é o de **Pedro Bandeira**, o escritor de muitas primeiras gerações de leitores.

Na entrevista que concedeu ao *Podcast Rio Bravo*, Bandeira recordou como começou sua história com a literatura e revelou que, no início de sua trajetória, não estava preocupado com a escola nem com a literatura infantojuvenil, ainda que tenha sido leitor de obras dedicadas para esse público na sua adolescência.

Foi durante sua trajetória como jornalista que fez com que Bandeira começasse a experimentar escrever para crianças. De início, publicava algumas histórias em revistas comercializadas em bancas de jornal. Depois, essa produção foi ganhando mais corpo.

Havia outro motivo, desta feita dentro de casa, para que Pedro Bandeira se tornasse definitivamente interessado no tema educação. Com uma esposa educadora, envolveu-se decisivamente com o tema, inclusive do ponto de vista das políticas voltadas para a área. Mesmo sem ser um estudioso ou acadêmico no tema, o escritor entendeu que a mudança do país só poderia ser conduzida pela educação, pois o acesso ao conhecimento, a verdadeira riqueza, é o grande recurso no século XXI.

O entrevistado reparou que, mesmo já tendo escrito histórias para o público infantojuvenil, esses textos corriam o risco de desaparecer, afinal as publicações de cunho jornalístico são efêmeras por natureza. Foi então que estendeu uma daquelas narrativas para publicar em livro.

O escritor observou que o papel dos professores é fundamental na formação de leitores, uma vez que as famílias brasileiras pouco consomem literatura em casa.

Vale a pena retomar aqui os resultados de leitura dos brasileiros informados no capítulo anterior. No país, poucos têm o hábito de ler como forma de lazer, de modo que o único espaço para desenvolver esse tipo de atividade acaba sendo a sala de aula. É diferente do que acontece no mundo desenvolvido, argumentou Pedro Bandeira, anotando que, de um modo geral, são raras as famílias que tiveram a oportunidade de consumir literatura.

Antes de Pedro Bandeira, Ruth Rocha, Ana Maria Machado, Ziraldo, Odete Barros Mota, João Carlos Marinho, Marcos Rey, o único nome que ocupava o espaço de autor da literatura infantojuvenil era Monteiro Lobato.

Um dos sucessos de Pedro Bandeira é o livro *A droga da obediência*, obra cuja repercussão o escritor comentou no podcast. Lançado pela primeira vez em 1984, o livro está na 139ª edição. De acordo com Bandeira, o livro, assim como as sequências *A droga do amor, Droga de americana!, Pântano de sangue e Anjos da morte*, são narrativas cujos protagonistas pertencem a uma turma de meninos, os heroicos Os Karas. Bandeira conta que demorou até atender aos pedidos dos seus leitores para escrever outro livro da série, até que, em 2014, publicou *A droga da amizade*.

134

Diferentemente de certa imagem casmurra do escritor, avessa ao contato direto com o público, Pedro Bandeira não se intimida e, talvez seja preciso apontar, até se aproveita disso. Mesmo numa época em que ainda não havia o recurso do e-mail, Bandeira revelou que os leitores já se comunicavam, buscando na troca de cartas uma forma de se relacionar com o autor para além das obras literárias. Como consequência, o entrevistado destacou: muitos desses leitores se tornaram amigos de Pedro Bandeira, a ponto de ele ver o compartilhar momentos especiais, como casamento, fotos dos filhos. Do lado do escritor, ele dedica alguns de seus lançamentos para os filhos desses leitores.

Tamanha aceitação entre públicos de diferentes gerações não se deve a fórmulas, acredita Pedro Bandeira. Antes, tem a ver com uma abordagem específica do escritor para com seus leitores infantojuvenis. O escritor observa que o seu tema, na verdade, envolve os sentimentos humanos, algo que transcende o corte geracional, pois é sinal que registra a conexão das pessoas.

Ao comentar a respeito do impacto da literatura na imaginação dos leitores, o autor cita a obra de William Shakespeare, que permanece relevante até os dias de hoje justamente por abordar temas universais. Afinal, as histórias do bardo versam sobre amor, ciúme, inveja, violência, ambição. Bandeira ressalta: daqui a cem anos, as peças de Shakespeare ainda vão emocionar as pessoas quando forem encenadas.

Episódio 276
José Garcez Ghirardi
Os 450 anos de William
Shakespeare

O argumento de Bandeira nos leva a outra entrevista, que aborda a perenidade da obra de Shakespeare. Em abril de 2014, **José Garcez Ghirardi**, professor da FGV e autor do livro *O mundo fora do prumo*, apresentou um argumento que se encaixa com perfeição ao comentário de Pedro Bandeira, cuja entrevista seria gravada meses depois. "O teatro de Shakespeare se tornou ainda mais atual."

Ao apresentar os motivos dessa conexão entre a obra de Shakespeare e os dias que seguem, Garcez Ghirardi observou que, tal como na época em que o Bardo viveu, atualmente existe um descompasso entre o arcabouço simbólico e a vida prática. Nas palavras do entrevistado: "Quase nenhuma mulher hoje pensa o casamento como as avós pensavam há setenta anos. Entretanto, a cerimônia de casamento é parecidíssima. Por que nós temos uma cerimônia semelhante se o entendimento da instituição é totalmente diferente? Me parece que é porque nós temos um descompasso entre esse arcabouço simbólico, as formas pelas quais nós significamos a vida, e a vida prática, as crenças cotidianas que levam o nosso dia a dia. Em Shakespeare, isso acontecia entre o mundo medieval, o mundo simbólico, e o mundo moderno, que era o da vida prática, da vida material. No nosso mundo, parece que a vida industrial rege nossa vida simbólica, e a vida pós-industrial gera nossa vida prática", analisou o professor da FGV.

Garcez Ghirardi aprofundou essa discussão ao citar como exemplo a tensão que existe entre desejo e poder. Para o professor, essa relação está presente em *Macbeth*. A elaboração a seguir toma como referência exatamente o ponto de contato entre o passado e o presente. "Tanto os pré-modernos como os pós-modernos têm de decidir. O que nos faz humanos? E há dois elementos para compor aí: um deles é o desejo. O desejo individual é algo bom, que constrói, ou é algo ruim, uma tentação que te destrói? Por outro lado, tem o dever. O dever é algo que oprime, que acaba com você, ou dever é o que te dá certa direção e estrutura social? Essa tensão entre poder e desejo aparece muito em *Macbeth*. Lady Macbeth diz assim para o marido, quando ele não está mais disposto a matar o Rei Duncan: 'Quando você ousou desejar, você era um homem. E, para conseguir aquilo que você deseja, você precisa ser ainda mais homem.' E Macbeth responde: 'Eu ouso fazer tudo aquilo que um homem deve fazer. O que ultrapassa esse ponto já não é mais homem.' Ou seja, ele está dizendo que quem vai além do seu dever para seguir o próprio desejo é um monstro desumano."

Quando questionado acerca das muitas leituras possíveis da obra de Shakespeare, o professor ressaltou que cada época lê o Bardo conforme suas necessidades. "Shakespeare é importante para nós. Porque podemos articular novos sentidos para nossa própria experiência hoje a partir dos seus textos. Shakespeare nos ajuda a compreender melhor aquilo que vivenciamos hoje."

Ao comentar *Hamlet*, outro dos trabalhos mais citados de Shakespeare, Garcez Ghirardi ressaltou a angústia da vingança como motor da obra, ainda que com alguma ressalva: "Acho que nosso tempo apropria *Hamlet* de um jeito que a vingança se torna menos importante como tema, e a falta de sentido se torna um tema. Hamlet, o príncipe da Dinamarca, se coloca numa situação na qual ele diz que a não ação é uma impossibilidade e a ação é um não sentido. Por isso que, no fim, Hamlet quer se matar, porque ele não vê sentido nem na vingança, tampouco na não vingança. Essa falta de sentido da ação humana fala muito ao nosso tempo."

O professor da FGV complementou o argumento mencionando o trabalho do filósofo inglês Charles Taylor, segundo o qual "a grande coragem é admitir que a vida não tem sentido nenhum e enfrentar essa condição de peito aberto e viver o que for. Me parece que essa é a leitura que temos feito de *Hamlet*: um homem que tem coragem de enfrentar uma vida que, no fundo, não significa nada".

Na quadra final da entrevista, assim como outros entrevistados desse segmento, Garcez Ghirardi estabeleceu uma relação entre o teatro de Shakespeare e a política dos tempos que correm, lembrando que a entrevista aconteceu no ano em que a Operação Lava Jato começava. Sem fulanizar o debate, o professor citou o que está em jogo quando se faz esse paralelo: "*Macbeth* coloca uma tensão muito forte, que nós temos que dar conta ainda hoje. Afinal, um soberano, legitimamente constituído, embora inepto para o comando, pode ser deposto? Um rei como Duncan, que está no poder, mas que, obviamente, é menos capaz militarmente ou politicamente do que Macbeth; ou que, ao menos, é um rei muito ingênuo, porque é traído mais de uma vez durante a peça: isso é justificativa para tirá-lo do poder?"

A história política do Brasil e do mundo na última década responde às perguntas do professor Garcez Ghirardi, reforçando a importância da obra de Shakespeare além de seu tempo.

Os polemistas

O resgate do debate de ideias que transcendem a sua época também é uma marca da longa entrevista de **João Cezar de Castro Rocha** ao *Podcast Rio Bravo* em janeiro de 2014, a propósito da reedição da obra do diplomata, escritor e pensador José Guilherme Merquior.

> **Episódio 257**
> João Cezar de Castro Rocha
> Resgatando a "máquina de pensar"
> de José Guilherme Merquior

Na ocasião em que concedeu a entrevista, Castro Rocha era um acadêmico especializado em crítica literária e história das ideias, tendo publicado livros sobre a cultura brasileira e sobre a obra de Machado de Assis. Como organizador da Biblioteca Merquior, editada pela É Realizações, Castro Rocha colocava de novo em pauta um autor fundamental, mas que estava fora de catálogo. Merquior era um liberal que se impôs pela força das ideias, e seu relançamento ajudaria a tornar o liberalismo *mainstream* novamente ao longo da última década.

O título da entrevista, aliás, serve de prenúncio para o que aconteceria nos anos seguintes, quando o argumento liberal retornaria com força e com fôlego para as plataformas de governo dos mais diferentes candidatos. É preciso ressaltar, no entanto, que o próprio Castro Rocha sublinhou que Merquior, como pensador, estava próximo da linhagem liberal social, uma categoria apresentada no livro *O liberalismo: Antigo e moderno*, publicado primeiramente em inglês e depois lançado no Brasil. Essa anotação é importante porque, tendo morrido muito jovem, no início dos anos 1990, Merquior ficou identificado como ideólogo do governo Collor, o que ajudou a diminuir a presença de sua obra no imaginário intelectual brasileiro.

Em outro momento do podcast, Castro Rocha explicou por que situara Merquior próximo a outra figura histórica, José Bonifácio. Castro Rocha destacou, assim, que não era exagero associar o intelectual do século xx ao Patriarca da Independência. Merquior, elabora Castro Rocha, se formou precocemente e foi dono de um amplo repertório de ideias, na melhor tradição ocidental. De forma semelhante, continua

Castro Rocha, Merquior se estabeleceu como um importante filósofo político. Por isso, Merquior deveria ser compreendido como intelectual na velha linhagem da tradição platônica, remontando, assim, à chamada síndrome de Siracusa — a dos intelectuais que têm um projeto político de país. Assim como Merquior no século XX, no século XIX, José Bonifácio de Andrada e Silva também tinha projetos para o Brasil. Nesta passagem da entrevista, Castro Rocha não esconde seu apreço por Merquior: o projeto do crítico literário, diplomata e escritor era ainda mais ambicioso: ele tinha projetos para o mundo.

A declaração de Castro Rocha se justificava pela grandiosidade do projeto intelectual de Merquior. O autor não se deu por satisfeito em escrever sobre autores e livros; sua obra discute, em pé de igualdade, com os melhores e mais talentosos intelectuais do seu tempo, no Brasil e no exterior. Como pensador, o diplomata debateu psicanálise; pós-modernidade; estética e filosofia; sem mencionar o fato de que sua escrita não fugir da polêmica.

Nesse sentido, Castro Rocha explicou a relação entre José Guilherme Merquior e o liberalismo, um tema que ganharia relevância no debate público a partir daquele momento. Rocha salientou que, em Merquior, o liberalismo tinha o poder de uma narrativa que explicava o mundo. Castro Rocha contextualizou a relação do diplomata com o tema, atentando para o fato de que Merquior jamais acreditou no mito do mercado autorregulador ou de *laissez-faire*. Na verdade, segundo Castro Rocha, o eixo que guiava e motivava o diplomata era a da liberdade: de pensar, de ser algo hoje uma coisa e amanhã ser e pensar outra. O importante é que houvesse uma explicação racional para essa mudança de posição.

Numa época em que o debate de ideias em geral é marcado pela presença da polêmica, Merquior também parece ser o autor do momento. Sua produção intelectual foi marcada pela abordagem incisiva, sem jamais baixar a guarda, elevando a discussão mesmo quando o tom não soava ameno. João Cezar de Castro Rocha explicou como isso aconteceu, aludindo ao livro *As ideias e as formas*. Segundo o organizador da obra de Merquior, o diplomata debatia com os grandes mitos da época, desafiando, assim, três grandes adversários: o marxismo, a psicanálise e a vanguarda. No primeiro caso, Merquior questionava o consenso intelectual, no Brasil e no exterior, em torno das ideias políticas que derivavam do marxismo; já ao polemizar com a psicanálise e com a vanguarda, Merquior ampliava o alcance de sua atuação como crítico cultural, discutindo, assim, costumes e estética.

Na sequência dessa exposição, a pergunta, formulada retoricamente pelo próprio Castro Rocha, parece irresistível: "Por que as polêmicas absolutamente terríveis e muitas vezes brutais nas quais Merquior se envolveu muitas vezes atacando o marxismo, a psicanálise e as vanguardas?" A resposta foi reveladora: Merquior acreditava que a concepção de mundo dos marxistas, psicanalistas e vanguardistas se equivocava porque seus defensores imaginavam que o indivíduo pudesse ser explicado por cada uma dessas chaves interpretativas — e que, por isso, qualquer leitura de mundo que se opusesse se colocaria como inimiga da verdade.

A entrevista de Castro Rocha terminou por apresentar uma explicação necessária acerca da natureza da polêmica. Merquior seria a mais perfeita tradução de um gênero que é decisivo na cultura ocidental tanto como forma discursiva quanto pelo uso depurado da linguagem. Sempre de acordo com Rocha, no Brasil, o que se tem é uma visão equivocada sobre o tema — inclusive o próprio Merquior seria reduzido a um mero polemista, exatamente porque nos anos 1980 se envolveu em uma disputa com nomes como o jornalista e escritor Paulo Francis e com a filósofa e professora da USP Marilena Chauí — sobre esse episódio, aliás, Castro Rocha comentou que era um ponto fora da curva na trajetória de Merquior, não representando o tipo de polêmica e de debate do qual ele estava apto a participar.

Nos anos 1980, é bem verdade, Merquior se envolveu em disputas com grandes nomes do seu tempo e, mesmo assim, era respeitado pelos seus iguais no exterior, como o antropólogo francês Claude Lévi-Strauss. Merquior morreu precocemente, aos 49 anos, e deixou uma obra vasta, que não pode ser resumida pela polêmica, ainda que sua defesa intransigente pela liberdade de pensamento pudesse ser motivo de disputa fundamental.

Episódio 722
Antonio Risério
Os movimentos identitários
e os perigos da cultura *woke*

O espírito da polêmica não seria assunto apenas de uma entrevista falando de um pensador brasileiro do século xx. A polêmica como gênero discursivo também apareceu em um episódio no segundo semestre de 2022, mais especificamente na semana seguinte às eleições presidenciais. O entrevistado foi o escritor e crítico cultural **Antonio Risério**, autor, entre outros, do livro *Sobre o relativismo pós-moderno e a fantasia fascista da esquerda identitária*. Na obra, lançada originalmente em 2019, Risério parte para o enfrentamento do que, no debate público brasileiro, ficou conhecido como movimento identitário, cujos representantes advogam pela renovação da linguagem (com marcas mais inclusivas), pelo cuidado com o lugar de fala e, de um modo mais amplo, pela adoção das práticas do politicamente correto na mídia, assim como nas empresas.

Em entrevista ao *Podcast Rio Bravo*, Risério disparou contra o capitalismo *woke*,* contra o movimento negro ("que quer transformar o Brasil em um país polarizado como os Estados Unidos") e contra a agenda da Fundação Ford ("tentáculo da política externa dos Estados Unidos"). Na avaliação do escritor, a ascensão dos movimentos identitários representa uma nova forma de imperialismo cultural, cuja consequência mais visível é o genocídio ideológico do mestiço. As palavras do entrevistado não poderiam ser mais contundentes: "Não tem política pública para mestiço no Brasil. Ser mestiço hoje é como se fosse uma desgraça que não dá camisa a ninguém. Se você usar essa palavra na universidade, você

---

* Na explicação de Isabela Mena para o site *Projeto Draft*, capitalismo *woke* é "a prática utilizada por grandes corporações, bancos ou qualquer um que vise lucro, de propagar consciência social sobre questões emergentes como racismo, sexismo, homofobia e toxicidade corporativa". Ver mais em: MENA, Isabela. Verbete Draft: O que é Woke Capitalism. *Projeto Draft*, 2 nov. 2020. Disponível em: www.projetodraft.com/verbete-draft-o-que-e--woke-capitalism/. Acesso em: 26 jul. 2024.

é apedrejado. Isso é uma imposição brutal do imperialismo cultural e político norte-americano."

Risério argumentou que, ainda na década de 1960, McGeorge Bundy, na época executivo da Fundação Ford, salientava que o multiculturalismo e o identitarismo eram vitais para o sistema político do capitalismo nos Estados Unidos e no mundo inteiro. Como consequência, o entrevistado afirmou que "há uma conversão de boa parte da burguesia internacional a isso. Todos acham que sua salvação vai ser redimensionar a coisa no planeta em duas áreas: fazendo recuperação ambiental e justiça racial, como eles dizem. Isso domina a elite brasileira. Toda a burguesia brasileira está nessa viagem".

O autor afirmou ainda que, muito embora essa iniciativa implique "a criação de uma elite mulata assumindo que é a vanguarda negra, os negros que estão de fato na periferia vão continuar lá. Isso é uma coisa de sobrevivência do capitalismo muito bem jogada, mantendo um baronato negro na mídia e nos espaços nobres, com cotas nos serviços públicos e levando a iniciativa privada há alguns anos nessa direção. Hoje não é permitido discutir a questão social brasileira. Ela não existe. O que existe é a questão racial. Não é assim! Nem todo preto é pobre, nem todo pobre é preto".

Antonio Risério destacou, também, a importância desse tema para o terceiro mandato do governo Lula. "Acho, sim, que o governo pode entrar em parafuso nisso, porque Lula não tem um grande projeto para o Brasil. E pode embarcar nessa viagem chilena do Boric em outro patamar, não recorrendo a plebiscito, porque a política identitária não é uma política de massas. O identitarismo ganha todas as suas leis no tapetão. É política de gabinete e de salão. Foi aí que o estatuto de igualdade racial virou lei, dizendo que pardo é preto. Os pardos não foram consultados sobre esse assunto. E Lula pode embarcar nessa, achando que vai entrar para a história ampliando, de forma quase suicida, a democracia brasileira nesse sentido da viagem identitarista sem levar em conta o potencial autodestrutivo disso, tanto para a democracia quanto para a Nação."

Instituições da arte brasileira

Se, para Antonio Risério, o argumento identitário carrega um potencial destrutivo, vale a pena observar até que ponto houve impacto dessa agenda nas artes plásticas brasileiras ao longo dos últimos anos. Nesse sentido, cabe destacar um equipamento que traz a marca da renovação da arte de expor no país nesse período — o Museu Inhotim.

Episódio 147
Bernardo Paz
O reconhecimento
internacional do Inhotim

Em duas oportunidades, o Inhotim foi tema do *Podcast Rio Bravo*. Na primeira ocasião, o fundador, **Bernardo Paz**, falou ao podcast sobre a origem e a estrutura desse equipamento cultural. Pensando bem, suas palavras não fugiram do tom da polêmica (aqui, em forma de franca provocação) ao destacar as características elementares do espaço, localizado em Brumadinho, próximo a Belo Horizonte.

Na entrevista, Paz fez uma longa meditação acerca do propósito que envolvia a criação do Inhotim. Ele afirmou que estava farto da lógica dos especuladores no Brasil, que, muitas vezes acumulando bilhões de dólares, não reinvestiam esses recursos a outros fins, a não ser a geração de mais bilhões. Que outros, então, seguissem esse caminho. Bernardo Paz faria diferente.

Sem perspectiva para o que chama de "drama brasileiro", o entrevistado afirmou que havia decidido, por intuição, fazer o "processo" do Inhotim. Paz quis saber o que havia de interessante nos museus mundo afora, só que seguiu sem encontrar nada que fizesse com que seus olhos brilhassem.

Paz contou que a formação do Inhotim se deu a partir de uma fazenda que havia adquirido duas décadas antes da criação do instituto. A princípio, foi desenvolvendo o parque. Com o tempo, o espaço ganhou uma dimensão para abrigar as obras de arte. Só que o fundador não via qualquer razão para que o museu de arte localizado em um parque não contasse com uma iniciativa ligada à educação e ao desenvolvimento social.

O resultado de tamanho engenho pode ser percebido no reconhecimento internacional do Inhotim. De acordo com Bernardo Paz, a imprensa do mundo todo, do Norte ao Sul do planeta, falou sobre a iniciativa. Inhotim se tornou uma sensação graças às suas proporções, um espaço com uma ambição de ser referência desde o início.

O idealizador do Inhotim respondeu, ainda, acerca de sua preferência por arte contemporânea, haja vista que se desfizera de uma coleção de arte moderna até então pertencente à sua família. Bernardo Paz afirma que, no Brasil, algumas escolhas são condicionadas pelas dificuldades que o entorno oferece. As coleções de arte moderna no país têm sido motivo de disputa por originais e mesmo alguns das obras mais icônicas da cultura nacional, como o quadro Abaporu, de Anita Malfatti, pertence ao argentino MALBA.*

Afora isso, Bernardo Paz acrescentou que, graças às suas características, a arte contemporânea é interativa, possibilitando que o público estabeleça uma conexão com o que está em exposição. No Inhotim, isso é bastante possível, seja com a instalação *Forty Part Motet* (2011), de Janet Cardiff — na qual a artista faz uso de oito caixas de som para reproduzir as vozes do coral da Catedral de Salisbury —, seja com *Troca-Troca* (2002), de Jarbas Lopes — na qual três fuscas tiveram suas latarias trocadas, resultando em três carros coloridos.

Na avaliação de Paz, ao interagir com as obras de arte, o visitante interage com o parque e, de quebra, alivia as tensões que carrega consigo.

Além do mais, prosseguiu Paz, o Brasil merece que alguém ajude a mostrar uma imagem diferente do país, algo que não seja futebol e samba. Quando provocado a justificar por que prefere a arte contemporânea à arte moderna, sua resposta não poderia ter sido mais contundente: a de que arte contemporânea é mero enfeite na parede de quem tem dinheiro. O entrevistado alegou também que, com a contemporaneidade

---

* TADDEO, Luciana. Abaporu: como o Brasil "perdeu" para a Argentina obra icônica do modernismo. *UOL*, 18 fev. 2022. Disponível em: https://www.uol.com.br/nossa/noticias/redacao/2022/02/18/abaporu-como-o-brasil-perdeu-para-a-argentina-obra-iconica-do--modernismo.htm. Acesso em: 2 mar. 2025

do computador, as obras de arte moderna podem ser vistas à distância, sem a necessidade da visitação do acervo. Já a arte contemporânea é diferente. É preciso sentir, entrar, passear, muito mais do que contemplar.

A visão de Bernardo Paz a respeito do Inhotim combina com seu entendimento acerca da importância da cultura: a de que a cultura é fundamental para um país, abrindo a mente de quem é exposto às manifestações artísticas.

> **Episódio 679**
> Douglas de Freitas
> As muitas vidas de Abdias
> Nascimento em exposição
> no Inhotim

Essa concepção está de acordo com a segunda entrevista realizada com um porta-voz do museu: em janeiro de 2022, **Douglas de Freitas**, curador do Inhotim, a propósito da exposição que celebrava a obra de Abdias Nascimento.

Um dos principais intelectuais brasileiros do século xx, o ativista, escritor, político e artista plástico Abdias Nascimento foi o tema de uma mostra que aconteceria em quatro fases. A etapa inaugural tinha como título "Primeiro Ato: Abdias Nascimento, Tunga e o Museu de Arte Negra".

O ponto de partida da entrevista foi a explicação a respeito da relação do Inhotim com o Instituto de Pesquisa e Estudos Afro-Brasileiros (IPEAFRO), o instituto que detém a guarda tanto das obras de Abdias do Nascimento quanto do Museu de Arte Negra. Ao estabelecer essa conexão, o Inhotim já previa um projeto envolvendo Abdias e o Museu de Arte Negra.

Freitas revelou que o objetivo desde o princípio era estabelecer uma programação, e não uma exposição. A ideia era realizar um projeto de longa duração a quatro mãos.

Assim, de acordo com o curador, para que o projeto fosse adiante, era necessário que as decisões de cada uma das instituições fossem unânimes.

A proposta de trabalhar em prol da mesma finalidade não quer dizer que o projeto não teve suas dificuldades. Douglas de Freitas não negou os momentos de discordância, mas afirmou que isso serviu para potencializar a iniciativa.

Quando questionado se houvera demanda, por parte do público, para esse tipo de exposição, Douglas de Freitas reconhece que não houve manifestação direta para a curadoria, mas destaca que se trata de uma movimentação que tem acontecido em todos os museus. Segundo o curador, é um movimento que está acontecendo em outras instituições.

Nesse ponto, a conexão com a entrevista concedida por Antonio Risério parece inevitável, afinal o intelectual baiano é crítico ferrenho não apenas dessa movimentação das instituições, posto que é parte do edifício da cultura *woke*, mas também porque Risério batia de frente com o movimento negro.

Já em sua entrevista, o curador Douglas de Freitas explica por que, a partir da exposição, a obra de Abdias do Nascimento possibilita um olhar mais amplo a respeito do poder da criação artística.

"Abdias é essa pessoa múltipla. Não acho que uma exposição dê conta da multiplicidade dele. Assim como não acho que um livro dê conta dessa multiplicidade. É difícil trazer esses diversos lados do artista. A ideia de fazer a exposição em alguns módulos é de potencializar essas diversas abordagens. Assim, nesse primeiro módulo trouxemos essa questão afetiva com o Tunga."

A menção a Tunga é importante porque mostra, mesmo mais de uma década depois, que os pilares do Inhotim (acerca da arte contemporânea), conforme apresentados por Bernardo Paz em sua entrevista ainda na primeira década dos anos 2000, têm ressonância até os dias atuais.

Douglas de Freitas trouxe com mais ênfase a importância da relação entre as obras de Tunga e Abdias do Nascimento.

O curador destacou as relações existentes entre as obras de Tunga, carro-chefe do Inhotim, e a visão de Abdias do Nascimento, que traz os Orixás e os Exus, sem descuidar das paisagens. Assim, na obra *Simbiose Africana*, que apresenta o Ouroboros (a cobra que come o próprio rabo), sinalizando a eternidade, enquanto a peça *Toro*, de Tunga, traz os anéis concêntricos que representam o ciclo eterno, da eternidade, do recomeço. O diálogo possível da arte, com duas mitologias distintas (a dos Orixás e a das obras de arte), está presente no Inhotim de um modo singular.

A explicação apaixonada de Douglas Freitas em relação aos trabalhos de Tunga e de Abdias Nascimento mostra que existe, nessa atividade de seleção das obras, algo que provoca o olhar do curador.

Episódio 498
Paulo Kuczynski
"As obras-primas não sofrem"

No caso de Douglas Freitas e Bernardo Paz, para além da questão identitária, esse olhar é capturado pelo fascínio provocado pela arte contemporânea. Para **Paulo Kuczynski**, essa relação se constrói a partir de um conceito ainda mais subjetivo, o de obra-prima.

Na entrevista que concedeu ao *Podcast Rio Bravo* em junho de 2018, Kuczynski assim definiu o significado e a importância dos grandes trabalhos artísticos: "As obras-primas não sofrem", título escolhido para o episódio.

O fragmento, a um só tempo lírico e definitivo, serve também para sintetizar as ideias desse marchand, cuja trajetória profissional remete aos anos de chumbo, como explicou no fragmento a seguir, não sem antes definir sua atuação.

Ao falar a respeito de seu trabalho, Kuczynski destacou que este é fruto de mais de 40 anos de dedicação à pesquisa das obras de arte, garimpando produções de artistas do modernismo e do pós-modernismo das décadas de 1970 e 1980 com o objetivo de oferecê-las para um perfil específico de público: colecionadores.

O início da trajetória de Kuczynski não poderia ser mais distante desse universo. Ele estudava biologia na USP e fazia parte do movimento estudantil. Como a UNE estava na ilegalidade por causa da Ditadura Militar, o futuro galerista se viu às voltas de angariar recursos para a UNE. Foi então que Mario Schoenberg — que, além de matemático, físico e político, era crítico de arte — encaminhou uma lista de artistas a Kuczynski para que este buscasse junto a esses nomes obras que pudessem ser doadas. Essas obras eram comercializadas e os recursos da venda, repassados à UNE.

Mais do que a experiência na militância estudantil, Kuczynski conheceu artistas como Alfredo Volpi, Aldo Bonadei, Milton da Costa, Leontina.

Dessa forma, Kuczynski entrou em contato com um universo que, até então, era novo para ele: artes plásticas no Brasil. Em 1969, após a prisão dos estudantes no Congresso da UNE em Ibiúna, Kuczynski estreitou laços com Volpi, de maneira que começou a vender obras desse artista na base da consignação. Com o tempo, passou a vender para galerias e foi conquistando novos clientes, assim como seu portfólio de artistas: além de Alfredo Volpi, Ismael Nery. O marchand estava em formação.

Nesse sentido, Kuczynski ressaltou a influência de outro marchand, Benjamin Steiner — e foi o trabalho de Steiner que incentivou esse entrevistado do *Podcast Rio Bravo* a se tornar marchand.

Embora tenha se tornado um profissional de destaque, o olhar de quem se envolveu com a arte pela devoção aos artistas é flagrante no testemunho de Kuczynski. Para o entrevistado do *Podcast,* o primeiro aspecto elementar de seu ramo de atuação é o nível de envolvimento com a obra que irá comercializar. Kuczynski afirmou que só sabe vender as obras pelas tem paixão. No seu caso, esse sentimento atende pelo nome de Alfredo Volpi: na faixa dos 60% de suas vendas como marchand consistem na obra desse artista.

Nascido na Itália, Alfredo Volpi veio com a família para o Brasil ainda criança e estudou na Escola Profissional Masculina do Brás antes de se dedicar às artes plásticas. Foi na década de 1930 que passou a integrar o Grupo Santa Helena, que contava, entre outros, com nomes como Francisco Rebolo e Mario Zanini. Sua produção inicial é marcada pelo apelo ao figurativo, como mostram as obras *Itanhaém* e *A casa da ladeira*. A partir da década de 1950, Volpi caminha para a abstração, como se nota em algumas de suas pinturas mais conhecidas (e reconhecidas a partir das bandeiras), embora o artista rechaçasse a maneira com a qual ficou célebre. "Eu pinto formas, cores", disse certa vez.*

---

* ALFREDO Volpi: muito além do pintor de bandeirinhas. *Academia Brasileira de Arte*, [20--]. Disponível em: https://abra.com.br/artigos/alfredo-volpi-muito-alem-do-pintor-de-bandeirinhas/. Acesso em: 2 mar. 2025.

Quando questionado a respeito do valor das obras de arte — e se, no caso, era um bom investimento —, a resposta não poderia ser mais provocativa e sincera: não é que as obras de arte *per se* sejam um bom ou mau investimento. O que determina se o investimento é de qualidade é a natureza da obra em questão. No caso, as obras-primas têm valor para além do seu tempo e as pessoas sabem que o artista não sai concebendo uma obra-prima todos os dias. Nessa mesma resposta, Kuczynski não fala como um simples marchand, mas como alguém que nutre verdadeiro amor pela manifestação artística, ao ressaltar que, por vezes, o criador trabalha uma vida inteira, e o que se interessa dele é uma porção de sua vida como artista. O entrevistado citou o exemplo de Tarsila do Amaral, que pintou a vida inteira, mas cuja porção de maior relevo se constitui a partir de quarenta quadros.

Em que pese sua afeição ao universo da arte, Kuczynski rechaçou a ideia de promover exposições com muita frequência, preferindo em vez disso apresentar obras que nunca estiveram no mercado. Ele menciona o exemplo de Krajcberg que havia organizado havia um tempo. Nessa mostra, algumas obras jamais tinham sido exibidas para o grande público, fosse porque estavam na França, fosse porque estavam em coleções particulares.

Em outro momento da entrevista, o marchand defendeu um critério mais rígido no que se refere à seleção dos artistas. Kuczynski afirma que é fundamental tempo para que os novos criadores possam, com mais experiência e trajetória, oferecer algo mais substantivo ao público.

> **Episódio 389**
> Ricardo Ohtake
> O Instituto Tomie Ohtake e a
> arte contemporânea

O comentário de Kuczynski dialoga com a entrevista concedida por **Ricardo Ohtake** em junho de 2016. Entre os temas abordados, a discussão acerca da curadoria não poderia faltar.

Em entrevista ao *Podcast Rio Bravo*, Ohtake refletiu sobre o papel do curador nas exposições que chegam até o Instituto Tomie Ohtake, que tem como mote a arte contemporânea.

Conforme revelou Ohtake, em geral, as exposições que chegavam ao Instituto já contavam com a curadoria pronta — e a atuação do Tomie

Ohtake estava relacionada à adequação do espaço para aprimorar a experiência do público. Quanto às exposições originais do Instituto, Ohtake mencionou a importância do núcleo de pesquisa e curadoria da organização, coordenado por Paulo Miyada, à época com 30 anos, para além de outros quatro jovens que estavam sendo preparados para esse tipo de função no futuro — estudantes de arquitetura, artes plásticas, história.

Ohtake ressaltou que a experiência em curadoria seria desenvolvida no próprio Instituto, mas sublinhou algumas das características elementares desse perfil: a pessoa que busca esse tipo de atuação, aos 15 anos, teria de já conhecer toda a literatura brasileira; aos 18 anos, ao menos os clássicos da literatura estrangeira; depois, na faixa dos 20 anos, entender os meandros da História da Arte; e aos 22 já deverá ter começado a estudar Filosofia. Na concepção do fundador do Instituto Tomie Ohtake, o que se espera de um curador é a familiaridade com a arte e com o pensar.

Em linha com o que disse Ohtake, Fernanda Pitta, professora doutora da divisão técnica de acervo e curadoria do MAC-USP, disse que, para além da formação como historiadora, destacou, ainda, o corpo a corpo com as obras de arte, do contato com artistas, exposições, museus e coleções. De forma semelhante, Thierry Freitas, atualmente curador-pleno da Pinacoteca, destacou que o papel de um curador é construir uma narrativa através da obra de arte.*

Em outro momento do podcast, Ricardo Ohtake destacou a relação do público com o Instituto, especificamente com a proposta do espaço cultural. E ao tratar desse tema ele comentou a relação de estranhamento com a arte contemporânea. Nesse caso em particular, o gestor observou que, apesar de o Instituto ter abrigado mostras importantes de artistas como Salvador Dalí e Juan Miró, era preciso olhar adiante, e não para trás, de maneira que a arte contemporânea precisava de ser apresentada ao público.

Nesse sentido, o fundador do Instituto Tomie Ohtake comentou a preferência pelo perfil de público mais jovem. O motivo tem a ver com

---

* CHRIST, Giovana. O que é: curadoria. *SP-Arte*, 27 out. 2020. Disponível em: https://www.sp-arte.com/editorial/o-que-e-curadoria. Acesso em: 2 mar. 2025.

o fato de que parte dessa audiência não guarda uma experiência visual ligada ao cânone do expressionismo ou, antes ainda, do impressionismo, não rejeitando, assim, manifestações estéticas deste tempo.

Em certa medida, a leitura de cenário se aproxima daquela feita por Bernardo Paz acerca da vocação do Inhotim.

A relação da curadoria com o público apareceria em outra entrevista, dessa vez a respeito do Museu do Amanhã, iniciativa que, desde sua inauguração, se propõe a abrir um debate sobre sustentabilidade. O podcast foi gravado em dezembro de 2017, ano em que a temperatura política tinha esquentado ainda mais.

> **Episódio 470**
> Ricardo Piquet
> O Museu do Amanhã e a estética da convivência

Por esse motivo, as palavras de **Ricardo Piquet**, diretor-geral do Museu do Amanhã e entrevistado no podcast, parecem adequadas para além daquele contexto, correspondente aos pilares da instituição. Segundo Piquet, o papel da instituição é administrar esse amanhã, proporcionando uma programação ancorada em dois pilares éticos do museu, a saber: a sustentabilidade, mostrando, assim, a relação com o planeta, a conexão com os recursos naturais e de qual será o legado para as gerações futuras; e o pilar da convivência, destacando, na esteira do tópico precedente, como será a relação de uns com os outros no futuro próximo, estimando, de acordo com o gestor, 40 ou 50 anos para a frente. Para estimar como se dará essa dinâmica, Piquet ressalta a importância da convivência com outras culturas, que deve acontecer de modo mais harmônico.

De fato, a proposta do Museu do Amanhã permite ao visitante uma experiência distinta da ideia de museu. Já pelo nome, o espaço se notabiliza por olhar para a frente, o que permite alusão à entrevista com Ricardo Ohtake. Além disso, o museu oferece uma programação que se relaciona com o conhecimento por meio do olhar da ciência. Em uma época na qual o tema inteligência artificial ainda não contava com tanto apelo nos meios de comunicação de massa, o Museu do Amanhã já apresentava conteúdo nesse segmento.

Piquet também enfatizou como a experiência do público se transforma a partir da visita ao Museu do Amanhã. De acordo com as estimativas da própria instituição, mais de 90% das pessoas que frequentam o espaço afirmam estar dispostas a mudar algo em suas vidas depois da experiência de visitar o museu. Para realizar esse levantamento, o museu conta com um dispositivo que permite mostrar o que o visitante achou do Museu do Amanhã. Afora esse levantamento, o Museu do Amanhã também recomenda outras instituições e projetos que possam ser de interesse desse público.

O museu como porta de entrada para uma experiência que vai além da contemplação, provocando mudança de comportamento. Em certa medida, há um encontro com as ideias de Bernardo Paz e com o propósito do Inhotim.

Além disso, um dos aspectos mais interessantes acerca do Museu do Amanhã tem a ver com sua localização. O espaço está situado nas imediações do Morro da Providência, de modo que parecia inevitável a pergunta sobre a relação com os moradores do entorno. Piquet contou que, antes da inauguração, o museu estabeleceu um programa de relacionamento com o público que vive nas imediações. Segundo o gestor, esse é o tipo de relacionamento que faz com que a conexão com o museu seja diferente. Os vizinhos participam das atividades do Museu da Amanhã, não apenas admirando a edificação de longe, mas se apropriando do equipamento cultural. Desse modo, a inauguração do Museu do Amanhã aconteceu primeiro para essa plateia, que, de quebra, também ganhou direito de visitar o museu em outras oportunidades. De acordo com Piquet, cerca de 3500 pessoas foram credenciadas e, assim, podem visitar o museu qualquer dia do ano gratuitamente.

Alguns anos depois, a importância do espaço seria explorada na última entrevista realizada antes da pandemia. A convidada foi **Raquel Arnaud**, que, na ocasião, acabara de inaugurar a nova sede do Instituto de Arte Contemporânea (IAC).

Episódio 583
Raquel Arnaud
Um teto todo seu: A nova sede do
Instituto de Arte Contemporânea

Arnaud estudou sociologia e política e depois se formou em história da arte. Sua trajetória como galerista remonta à década de 1970, época em que se estabeleceu como sócia de uma galeria — mais tarde, em 1980, a galeria passou a ser só sua. Por conta dessa trajetória, em 1997 Raquel Arnaud fundou o Instituto de Arte Contemporânea.

Ao comentar a respeito da criação do IAC, a galerista contou que foi a morte de Sérgio Camargo que fez com que ela tivesse uma visão do que poderia ser sua trajetória profissional.

"Com a morte de Sérgio Camargo, o espólio dele passou a ficar sob minha tutela. Paralelamente, vieram os documentos e os projetos também. Com a tutela e a confiança desses artistas, tive a inspiração de que, no Brasil, num lugar que ainda não tinha espaço para abrigar os documentos desses artistas, eu tinha de estabelecer o Instituto de Arte Contemporânea."

A galerista sinalizou que a confiança foi decisiva para que pudesse forjar o caráter do IAC. "Essa confiança que os artistas depositaram em mim, e ainda depositam na galeria, o IAC está dando a eles. Crescimento, idoneidade e identidade. A identidade não é mais do IAC, e sim dos artistas. O prédio favorece isso, o que é muito importante para esses criadores. Agora, poderemos atender a procura de acervos que querem ser cuidados pelo IAC."

Quando perguntada sobre o que falava mais alto, se a galerista ou a fundadora do IAC, Raquel Arnaud enfatizou que era preciso levar para a frente a galeria, mesmo com o clima de competição muito grande em momento de crise. Quanto ao IAC, ela observou que o espaço é de todos. "Ele não é mais meu. As pessoas que deram os acervos para o instituto são os donos da casa, não a Raquel."

Criadores

Episódio 422
Bob Wolfenson
"O retrato obedece à natureza dos encontros"

Alguns anos antes da entrevista com Raquel Arnaud, mas na mesma região da Vila Madalena (onde ficaria a sede do Instituto de Arte Contemporânea), o fotógrafo **Bob Wolfenson** falou a respeito de seu trabalho. O *leitmotiv* da entrevista foi a exposição *Nósoutros*, até então em cartaz na Galeria Millan, assim como a mostra para a qual ele foi curador: *Otto Stupakoff: beleza e inquietude*.

Quando perguntado se o trabalho de um fotógrafo, original e autoral, ainda era possível em um mundo onde o compartilhamento de imagens havia se tornado algo comum por causa da tecnologia, Wolfenson respondeu que sim. E aproveitou para incluir sua mostra como exemplo disso.

Ao comentar a exposição *Nósoutros*, ele explicou que ela só foi possível por causa da tecnologia, que entrou na minha vida há dez anos. Ao mesmo tempo, disse o fotógrafo, é um trabalho muito técnico. Há uma particularidade em relação à câmera; as fusões, porque são panorâmicas, exigem que a câmera gire para capturar tudo, então precisam ter o timing perfeito; é preciso entender da luz, as diferenças de contraste entre uma coisa e outra. Por mais que a foto digital tenha franqueado a muita gente, é graças ao meu legado analógico que eu tenho muita facilidade técnica.

A resposta pode dar a entender que Bob Wolfenson, um dos principais fotógrafos do país nas últimas décadas, é saudosista de uma época em que poucos tinham acesso a equipamentos e à possibilidade de produzir suas próprias imagens. Só que o fotógrafo e curador não pensa assim. De acordo com seu entendimento: Ele disse não ser saudosista, nem nostálgico, e garantiu não guardar mágoa nem rancor de quem está fazendo fotografia hoje em dia. Eu acho sensacional. E acredito que a quantidade traz a qualidade, muito embora não haja tantas fotos ruins quanto aquelas de hoje em dia.

O *punchline* de Bob Wolfenson envolve não apenas a consciência de quem já fotografou celebridades e artistas, além de ter feito parte de grandes projetos no Brasil e no exterior. Tem a ver, também, com a importância do repertório que adquiriu ao longo de sua trajetória. No passado, disse Wolfenson, para ser fotógrafo, era preciso saber física, química, fazer conta. Hoje nada disso é necessário, e tudo bem quanto a isso. Quando ele sai para fotografar, vê no computador e, se estiver tudo ok, segue em frente. Mas, quando é preciso pensar, garante que esse repertório vem graças ao conhecimento.

Ao refletir sobre as características elementares de seu trabalho, Bob Wolfenson afirma que seus registros são encenações. Ele explica que busca promover a naturalidade. Aqui, uma elaboração mais sofisticada, pois, segundo o entrevistado, suas criações são ficções: os trabalhos de moda; os retratos; a publicidade; trabalhos pessoais anteriores. Além dessa racionalidade, Wolfenson citou o imponderável como fator relevante. Ele não acha que é possível ter controle absoluto, ainda mais quando se trata de um trabalho realizado na rua, como este *Nósoutros*.

Uma das passagens mais importantes nas entrevistas com criadores envolve a relação com os artistas que os influenciaram. Fosse apenas por esse motivo, as entrevistas já seriam um documento de inestimável valor. Nessa ocasião, Bob Wolfenson apresentou os nomes que o marcaram.

Há uma infinidade de fotógrafos que ele reconheceu como influência. Cartier-Bresson, Irving Penn; Steven Meisel, Helmut Newton, entre outros.

A variedade de estilos e assinaturas dos nomes citados é parte integrante de quem Bob Wolfenson é como artista e criador. O fotógrafo diz transitar por várias disciplinas na fotografia, de modo que não seria esse fotógrafo que está expondo aqui na galeria se eu não fosse o fotógrafo de nu, de retratos, de moda. Ele precisa de todas essas disciplinas — de um lado para se financiar; de outro, para se *alimentar*, de outro lado para se exercitar, de outro para se expressar."

Afora os artistas, outro nome, dessa feita um teórico, surge como referência para o trabalho de Wolfenson. Roland Barthes, autor do livro *A câmara clara*, entre outros. Citando uma passagem da obra deste autor, Wolfenson afirma que o retrato é o set onde há vários campos de força: o que o retratado quer projetar; o que o fotógrafo quer retratar projetando a imagem dele; o que o fotógrafo quer se utilizar para projetar a imagem do retratado; e o que o retratado quer se utilizar do fotógrafo para se projetar. Então, existem vários campos de força. Penso que o retrato — exceção feita aos elementos constantes: luz, câmera e set — obedece à natureza de um encontro.

Se, como escreveu o poeta Vinicius de Moraes, a vida é a arte do encontro, a mensagem de Bob Wolfenson é um vaticínio de que nem sempre se pode premeditar o desenvolvimento das entrevistas — aliás, às vezes é até mesmo difícil agendá-las.

Foi o caso do arquiteto **Isay Weinfeld**, que raramente concede entrevistas sobre seu trabalho. De maneira paradoxal, é o tipo de conteúdo que um podcast espera. Sua entrevista foi concedida em abril de 2016, e a motivação, para além da originalidade de seu trabalho, tinha a ver com a relação do arquiteto com a música.

Episódio 380
Isay Weinfeld
O arquiteto que não gosta
de se repetir

Weinfeld leva tão a sério a atividade de ouvinte, que nem sequer ouve música enquanto trabalha. O arquiteto explicou que, se a música tiver letra, é pior, mas mesmo com a música instrumental é algo difícil. Assim como Weinfeld, por conta do respeito que nutre em relação às manifestações culturais, não vê as artes plásticas como objeto de decoração, ele guarda essa relação com a música: para ele, é sinal de desrespeito ouvir música desempenhando outra tarefa de criação.

A trajetória de Weinfeld como arquiteto, isto é, quando ele começou a ambicionar esse caminho, não tem um início muito claro. Quando jovem, o arquiteto tinha interesses relacionados à arte conceitual em museus (e aqui a conexão com a entrevista com Ricardo Ohtake parece inevitável) e, na época do vestibular, a escolha da arquitetura pareceu o caminho correto, ainda que tenha se sentido predestinado para isso.

A revelação é surpreendente porque o trabalho dele é reconhecido no Brasil, como o Midrash Centro Cultural, no Rio de Janeiro, e no exterior, como o Hotel Square Nine, em Belgrado. Em que pese o sucesso de estima desses projetos, Weinfeld tem uma postura quase que desconfiada de sua vocação. Como um profissional tão experimentado no seu ofício ainda não tem certeza se é esta é a área com a qual deveria estar envolvido? Mesmo sem ter essa certeza, ele diz que segue fazendo.

Talvez por esse motivo, ao falar das influências, cite artistas e criadores de outras áreas. Seus ídolos pertencem a outras áreas da criação, como o cineasta Ingmar Bergman, importante nos anos de formação e em toda a sua trajetória. Este último foi tão importante que Weinfeld não se recorda de nenhum arquiteto fazendo sua cabeça tal qual o cineasta.

Weinfeld não é capaz de precisar como as expressões artísticas se manifestam em seus trabalhos. Ao falar a respeito do processo criativo, destaca que não vê muita diferença na realização de um projeto ou de um filme. Para ele, são processos similares. Talvez por isso, Weinfeld rejeite a ideia de ser uma figura multidisciplinar. O que conta, para o arquiteto, é a maneira de se expressar — ainda que isso possa ser numa obra ou como um texto.

Exemplo disso pode ser confirmado na escrita de Weinfeld, que, há alguns anos, escreveu um artigo após o show da banda inglesa Radiohead. O texto foi publicado na *Folha de S.Paulo* e, entre outras coisas, serviu como gancho para que Weinfeld concordasse a conceder a entrevista.

No artigo em questão, chamavam atenção os recursos utilizados por Weinfeld para se referir à apresentação da banda liderada pelo cantor e compositor Thom Yorke em março de 2009.

Hoje, quando o tintureiro chegar e perguntar "Tem roupa pra lavar?", vou disfarçar e dizer "Tem não, senhor…" Da última vez que dei minhas roupas para lavar após assistir a um show do Radiohead, vi no dia seguinte o tintureiro voltar com uma certa melancolia estampada na face… A música deles impregna até na roupa. Não desgruda. Logo após o show, é impossível sequer ligar o rádio do automóvel. Conversar com alguém, nem pensar… Dependendo de quem esteja com você então, é uma ótima desculpa. Na manhã seguinte você ainda acorda enlevado, perguntando: o que é aquilo que passou ontem por mim com tanta força? Mas erra feio quem reduz estes sentimentos somente à melancolia. Este é só um dos inúmeros calafrios que se sente ao ouvi-los ao vivo.*

---

* WEINFLED, Isay. Radiohead faz arte essencial, pura, um soco no estômago. *Folha de S.Paulo*, 24 mar. 2009. Disponível em: https://www1.folha.uol.com.br/fsp/acontece/ac2403200901.htm. Acesso em: 2 mar. 2025.

Quando perguntado a respeito desse processo de criação propriamente dito, Weinfeld revelou aquela que seria a chave da entrevista — e que foi usada, inclusive, como título do episódio ("O arquiteto que não gosta de se repetir"). A íntegra da resposta é elucidativa a respeito desse sentido. Weinfeld explica que jamais quis ser especialista em nada — residências, hotéis, edifícios, livrarias. Em vez de buscar uma espécie de assinatura, a partir da qual, eventualmente, seu estilo fosse reconhecido a ponto de dispensar apresentações, o arquiteto afirma que, ao cultivar sua curiosidade, o fez se movimentar em direção ao aprendizado. No lugar de buscar o sucesso, ele quer se manter original, sem ficar se repetindo.

A entrevista do arquiteto foi marcada por declarações assim, originais e contundentes. Ao falar sobre São Paulo, onde parte significativa de seus projetos está situada, não hesitou em dizer o que pensava. Se, por um lado, São Paulo é uma das cidades mais feias que já conheceu, por outro, é o espaço urbano que permitiu que ele pudesse se expressar. Nesse sentido, a cidade abriga todas as arquiteturas porque lá tudo cabe. De modo paradoxal, a falta de personalidade da cidade de São Paulo fez com que ela desenvolvesse sua própria personalidade.

A menção à personalidade eclética de São Paulo nos leva a outra entrevista — com o diretor e produtor **Jorge Takla**, um nome incontornável da produção dramática no Brasil. No momento em que este livro está sendo

> **Episódio 429**
> Jorge Takla
> As artes cênicas e a preferência
> pela qualidade

escrito, sua mais recente produção, *Carmen*, então encenada no Theatro Municipal da capital paulista, ganha aplausos do público e elogios da imprensa. Na entrevista concedida ao *Podcast Rio Bravo*, além de contar um pouco de sua história profissional, ele explicou o que o motiva como criador.

Nascido no Líbano, Jorge Takla cursou a escola de Belas Artes e o Conservatório de Artes Dramáticas na França. Trabalhou como ator nos Estados Unidos e, na década de 1970, estreou como diretor no Brasil.

Já dirigiu mais de cem espetáculos, sempre com atenção máxima aos detalhes e em busca da excelência.

Na entrevista, Takla revelou que teve de percorrer um longo caminho até conseguir materializar a ambição de trabalhar com o universo das artes. Ele sempre guardou essa preocupação: valeria jogar tudo para o alto e seguir uma carreira criativa? Para desespero de sua família, Takla decidiu que sim.

O começo, como ator, aconteceu sob a direção de Bob Wilson. Em seguida, foi trabalhar em uma companhia de teatro experimental em Nova York, La Mamma, mas não era o bastante. Ele explicou o motivo: foi como um estalo. O futuro diretor percebeu que tinha interesse pelo todo da produção: da iluminação à interpretação dos atores, passando pelo cenário e figurino. Sua estreia não poderia ter sido em um palco mais apropriado: Nova York.

Takla contou que, três anos depois dessa primeira experiência na direção, veio morar em São Paulo, um sonho que nutria desde a infância. Filho de pai libanês e mãe brasileira, comentou que essa conexão veio da época em que passava férias no Brasil. Aqui, a memória afetiva fala mais alto, haja vista que suas lembranças remontam ao tempo em que ele passava na casa da avó, com os primos. Como o avô de Takla foi imigrante libanês que se desenvolveu no ramo têxtil, o diretor de teatro também nutriu o sonho de empreender.

E foi o que aconteceu. Takla abriu sua empresa de produção quando tinha 27 anos, em 1978. O motivo era claro: para viabilizar o sonho de dirigir teatro, era preciso assumir o controle da própria vida profissional, e não ficar dependendo de emprego. Sem dinheiro, ele recorria a artifícios diversos, como a estratégia de cooperativas, ou a de coproduções. Era um período em que inexistiam leis de incentivos fiscais para a cultura, mas dava para buscar patrocínios.

Ele reconheceu como um possível erro o fato de não ter se preocupado muito com o que chamou de "lado mais comercial do espetáculo". O que o guiava era a exigência pela qualidade, seja em textos de autores norte-americanos seja em clássicos, seja em textos de autores nacionais — e a lista aqui é igualmente relevante: Plínio Marcos, Maria Adelaide Amaral, Leilah Assumpção, Alcides Nogueira, Walcyr Carrasco. Todos eles, à época, eram iniciantes como autores de teatro.

Ao explicar sua preferência pela qualidade, o diretor ressaltou que, se o texto não o incita, se não o emociona, de nada adianta porque o resultado não será bom. Destacou, ainda: suas motivações eram ou a garantia de muito dinheiro ou paixão. Em teatro, disse, não se pode contar que o dinheiro será demais — e mesmo assim, se a obra não tiver qualidade, ele disse que não saberá fazer.

Ao comentar a respeito das dificuldades da produção teatral no Brasil, ao mesmo tempo que exaltou certa tradição de frequentar o teatro no país (segundo o diretor, mais do que em Nova York, uma vez que boa parte das pessoas que vão aos espetáculos da Broadway são turistas), Takla lamentou que esse hábito venha se perdendo, exceção feita aos espetáculos do teatro musical.

Ressaltou que, ao longo dos anos, o nível dos artistas melhorou muito, graças à evolução do mercado cultural, que tem permitido mais espetáculos. Explicou que, atualmente, para cada papel musical, existem cem pessoas capazes de cantar, dançar e representar — uma prova de que o nível dos artistas melhorou muito.

A passagem do tempo também sinaliza outro fenômeno: a concorrência do teatro com outras atrações, mais baratas, menos perigosas e mais cômodas. As pessoas preferem entretenimento que seja mais seguro e que caiba no bolso. Com isso, a competição é severa, haja vista que a Netflix, por exemplo, se revela uma rival poderosa.

A observação de Jorge Takla está em conformidade com um levantamento realizado já no contexto pós-pandemia. Uma pesquisa do Instituto Datafolha em conjunto com o Itaú Cultural aponta que a segunda atividade favorita dos brasileiros no streaming é consumir produtos audiovisuais. No entanto, essa mesma pesquisa indica que, em 2023, as atividades culturais presenciais "como apresentações de música, dança e teatro — foram prestigiadas por 45% dos entrevistados, um número significativamente acima dos 18% verificados em 2022".*

A arte contra a desesperança

Episódio 592
Julian Stair
Uma forma de arte: a importância da cerâmica para a história da cultura

Episódio 593
Julian Stair
"Espero que possamos trazer mais arte e cultura para nossas casas"

A pandemia, como não poderia deixar de ser, provocou um impasse no campo das artes, de modo que as entrevistas que envolviam esse tema perderam tração. Mas houve um podcast memorável sobre cultura nesse período. E o entrevistado, também criador, foi o ceramista **Julian Stair**.

Um dos principais ceramistas do Reino Unido na atualidade, ele tem seu trabalho reconhecido não somente pela produção artística, mas também pela atuação na academia, espaço onde tem se notabilizado como pesquisador dedicado à história da cerâmica.

No primeiro dos dois episódios, Stair comentou exatamente a respeito da memória cultural da cerâmica. Para ele, é algo fundamental, intrínseco à cultura da humanidade ao longo da história. No Reino Unido, existe até mesmo uma identificação com uma cultura pré-histórica que é chamada de "povo das taças" — precisamente por causa das belas peças que esse grupo concebia. Mesmo na América do Sul, prossegue Stair, os povos deixaram para trás pedras, objetos têxteis, algum tipo de metal, às vezes. Mas cerâmica, observa o entrevistado, está por toda a parte.

---

* GROSSMANN, Martin. Pós-pandemia: pesquisa sobre "hábitos culturais" aponta aumento no consumo de cultura em 2023. *Jornal da USP*, 6 fev. 2024. Disponível em: https://jornal.usp.br/radio-usp/pos-pandemia-pesquisa-sobre-habitos-culturais-aponta-aumento-no-consumo-de-cultura-em-2023/. Acesso em: 1º abr. 2024.

Ao destacar a importância da cerâmica no século XXI, o artista reconheceu que existem outras práticas culturais, como música, pintura, escultura, literatura. Ao mesmo tempo, ele destaca que até neste instante a sociedade ainda utiliza vasos, o que é fundamental, mesmo nesta época tão marcada pela tecnologia."

Stair entendia que, em dado momento da história recente, houve a percepção de que a qualidade de produção industrial de vasos se perdeu. Segundo o entrevistado, foi quando artistas, mesmo na Era Industrial, efetivamente começaram a reconsiderar os valores e as prioridades da cultura material. Nesse momento, cerâmica começou a ser feita não apenas como um gênero para uso prático, mas também como forma de expressão.

Em outro momento da entrevista, Julian Stair discutiu a produção da cerâmica no contexto da história da arte no século XIX. De acordo com o entrevistado, aquele foi um período de renascimento: neoclássico, neogótico, e a ênfase estava nas técnicas, nos materiais e na habilidade. Então, quando veio o modernismo, tudo virou de cabeça para baixo. A pintura, por exemplo, não estava mais associada à reprodução, mas sim à expressão de ideias de forma bastante intensa, de modo que o modernismo, num sentido mais amplo, começou a procurar autenticidade ao olhar para culturas mais antigas. Há uma grande ironia no fato de que os modernistas tiveram que dar passos para trás para, então, seguir adiante.

Stair se refere aqui ao surgimento da fotografia, "que inaugurou o processo de produção de imagens fotoquímicas, rompendo com as tradições pictóricas do desenho, da pintura e da gravura, também chamadas de pré-fotográficas, pela maneira de olhar, de entender a obra de arte e o mundo", conforme escreve Edward Ewald Maya no artigo "Nos passos da história: o surgimento da fotografia na civilização da imagem".

Foi por esse motivo, argumentou o entrevistado, que os modernistas se tornaram tão interessados em cerâmica, mais especificamente na produção de vasos. Esses materiais se articulavam conforme a visão dos modernistas em simplificar a arte. E isso representou um ganho para a cultura material tradicional.

A despeito do vínculo da produção em cerâmica com a história da arte, Stair lamentou o fato de essa manifestação artística ser relegada à categoria de trabalhos manuais. Na avaliação dele, isso está relacionado ao que Bernard Lech, uma verdadeira lenda no universo da cerâmica, escreveu e falou a respeito da vida simples. Ao romantizar essa ideia da vida simples no campo, isso criou um apelo na Europa e nos Estados Unidos. Stair argumentou que as consequências dessa percepção provocaram o reposicionamento da produção de cerâmica como algo mais comercial e de prática artesanal.

Ocorre que, ao longo dos dois episódios com o artista, ficou evidente que a prática mantém vínculo permanente com a imaginação artística. O ceramista falou a respeito da importância da rotina para a manutenção da criatividade. Ressaltou o valor do processo criativo ao mesmo tempo que sublinhou que sua atuação como pesquisador era necessária para a reflexão sobre seu trabalho como criador.

Pelo fato de a entrevista ter acontecido ainda nos primeiros meses da pandemia, uma pergunta pareceu inevitável, à medida que se aproximava o final da gravação: "De que maneira a apreciação da produção artística seria impactada a partir daquele momento?" Stair observou que, depois de certo instante, a manifestação artística se transformou em algo grandioso demais. A experiência passou a ser equivalente a ir ao circo, comparou ele. Como consequência, as manifestações artísticas se tornaram demasiadamente institucionalizadas, dependendo, assim, do establishment — e isso provocou um movimento de sair de casa para buscar o encontro com arte e cultura. Algo semelhante havia sido dito pelo crítico de arte norte-americano Hal Foster em artigo publicado em 2015 na revista *piauí*.* Segundo esse autor, diante disso, "o

---

* FOSTER, Hal. Museus sem fim. *piauí*, jun. 2015. Disponível em: https://piaui.folha.uol.com.br/materia/museus-sem-fim/. Acesso em: 2 mar. 2025.

primeiro dilema que surge diz respeito à variedade de escalas que essa arte apresenta e aos diferentes espaços necessários para sua exibição".

A reflexão acerca do sentido da arte em nossas vidas apareceria na visão de outro artista, cuja imaginação tem estado há bastante tempo concentrada no ato da criação, a ponto de ele estabelecer e buscar uma conexão entre arte e fé. **Makoto Fujimura** foi o entrevistado do *Podcast Rio Bravo* em maio de 2022, quando o pior da pandemia já havia passado e as atividades presenciais retornavam.

Episódio 702
Makoto Fujimura
Arte, fé e uma teologia da criação

A entrevista com Fujimura aconteceu na mesma época em que um de seus livros foi publicado no Brasil. *Arte + fé: Uma teologia do criar* propõe uma relação entre exegese e interpretação bíblica, dialoga com artistas e ainda reflete sobre os horrores do mundo moderno.

Makoto Fujimura é um artista plástico internacionalmente reconhecido. Suas exposições nos Estados Unidos e na Ásia receberam resenhas elogiosas em publicações de prestígio, como *The New York Times* e *The Atlantic*. Além disso, algumas de suas obras compõem o acervo de museus e galerias ao redor do mundo, como o Museu de Arte Contemporânea de Tóquio, a Biblioteca Huntington e o Museu Tikotin, em Israel.

No início da conversa, o tema do livro apareceu a partir de uma pergunta que é quase uma provocação: "Por ser artista e um homem que crê em Deus, ele se sente pressionado?" Nas palavras do convidado, ao se assumir como um homem de fé, sempre existe uma realidade de escuridão te puxando. Mas é algo esperado, então surpresa não era exatamente a palavra exata. Fujimura complementa e afirma que não toma isso como desculpa para não ser o melhor artista e escritor possível.

Em boa medida, essa primeira resposta se conecta com o livro de Fujimura, que, conforme mencionado, ensaia uma reflexão acerca do criar em consonância com as Escrituras. No livro, aliás, o autor comenta o papel das mídias sociais, as quais, de um lado, podem ser ferramentas de criatividade e, de outro, podem representar instrumentos que ameaçam vidas.

Para o entrevistado, a tecnologia deve ser entendida como uma ferramenta. Assim como ele utiliza um pincel para pintar — e o pincel é uma tecnologia. Então, para qualquer tipo de ferramenta, é necessário entender o seu propósito, e as pessoas precisam, também, amar essa ferramenta. É possível utilizar qualquer ferramenta para ser destrutivo ou trabalhar contra a humanidade de alguém. Desse modo, ele argumentou que criar um jeito para que essa ferramenta possa ser utilizada para humanizar e empoderar as pessoas é uma escolha que as pessoas fazem — e o mesmo é valido para as mídias sociais.

As considerações de Fujimura sobre as mídias sociais foram veiculadas em um momento quando o desencanto com essas novas formas de contato já era patente. E essa tensão permanece. Anos depois dessa entrevista, Jonathan Haidt publicou o best-seller *A geração ansiosa*, no qual elabora uma reflexão sobre o impacto dessas plataformas na formação de crianças e adolescentes e faz uma defesa da proibição do uso dos celulares nas escolas.

Em outro momento da conversa, Fujimura comentou a passagem de seu livro em que é traçado um paralelo entre a Revolução Industrial e a maneira como concebemos nossa existência. Para o entrevistado do *Podcast Rio Bravo*, não é necessariamente ruim ter a eficiência como marca, tomando de referência as transformações dos últimos séculos. O problema começa quando a régua da eficiência passa a ser aplicada aos seres humanos. A seguir, ele pontua como isso pode afetar até mesmo a leitura dos textos sagrados, podendo prevalecer, então, a ideia de que o que está quebrado precisa ser consertado. Como artista, ele observou que a Bíblia é vista como um manual para consertar o mundo, enquanto o texto deveria ser lido como um convite ao banquete.

Ao falar a respeito do papel da arte e da cultura neste momento delicado, marcado pelas guerras culturais no campo político, observou que, sim, a arte sempre esteve na vanguarda no que tange à liberdade e à mudança. Segundo ele, é por esse motivo que os ditadores não a apreciam. Os artistas seriam os primeiros a ir para o exílio porque os ditadores sabem como a arte pode ser perigosa para quem está no comando de um regime de exceção. O escritor acrescentou ainda que, obviamente, a sociedade pode utilizar a imaginação para criar armas de destruição em massa, assim como é possível utilizar a capacidade intelectual para criar obras de arte que permanecem.

Outro ponto de contato aqui parece inevitável: como disse o marchand Paulo Kucinski, as obras-primas não sofrem.

Ao final da entrevista, Fujimura reconheceu que, embora a capacidade de criar obras de arte tenha sido concedida como um dom, é dever do artista trabalhar no sentido de refinar esse talento. Ele ressaltou quão árduo é este ofício. Só que a disciplina desse empenho vai possibilitar a criação de algo que irá reverberar ao longo de gerações.

Música

O mês de novembro de 2021 nasceu em silêncio. Nelson Freire, um dos principais músicos de sua geração, morreu e provocou comoção no Brasil e no exterior, ainda que o pianista tivesse uma vida essencialmente discreta, fora do radar, mesmo para o padrão de músicos de concerto.

Avesso às entrevistas, sua aparição mais conhecida — e celebrada — foi no documentário dirigido pelo cineasta João Moreira Salles no início dos anos 2000 — e mesmo ali Freire falou pouco.

Era evidente que se fazia necessária e fundamental uma homenagem. Mas como? Uma ideia, então, se estabeleceu: fomos ouvir três entrevistados que tiveram oportunidade de conviver com Nelson Freire e compartilharam conosco não apenas suas impressões, mas histórias singulares daquele gênio brasileiro no piano.

Pela ordem, falaram ao podcast a pianista **Clélia Iruzun**, que teve sua história como musicista marcada pela influência de Nelson Freire; o também pianista **Fabio Martino**, que falou dos encontros que teve com Nelson Freire

Episódio 670
Clélia Iruzun, Fabio Martino e Alexandre Dias
Uma homenagem a Nelson Freire

ao longo dos anos; e, por fim, **Alexandre Dias**, pesquisador da obra de Freire e criador do Instituto Piano Brasileiro.

Ao recuperar algumas de suas recordações, Clélia Iruzun destacou a forma leve como aconteceu o encontro com Nelson Freire. "Eu estudo piano desde muito jovem e, por volta dos meus 14 anos, fui levada à casa do Nelson, que na época morava na Barra da Tijuca, para tocar para ele. Me lembro direitinho da sala, onde tinha um piano de cauda. Ele me perguntou o que eu queria tocar. Toquei algumas obras de Chopin, de Mozart. Nelson me ouviu atentamente e, apesar de eu estar nervosa, ele foi muito amável e gentil. Imediatamente, ele me deu alguns conselhos, sem arrasar com o meu trabalho. Eu já saí dali iluminada."

A relação de Clélia com Nelson Freire não pararia nesse encontro. O pianista se tornou presença marcante na trajetória profissional da musicista, de modo que Clélia ressaltou ao menos uma passagem decisiva: "Aos 15 anos, comecei a pensar que talvez a música fosse a minha carreira. Na época, eu me inscrevi para uma bolsa de estudos do DAAD [Deutscher Akademischer Austauschdienst, o Serviço Alemão de Intercâmbio Acadêmico], na Alemanha. Mas era um processo demorado, que levava um ano para ser concluído. Nesse ínterim, Nelson esteve em Londres e, conversando com Maria Curcio, uma professora famosa, ele mencionou meu nome." O resultado da conversa mudou a história de Iruzun, que não somente foi aceita pela professora Maria Curcio como conseguiu uma bolsa de estudos.

Ao destacar o legado de Freire, Iruzun fez uma observação bastante original: "Ele nunca se colocou acima da música, mas como um meio de transmitir a obra dos grandes compositores. Por isso, ele tinha uma comunicação instantânea com um público. E ele me ensinou isso."

O pianista Fabio Martino também guarda uma memória afetiva bastante rica dos encontros que teve com Freire ao longo dos anos. E o mais interessante aqui é observar como essa relação se desenvolveu. Martino revelou detalhes desse primeiro encontro. Ele tinha acabado de voltar da Alemanha e havia ganhado o concurso de jovens solistas da Orquestra Sinfônica Brasileira, cujo concerto de premiação foi num domingo. E o Freire foi. Foi o primeiro contato entre os dois. Freire foi conversar com o jovem solista e disse que tinha adorado a apresentação.

Ao falar sobre essa relação, Martino fez uma observação singular: Freire era uma pessoa muito reservada, principalmente com a imprensa. E o que dava para perceber era que, quando ele gostava da pessoa, se abria mais, tinha um carinho muito grande. O segundo encontro entre eles foi marcado por um convite. Como Martino estava tocando com a Osesp [Orquestra Sinfônica do Estado de São Paulo] o *Concerto n. 5*, de Villa-Lobos, Freire aprovou que ele estava fazendo esse repertório, que ele já conhecia. E então o convidou para ir até sua casa quando estivesse no Rio de Janeiro. Desse novo encontro, Martino se recorda do café e de ter mostrado o seu novo CD naquela ocasião, que contava com a peça *Tico-tico no fubá*.

Para o *Podcast Rio Bravo*, Martino afirmou que a última vez que esteve com Freire foi numa apresentação em Campinas. Freire tocou o concerto *Imperador*, de Beethoven, que é uma peça da qual eu gosto muito. Vê-lo se apresentar foi significativo para Martino, porque o levou a vários momentos positivos da formação do jovem pianista.

Alexandre Dias é o criador do Instituto Piano Brasileiro (IPB), e a trajetória do espaço tem tudo a ver com Nelson Freire, um apoiador de primeira hora dessa iniciativa. Nas palavras de nosso entrevistado: "Ele apadrinhou o IPB. Primeiro, porque aceitou conceder uma longa entrevista ao instituto em 2015, na qual nós conversamos em detalhe sobre o início da carreira dele, a admiração dele pela pianista Guiomar Novaes; ele me mostrou o caderninho de anotações com a professora Lucia Branco, que ele guardou. E em 2019 ele aceitou dar um recital em Brasília, justamente em favor do Instituto Piano Brasileiro. E foi um sucesso, porque fazia muito tempo que ele não tocava em Brasília."

Em outro momento da entrevista, Dias, também um pesquisador da obra de Nelson Freire, falou da técnica deste ao piano: "Ele tinha uma leitura à primeira vista fenomenal. Nelson podia colocar a partitura na frente e já tocar perfeitamente — no andamento correto, com todas as nuances interpretativas e articulações. Ele podia, portanto, aprender músicas com muita facilidade."

Dias revelou ter feito uma contagem, com a ajuda de Freire, e chegou ao número de 51 obras para orquestra tocadas para o público. "É muita coisa, considerando que uma peça para piano e orquestra pode ter até quarenta minutos."

A propósito do legado de Freire, Dias comentou: "Ele vai sobreviver mais a longo prazo graças às suas gravações, que, para ouvidos sensíveis, basta uma fração de segundo para serem tocados ou impactados pela música dele. Ele faz parte da história brasileira, tendo sido um prodígio tão generoso que compartilhou conosco a sua arte."

Episódio 364
Antonio Meneses
"O artista cria um mundo mágico para o seu público"

Alguns anos antes do episódio sobre Nelson Freire, tivemos a oportunidade de ouvir outro músico que poderíamos qualificar como "recluso". Mas essa identificação talvez seja uma injustiça com **Antonio Meneses**, o violoncelista que, conforme o livro *Nelson Freire: O segredo do piano*, biografia assinada pelo francês Olivier Bellamy, se apresentou com o mestre ainda na década de 1970, quando já havia despontado como um talento no cenário da música de concerto internacional.

Uma vez contatado, Antonio Meneses não se esquivou: aceitou conceder a entrevista e indicou a data ideal para a gravação: dezembro de 2015, período em que estaria se apresentando com a Filarmônica de Minas Gerais.

Filho de músicos, Meneses apontou a relação com o pai como decisiva para seu vínculo inicial com a música. Seu pai não apenas era músico de orquestra, mas uma pessoa que vivia com a música. O que significa que era comum a Antonio Meneses vê-lo cantar, mesmo que não fosse profissional do canto. Nesse sentido, a sensibilização de Antonio Meneses se deu a partir do exemplo: o pai do futuro violoncelista o levava a óperas, aos concertos e assim a criança tomou gosto por essa forma de arte.

A influência do pai também o impactou no quesito escolha do instrumento. Como o pai tocava trompa, Meneses sempre percebeu que, nas orquestras brasileiras, faltavam instrumentistas de cordas — a ponto de ser sempre necessário trazer alguém de fora. Foi então que ele planejou: se tivesse filhos, os colocaria para tocar instrumentos de cordas. E logo com o primogênito, Antonio Meneses, essa dinâmica aconteceu.

Adiante na entrevista, o músico comentou a relação com os grandes regentes e as grandes orquestras. Questionado se havia alguma pressão nesses eventos, Meneses respondeu que, fosse com um grande regente, como Herbert Von Karajan, fosse com uma grande orquestra, como a Filarmônica de Berlim, a necessidade de preparação que surge tem mais a ver com certa ansiedade. A responsabilidade de tocar uma peça como solista é a mesma, seja com a Filarmônica de Minas Gerais, seja com a Sinfônica de Londres.

Meneses também falou a respeito da rotina como músico de concerto e revelou que passa boa parte do ano em temporada, exceção feita ao final do ano. Afora isso, fez questão de ressaltar sua atividade como professor. Meneses disse que se organizava de tal maneira que não perdesse a chance de ficar em dia com o instrumento, com as peças que deveria apresentar no futuro próximo, sem descuidar da formação da geração. Ele entendia seu tamanho como solista na cena da música de concerto, e de como os alunos precisavam de uma referência.

É possível estimar a contribuição de Meneses como professor a partir de uma declaração específica concedida ao podcast. A certa altura da entrevista, ele citou a importância dos músicos em relação ao repertório de grandes compositores. Nesse sentido, há um papel decisivo a ser desempenhado por quem executa as peças. A apresentação de um concerto desempenha um momento especial na vida de quem vai à sala de espetáculos, disse ele, reforçando que o músico tem de estar ciente disso, de que é um artista. E artista que cria um mundo mágico para o público. Se o músico não consegue fazer isso, por melhor que seja, ele ainda não conseguiu chegar aonde deveria.

O violoncelista Antonio Meneses morreu em agosto de 2024. Ele tinha 66 anos.

A ideia de que a música tem uma força que vai além da percepção objetiva também está presente na entrevista concedida por **Marin Alsop** ao *Podcast Rio Bravo*, talvez o episódio mais complexo de ser produzido, sobretudo por

> **Episódio 391**
> Marin Alsop
> "A música tem o poder de mudar vidas"

causa da agenda da regente. As tratativas começaram em julho de 2015, e a gravação só foi realizada no fim de junho de 2016.

Logo no início da entrevista, Alsop declarou que a música sempre fez parte de sua vida porque, assim como Antônio Meneses, os pais da regente foram músicos profissionais. A entrevistada revelou que não foi capaz de escapar da música, uma vez que essa forma de arte estava presente todos os dias em sua vida. Os pais eram músicos e expandiam suas relações tomando como fio condutor esse elemento artístico. Na concepção de Alsop, a música é capaz de dar aos jovens um sentido. De acordo com essa abordagem, diferentemente do que acontece com as ciências exatas, onde alguém pode acertar ou errar, quando se executa uma melodia, não tem como dar errado.

Marin Alsop contou que sua trajetória com a música na infância começou aprendendo piano. Logo em seguida, foi a vez do violino. O pai a levava para todo tipo de concerto, e foi em uma dessas ocasiões que ela conheceu Leonard Bernstein. Aos 9 anos, ela viu Bernstein regendo uma orquestra pela primeira vez. Foi quando teve certeza do que gostaria de fazer.

Leonard Bernstein é um dos heróis de Alsop, e mais de uma vez no podcast a regente o citou como referência. Exemplo disso aparece ao destacar a obra de um dos principais nomes da música de concerto no século xx, Gustav Mahler. Alsop ressaltou que sua relação com o compositor alemão apareceu graças ao maestro norte-americano. Bernstein foi quem reintroduziu as sinfonias de Mahler para Viena, disse Alsop, que foi além, sugerindo que o norte-americano acreditava ser a reencarnação de Mahler. A explicação dessa paixão tem a ver com a música do compositor alemão, que, segundo a regente da Osesp, tentava capturar o espírito do tempo da sociedade em que vivia.

Outro momento da conexão com Bernstein surge quando Alsop observa que ele incorporava a música pop, o jazz, trazendo esse gênero para o mundo da orquestra de um jeito inteligente.

No podcast, Alsop salientou, ainda, a exigência específica da música de concerto. De acordo com a regente, ouvir música clássica é uma habilidade muito sofisticada. Ela comparou a outras práticas de consumo, por assim dizer, como a de apreciar um vinho. Se, aos 20 anos de idade, as pessoas compram a garrafa de vinho tomando o preço como referência, à medida que essa pessoa envelhece, ela passa a entender as sutilezas do gosto, de como o vinho é produzido. O gosto muda. Para Alsop, o mesmo acontece com a música.

Por esse motivo, a regente reforçou a importância da educação para formar novos ouvintes. Pois, se os jovens não tiverem qualquer exposição à música de concerto quando crianças, não é certo que voltarão. Nesse sentido, o que mais animava Alsop em sua temporada em São Paulo é o fato de muitos jovens frequentarem a Sala São Paulo, sobretudo nas sessões de sábado à tarde.

Nessa época, a Sala São Paulo abrigava um ciclo de palestras chamado "Falando de Música", que aconteceu presencialmente até 2020. Devido à pandemia, a atração passou a ser exibida em formato digital. Em 2020, um livro de mesmo nome foi lançado pelo maestro e pianista Leandro Oliveira, que conduziu o programa da Osesp por muitos anos.

Ao falar especificamente sobre educação, Alsop explorou ainda mais o argumento da relevância da formação artística. Sem desbloquear a imaginação das pessoas, disse a regente, não haverá um mundo cheio de possibilidades. E para ela as crianças merecem essa oportunidade.

* * *

Falar em um mundo cheio de possibilidades graças à música se encaixa perfeitamente na trajetória de **Marcelo Bratke**, pianista, maestro e apresentador da TV Cultura.

> **Episódio 647**
> Marcelo Bratke
> "O futuro da música tem de ser mais criativo do que sempre foi"

A história de Marcelo Bratke se vincula a esse mundo da imaginação promovido pela arte em função da experiência com seu avô, Oswaldo Bratke, arquiteto modernista. Na entrevista, o músico conta que, ainda criança, sofria com uma limitação na visão.

"Era um problema grave: eu tinha 2% de visão em um olho e 7% de visão em outro olho. Nasci dessa maneira, portanto não tinha parâmetro do que era enxergar adequadamente. Como eu me dava muito bem com meu avô e minha avó, quando eu tinha entre 5 e 6 anos, nós íamos para a casa de campo deles. Lá, meu avô tinha um radinho que pegava estações de rádio via ondas curtas. Então, para mim, era um passatempo incrível ouvir Rádio Moscou, Rádio América, Rádio Japão. Eu não entendia nada daqueles idiomas. Mas, de alguma maneira, aqueles sons me fascinavam, e parecia que eu estava em contato com outras partes do mundo por meio daqueles sons sedutores."

A história de Bratke com a música de concerto se tornou ainda mais improvável à medida que outro "causo" foi revelado. "João Julião Silva, caseiro desse sítio do meu avô, gostava muito de música sertaneja. Nos fins de tarde, ele ouvia Tonico e Tinoco, por exemplo. E eu ficava fascinado com essas músicas dramáticas de moda de viola, que contavam histórias incríveis de personagens do interior do Brasil. Cenas de cavalos e de gente pegando bois no pasto, mortes e esses dramas. Eu vivia muito nesse mundo dos sons."

De sua parte, Oswaldo Bratke gostava de música clássica. No estúdio dele, onde o arquiteto tinha uma prancheta e ficava de pé (sem se sentar), ele ouvia essas músicas. "Acho que a música veio através disso no início, mas eu não tinha qualquer aptidão musical. Cheguei até a estudar flauta na escola, só que eu era péssimo aluno. Quando eu tinha 13 para 14 anos, meu pai, que tinha estudado piano na adolescência, comprou um piano. Um dia, chegando na casa de meu pai, ouvi ele tocando um Prelúdio de Chopin e fiquei apaixonado por aquela música." Embora jamais tivesse se sentado diante do instrumento, Marcelo Bratke contou que pediu ao pai algumas dicas de como colocar a mão no teclado. "Como, acho, eu tinha um ouvido muito treinado para ouvir música, para mim foi fácil tirar de ouvido, naquela tarde, o *Prelúdio* de Chopin."

O pai de Bratke se entusiasmou com essa primeira experiência ao piano e chamou uma professora, Zelia Deri, que então vaticinou: "Ele vai ser um grande pianista, este menino!" Começava ali uma relação com o piano para a vida inteira, embora nosso entrevistado só quisesse aprender uma música. "Não tinha vontade nenhuma de tocar piano de verdade. Era só um fascínio momentâneo."

Se no início a relação pareceu fortuita, ela mudou a partir do momento em que ouviu um trecho do concerto de Bach, na performance de João Carlos Martins. "Fiquei fascinado com este concerto de Bach e decidi tirar o concerto inteiro de ouvido."

Sete meses depois, tocou com a Orquestra Sinfônica do Estado de São Paulo, na época sob a regência do maestro Eleazar de Carvalho. "Foi absolutamente um acidente na minha vida ter me transformado num músico. Quando comecei a tocar piano, não consegui mais parar."

A história improvável de Bratke com a música de concerto talvez só seja equivalente à sua trajetória como apresentador de rádio e TV e como divulgador da música de concerto mundo afora. "O rádio continua me fascinando. No programa *Alma brasileira*, me sinto como um diretor de cinema, que vai montando o programa como um quebra-cabeça, um corpo auditivo que tem de ser inteligível para as pessoas."

No início da segunda década dos anos 2000, em parceria com sua esposa — a artista plástica Mariannita Luzzati —, Bratke levou para os presídios uma experiência que agregava música de concerto e artes visuais. "O objetivo do cinemúsica era levar música e artes visuais para as penitenciárias brasileiras. A ideia foi levar um concerto de Villa-Lobos com um filme sobre a natureza brasileira como fundo do palco desse concerto. Fizemos uma turnê, e foi um projeto incrível, no qual eu vi o impacto da música e da arte [de um jeito que] eu nunca tinha visto antes." Bratke revelou que, tempos depois, transformou esse projeto em concerto, o qual foi levado para vários lugares do mundo. "Nós apresentávamos primeiro o filme sobre esses concertos na penitenciária. Depois, no palco, eu tocava o mesmo concerto que estava sendo encenado."

A entrevista de Bratke aconteceu no primeiro semestre de 2021, quando a esperança com as vacinas mostrava um horizonte para o pós--pandemia. Questionado a respeito da expectativa de voltar aos palcos, ele trouxe outro olhar a respeito do que a experiência ao vivo poderia ser. "O meio da música de concerto é muito conservador e tem muita resistência em mudar o formato tradicional. O digital ajuda muito a ampliar um pouco o mundo da música de concerto. Acho que o digital veio para ficar. E as orquestras que investirem nesse tipo de tecnologia têm muito a ganhar."

Bratke apresentou um contraponto à visão de que a experiência da música de concerto digital não se equipara à experiência presencial. "Custa muito mais caro pegar um avião para assistir à performance da Filarmônica de Viena. Então, essa orquestra pode ser levada a um público distante. Espero que o digital nunca mais abandone a música clássica, para trazer um público que, usualmente, não frequenta as salas de concerto. O futuro da música tem de ser mais criativo do que sempre foi."

CIÊNCIA

Pandemia

Em sua autobiografia, publicada originalmente em 2013, o cientista Richard Dawkins explora com vivacidade os principais momentos da própria formação: desde a conexão com a Igreja anglicana, logo na primeira infância, ao desenvolvimento intelectual na Universidade de Oxford, onde teve a oportunidade de se formar biólogo. Acima de tudo, revela como se transformou numa das principais vozes do debate público no que se refere ao entendimento da ciência como parte decisiva da história da humanidade.

Talvez um dos aspectos mais atraentes dessa experiência narrativa esteja presente já no título do livro, *Fome de saber*, que remete à ideia do interesse permanente pelo conhecimento — sem dúvida alguma, um dos aspectos que motivam personalidades inquietas como a do cientista britânico.

Em certa medida, a fome de saber de Dawkins pode servir como uma síntese do comportamento de pesquisadores em geral, figuras sempre dispostas a continuarem fazendo perguntas. Nesse sentido, ainda que o biólogo não tenha sido entrevistado pelo *Podcast Rio Bravo*, a curiosidade foi a tônica dominante dos episódios dos quais participaram cientistas, jornalistas especializados em ciência, professores e lideranças em instituições de fomento à investigação científica.

Ao longo dos últimos anos, a ciência se tornou um tema essencial não apenas para os grupos de interesse (como os pesquisadores), mas se impôs como método necessário para a compreensão das questões complexas que envolvem a sociedade atualmente, sobretudo após a humanidade atravessar uma das maiores crises sanitárias do último século com a pandemia de covid-19 — um dos momentos mais desafiadores da cobertura deste podcast, inclusive.

Quando, em 11 de março de 2020, uma quarta-feira, pela voz do diretor-geral da Organização Mundial da Saúde (OMS), Tedros Adhanom, a covid-19 foi classificada como pandemia, mais de 4 mil pessoas já tinham morrido da doença no mundo. Quatro anos depois, o vírus havia ceifado mais de 7 milhões de vidas. Os piores momentos foram durante 2020 e 2021.

Tirando o ceticismo quanto ao impacto da doença — no começo, mesmo especialistas brasileiros duvidaram de sua gravidade, e houve hesitação em relação ao uso de máscaras de proteção —, o que chamou a atenção nos primeiros meses da pandemia foi a complexidade envolvendo a natureza do vírus. Pouco se sabia de sua origem, por exemplo, o que fez com que as medidas emergenciais tivessem orientações distintas.

Em poucas semanas, para além do trabalho dos profissionais da saúde, os pesquisadores desempenhavam um papel fundamental para entender a dinâmica da doença, como o físico norte-americano Yaneer Bar-Yam, do Instituto de Sistemas Complexos da Nova Inglaterra. Naqueles primeiros dias, Bar-Yam defendia o *lockdown* como medida de contenção da pandemia.

O tema foi um elemento que o atraiu para o centro do debate, mas foi a sofisticação da abordagem dos sistemas complexos que mereceu atenção da opinião pública. Logo no início da pandemia, **Marcus Aguiar**, pesquisador do Instituto

> **Episódio 588**
> Marcus Aguiar
> Como a pesquisa científica pode
> mapear os sistemas complexos

de Estudos Complexos, detalhou ao *Podcast Rio Bravo* as características do centro de pesquisas localizado em Boston. "A ideia é estudar os sistemas complexos, caracterizados por muitas partes que interagem, podendo ser um sistema social, no qual indivíduos interagem; ou pode ser um sistema biológico, de interação de genes de um DNA. É um instituto pequeno, com poucas pessoas que trabalham em tempo integral ali, mas tem muita gente associada em universidades que colaboram com o instituto."

Ao citar exemplos das investigações da área de sistemas complexos, Aguiar mencionou a importância da ciência básica como fundamento, destacando a pesquisa de como opiniões se difundem entre a população, e citou ainda o caso dos fenômenos emergentes, que não podem ser previstos apenas pela interação individual.

Para o pesquisador brasileiro, não foi surpresa quando os sistemas complexos passaram a ser tema da cobertura jornalística na primeira fase da pandemia. "Quando houve a pandemia de Ebola, na África, o Instituto se envolveu bastante com isso, tentando entender a dinâmica da doença e o que deveria ser feito para impedir que se alastrasse. Os estudos teóricos sobre epidemias são foco do Instituto, também."

Episódio 599
Paulo Lotufo
"Os governantes precisam entender o custo da reabertura"

Semanas depois, em junho de 2020, o médico e pesquisador **Paulo Lotufo** foi o entrevistado no podcast em um momento no qual o vírus avançava de forma brutal: naquele mês, o Brasil chegava à marca de 50 mil vítimas, de acordo com os registros oficiais. Havia um pânico geral e as perspectivas de retorno à vida normal — isto é, sem as medidas de isolamento — iam ficando cada vez mais fracas, a despeito do interesse de algumas autoridades em retomar as atividades como antes.

É bem verdade, como confirmou Lotufo, que a primeira impressão acerca do vírus era de que se tratava de mais uma síndrome respiratória, gripal. "Mas daí vimos que não. O coronavírus é uma doença sistêmica, que atinge outros órgãos, cujo impacto é muito maior do que imaginávamos."

Na entrevista, ele foi enfático na defesa da manutenção das medidas de isolamento. Para citar a incongruência do que representaria uma abertura naquele momento, o pesquisador trouxe um relato pessoal a respeito do tema: "Ainda ontem, assistindo ao telejornal, enquanto a apresentadora noticiava o aumento de mortes na capital já se planejava a reabertura de escolas, de restaurantes. Notícias absurdamente contraditórias. Os governadores e prefeitos precisam entender que não adianta ficar pensando na pressão que existe dos seus apoiadores, mas no custo que está sendo esse retorno."

Embora as cidades só fossem experimentar a reabertura um bom tempo depois, lá para meados de 2021, no primeiro ano da pandemia não foram poucas as iniciativas de estabelecer novos protocolos para o funcionamento dos estabelecimentos. Lotufo relacionava essas soluções à ausência de medidas mais adequadas à epidemiologia e à saúde pública. Ao explorar o argumento, ele retomou a história ao analisar o cenário do momento: "A saúde pública no Brasil — e, de certa forma, no mundo — começa no século XIX, início do século XX. Como o Brasil, desde a Proclamação da República, tinha interesse em participar do mercado mundial (por ser exportador de café), precisava adotar ações efetivas em Santos e no Rio de Janeiro, cidades que eram assoladas por todas as epidemias possíveis e imaginárias. Com isso, teve início a Saúde Pública no Brasil."

Com o tempo, prosseguiu Lotufo, o país passou a ter ações importantes de saúde pública, como a do médico sanitarista, trazida por Geraldo de Paula Souza dos Estados Unidos. "Ele [criou] uma figura muito importante que foi a do visitador domiciliar. Para cada caso de tuberculose, esse visitador ia em busca de quem eram os contactantes e com eles realizava exames para identificar se também estavam com a doença." O relato é pertinente porque, como aconteceu com a covid-19, não havia tratamento para tuberculose. Ainda assim, foi possível mitigar o impacto da doença. "Com isso, nós fomos conseguindo reduzir o número de pessoas que pegavam a doença. Nós sabemos fazer isso há cem anos. Agora, houve a oportunidade de se aplicar o mesmo esquema, verificando quem estava doente, ou por exames, ou por sintomas, promover o isolamento e, com isso, diminuir a propagação da doença."

Naqueles primeiros meses de pandemia, mesmo com a escalada do número de mortos, não era raro ouvir que quem praticasse exercício físico ou, pior, tomasse cloroquina ficaria imune à covid-19. Embora não encontrasse respaldo na ciência, tais medidas eram repetidas, sobretudo nas redes sociais, graças à politização da pandemia. O médico Paulo Lotufo também criticou essa abordagem, mas ressaltou que em muitos estados do país o que faltou mesmo foram medidas de cunho epidemiológico.

Ele observou que os países que adotaram tais medidas, como os asiáticos, alcançaram enorme sucesso, sem necessariamente precisar de muito dinheiro para isso. "O Vietnã trabalhou com os agentes de saúde, que corriam atrás, faziam o isolamento e saíam à procura do contato, e realizavam o exame necessário para saber se a pessoa estava doente ou não. No Brasil, as ações foram muito mais midiáticas. A cada dia aparecia um artigo de um especialista em epidemias, de todos os naipes possíveis, menos de quem tinha formação na área."

O epidemiologista defendeu a maior participação da iniciativa da atenção primária, que, por meio dos agentes da saúde, poderiam verificar onde estavam os contactantes e estimular o isolamento social. "Assim, nós vamos ter o controle adequado da pandemia."

Olhando em retrospectiva, tais medidas parecem muito simples, mas é importante lembrar que, naquela ocasião, o Brasil nem sequer contava com um ministro da Saúde titular da pasta. Luiz Henrique Mandetta havia sido demitido e, depois dele, o médico Nelson Teich ficou menos de um mês no cargo.

Comentando essa situação, Lotufo lembrou que o Supremo Tribunal Federal* havia reconhecido a competência de estados, do Distrito Federal e de municípios no combate à covid-19. "Essa medida teve um intuito óbvio de que o governo federal acabasse com qualquer medida efetiva dos Estados. Por outro lado, concedeu autonomia indevida aos governadores e aos prefeitos." Como exemplo, o epidemiologista citou o caso do shopping localizado entre Votorantim e Sorocaba, no estado de São Paulo. Metade do centro comercial ficou aberta e a outra metade, fechada. "Não é possível uma decisão municipal e outra estadual. Nós padecemos porque não temos uma estrutura de Estado de vigilância epidemiológica. Há uma necessidade imensa para que exista esse tipo de instituição."

---

* Para a decisão, vale a pena consultar: STF reconhece competência concorrente de estados, DF, municípios e união no combate à covid-19. *Supremo Tribunal Federal*, 15 abr. 2024. Disponível em: https://portal.stf.jus.br/noticias/verNoticiaDetalhe.asp?idConteudo=441447&ori=1. Acesso em: 15 mar. 2024.

Se o ano de 2020 ficou marcado pelo efeito surpresa da pandemia e pela quantidade de mortos, o início de 2021 foi ainda mais assustador, especialmente pela crise* dos respiradores em Manaus. Mas em pouco tempo o país ficaria ainda mais perplexo com a chamada segunda onda de casos. Para alguns especialistas,** o relaxamento de determinadas medidas no fim de 2020 e as festas de fim de ano provocaram um aumento significativo no número de infectados e, infelizmente, de mortos.

Mas ainda havia uma esperança no ar. Também no final do primeiro ano da pandemia, a notícia a respeito das vacinas ganhou o noticiário, estabelecendo um possível ponto de virada na guerra contra o vírus. No Brasil, a vacinação começou com a enfermeira Mônica Calazans, que recebeu a primeira dose de CoronaVac logo após a Agência Nacional de Vigilância Sanitária (Anvisa) aprovar o uso emergencial da vacina.

Para **Hamilton Varela**, professor titular do Instituto de Química de São Carlos da USP, o antídoto para a segunda onda da covid-19 estava às portas. "A única solução efetiva é a vacinação em massa", disse o pesquisador ao *Podcast Rio Bravo* em março de 2021.

> **Episódio 637**
> Hamilton Varela
> "A única solução efetiva é a vacinação em massa"

No episódio, gravado exatamente um ano após o decreto da OMS, Varela declarou ser complexa a tomada de decisão no contexto da pandemia, dada a velocidade dos eventos. "A situação é muito dinâmica. Num exemplo recente, podem surgir muitas variantes que podem ser mais efetivas na infecção. A emergência das características dessas variantes

---

* A propósito da crise dos respiradores, o texto do *G1* apresenta um resumo do caso: Crise do oxigênio no Amazonas: entenda quanto falta e as ações para repor o insumo. *G1*, 15 jan. 2021. Disponível em: https://g1.globo.com/am/amazonas/noticia/2021/01/15/crise-do-oxigenio-no-amazonas-entenda-o-quanto-falta-e-as-acoes-para-repor-o-insumo.ghtml. Acesso em: 15 mar. 2024.

** Sobre o fenômeno da segunda onda de covid-19 no Brasil, este texto oferece um bom apanhado: Segunda onda de coronavírus leva ao retorno de medidas restritivas. *Jornal da USP*, 26 jan. 2021. Disponível em: https://jornal.usp.br/atualidades/segunda-onda-do-coronavirus-leva-ao-retorno-de-medidas-restritivas-em-sao-paulo/. Acesso em: 15 mar. 2024.

é praticamente impossível de ser prevista em detalhes. Elas chegam e podem mudar radicalmente o cenário. Nós estamos diante de um sistema complexo típico." Em função das características desse fenômeno, o pesquisador argumentou em defesa da necessidade de uma abordagem multidisciplinar para combater o vírus.

As idas e vindas em relação à abertura e ao fechamento de estabelecimentos por conta do avanço do contágio fizeram com que as medidas ficassem na mira de parcela significativa da opinião pública, que, apesar dos avisos, insistia em participar de aglomerações no auge da proliferação do vírus. Passado um ano de pandemia, Hamilton Varela refletiu a respeito dessas ações. "Quando falamos de *lockdown*, estamos falando de uma série de medidas: as chamadas políticas de redução de contágio, que vão desde a quarentena às bolhas sanitárias — e o *lockdown* é a iniciativa mais drástica. Há vários estudos que mostram, inclusive em localidades diferentes, que sugerem que mais de 100 milhões de infecções foram evitadas ou adiadas graças às restrições."

Ao mesmo tempo, prosseguiu o pesquisador, é inegável que tais medidas provocam consequências para a economia e para a saúde mental. Nas palavras do professor da USP: "Esse binômio saúde e economia é fundamental, ainda mais para países em desenvolvimento. Nesse sentido, essa resistência a medidas como *lockdown* é completamente compreensível."

A ideia de entrevistar Varela surgiu a partir de um artigo* que o professor publicou no *Jornal da USP* sobre ações de isolamento em São Carlos e Araraquara. Quando questionado acerca das evidências da experiência nessas duas cidades após se debruçar sobre os números, ele ressaltou que os dados indicavam o impacto positivo das medidas restritivas. Mas deixou claro que a única solução efetiva para a covid-19 era a vacinação em massa.

---

* VARELA, Hamilton. A importância do isolamento e por que precisamos estudar São Carlos e Araraquara. *Jornal da USP*, 15 mar. 2021. Disponível em: https://jornal.usp.br/artigos/a-importancia-do-isolamento-e-por-que-precisamos-estudar-araraquara-e-sao--carlos/. Acesso em: 15 mar. 2024.

Naquele momento, a vacinação em massa ainda estava num horizonte distante, e somente determinados grupos tinham acesso à imunização. Faltavam alguns meses para que a animação e as selfies com a vacina se tornassem um fenômeno das redes sociais. Mesmo assim, ao responder à última pergunta do podcast, ele deixou uma mensagem de esperança, que vale a pena ser reproduzida pelo que representava na época.

"Acho que a ansiedade é compreensível. Estamos numa situação crítica, que, espero como todos nós, tenha chegado ao limite e que em breve, com as restrições e a perspectiva de chegada da vacina, melhore. Mas sempre é tempo de esperança. Colocar essa crise sanitária em perspectiva é fundamental. Imaginar como será vista daqui a alguns anos ou como nos lembraremos desses meses difíceis de isolamento é um bom exercício. No início dessa pandemia, a pergunta que se fazia diariamente era *quando teremos vacinas*. Nunca se duvidou se *teríamos vacina*. Essa pergunta não fazia sentido. Então, desde o começo havia uma certeza quanto ao fim da pandemia."

Oficialmente, a declaração de fim da urgência sanitária aconteceria só em 2023. No dia 5 de maio, o diretor-geral da OMS observou que houve "o declínio das hospitalizações e internações em unidades de terapia intensiva relacionadas à doença, bem como os altos níveis de imunidade da população ao Sars-CoV-2, coronavírus causador dessa enfermidade".

A sensação de que o pior já havia passado veio antes disso, em meados de 2022, quando expressões como "novo normal" deixaram de aparecer no noticiário. Infelizmente, as consequências relacionadas à pandemia permaneceram. E não diziam respeito apenas à economia. Antes, enviam o cuidado relacionado à saúde mental.

Saúde mental

Mesmo antes da pandemia, não eram raros aqueles que passaram por adoecimento mental, ainda mais jovens. A origem desses eventos sempre mereceu um alerta de especialistas, numa tentativa de compreender a causa de episódios assim. No entanto, com a pandemia, os casos explodiram, de acordo com o comunicado da Organização Pan-Americana da Saúde (Opas). Só no primeiro ano da covid-19, a prevalência global de casos de ansiedade e depressão aumentou 25%, segundo um relatório da OMS. Entre as causas, o documento da Opas menciona um combo de fatores, tais como solidão, medo de se infectar, sofrimento e morte de entes queridos, luto e preocupações financeiras.

Não faltavam motivos para desesperança.

Episódio 614
Táki Cordás
"Fazer bem ao outro aumenta a nossa competência psicológica"

No *Podcast Rio Bravo*, o assunto saúde mental apareceu mais de uma vez ainda em 2020. A primeira ocasião foi com o psiquiatra **Táki Cordás**, numa entrevista concedida em outubro daquele ano. Coordenador do Ambulatório dos Transtornos do Impulso do Instituto de Psiquiatria da Faculdade de Medicina da USP, Cordás logo ressaltou um dado que, mais tarde, também seria abordado pelo relatório da OMS: o isolamento social foi pior para a mulher do que para o homem. Enquanto o levantamento da entidade apresentava evidências relacionadas às condições de saúde física preexistentes, como asma, câncer e doenças cardíacas, a análise de Cordás dava conta de outro fenômeno, relacionado à desigualdade de gênero.

Na avaliação de Cordás, como, em geral, a mulher é responsável pela administração da casa, controlando, inclusive, a alimentação, a permanência das crianças em casa durante a pandemia fez com que uma carga extra de cuidado recaísse sobre elas. Isso, porque, ainda de acordo com Cordás, é raro que os pais se preocupem com questões de natureza doméstica, como a educação dos filhos. Por isso, viam-se muitas mulheres angustiadas durante a pandemia.

Um ano depois da entrevista de Cordás, os dados também confirmavam a percepção do especialista. Levantamento realizado pelo Instituto FSB, feito a pedido da seguradora SulAmerica, 62% das brasileiras* afirmavam que a saúde emocional piorou ou piorou muito durante a pandemia.

---

* GERALDO, Nathália. Exaustas: saúde mental das mulheres piorou mais do que a dos homens em 2021. *UOL*, 6 dez. 2021. Disponível em: https://www.uol.com.br/universa/noticias/redacao/2021/12/06/cansadas-mulheres-falam-de-saude-mental-sobrecarga-e-pandemia.htm. Acesso em: 2 mar. 2025.

Nesse período, um dos pontos-chave para discutir a questão da saúde mental envolvia os quadros de ansiedade.

Na entrevista, Cordás estabeleceu algumas diferenças acerca da ansiedade. Segundo ele, é fundamental separar o que pode ser chamado de *ansiedade produtiva* da *ansiedade doença*, ou uma *ansiedade improdutiva*. No primeiro caso, explicou o especialista, o que existe é uma conversa de alto nível e, na véspera, se preparar para esse encontro. Já uma ansiedade improdutiva diz respeito ao indivíduo ficar tão ansioso, tão tenso, a ponto de quedar paralisado. Essa *ansiedade paralisante* deve ser combatida.

No contexto da pandemia, Cordás observou que pessoas com maior resiliência para enfrentar momentos de crise, que estão habituadas a viver situações de tensão com mais constância e pessoas com relacionamento familiar mais harmônico, conseguem lidar com isso melhor.

Nesse sentido, explicou que, naquele momento, a família precisava se reunir para dividir as tarefas. Essa capacidade de organização poderia representar uma mudança na já citada sobrecarga de atividades domésticas.

Como efeito, no primeiro ano da covid-19, um dos principais gatilhos envolvendo saúde mental esteve relacionado ao cuidado doméstico, em específico para as mulheres, que estavam, sim, se sentindo muito pressionadas, conforme mostra um levantamento realizado pelo Departamento de Demografia e Ciências Atuariais da Universidade Federal do Rio Grande do Norte. De acordo com o estudo, antes da pandemia, 80% da carga de tarefas domésticas era de responsabilidade feminina. Na pandemia, essa situação se agravou ainda mais.

Cordás também ressaltou os perigos do home office. Nos primeiros meses da pandemia, muitas pessoas — para não dizer a esmagadora maioria dos trabalhadores — abraçaram o trabalho remoto, de modo que várias empresas inclusive anunciaram que não retornariam para o "velho normal", ou seja, para o trabalho presencial.

Ocorre que, passados alguns meses, a fatura começou a chegar. Episódios de burnout e até mesmo da fadiga do Zoom,* uma vez que estudos

---

* Para a fadiga do Zoom, vale a pena consultar: VÁZQUEZ, Karelia. Ver muito o rosto no Zoom causa dismorfia. EL PAÍS *Brasil*, 30 out. 2021. Disponível em: https://brasil.elpais.com/eps/2021-10-30/ver-muito-o-rosto-pelo-zoom-causa-dismorfia.html. Acesso em: 15 mar. 2024.

apontaram uma dismorfia provocada pelas excessivas horas vendo a própria imagem nos aplicativos de videoconferência.

Na entrevista, Cordás comentou o impacto do home office à saúde mental. Citando o sociólogo polonês Zygmunt Bauman, os seres humanos, como indivíduos confessionais por excelência, demandam interação uns para com os outros. Desse modo, ele avaliava que, cada vez mais, as pessoas começavam a se queixar da falta de contato com os colegas de trabalho; da ausência de feedbacks e do aumento do sedentarismo. Como consequência, houve de fato o aumento do sedentarismo, do consumo de tabaco e do álcool, assim como da obesidade. A esse combo, Cordás mencionou, ainda, a crise nos relacionamentos conjugais.

Além de apontar as consequências emocionais desse estado de ânimo, Cordás apresentou algumas alternativas para a sensação de paralisia à qual se referiu no início do podcast. Citando a obra do dramaturgo irlandês Samuel Beckett, o psiquiatra alertou para o perigo de esperar uma oportunidade ideal para tomar uma atitude.

De acordo com Cordás, as pessoas devem entender que a minha vida é hoje, que a minha atividade é neste momento. Não é saudável ficar à espera de que quando isso passar as pessoas vão fazer as coisas de maneira adequada. Na peça do Beckett, dois personagens ficam esperando Godot para resolver suas vidas. Acontece que Godot não chega nunca. Para o entrevistado, este é um alerta. Não dá para ficar postergando para quando Godot chegar. É preciso viver os momentos — as oportunidades, os relacionamentos — da melhor maneira possível.

Cordás falou ainda a respeito da importância da empatia, começando por distinguir os conceitos. Segundo o psiquiatra, empatia é algo que é diferente de simpatia. Simpatia tem a ver com gostar do outro por uma afeição. Já empatia é me colocar no lugar do outro, renunciando às crenças pessoais porque elas impedem que uma pessoa se coloque no lugar da outra. E a empatia cresce à medida que as pessoas se tornam mais parecidas. De acordo com Cordás, a empatia vai acontecer quando as pessoas desenvolverem proximidade afetiva em relação às outras, percebendo, assim, que são tão falíveis e mortais quanto o indivíduo que está empacotando compras no supermercado. Ou seja, a hora no exato momento em que se revela que, a despeito dos bens materiais, as pessoas não são imortais.

O especialista afirmou que, muito embora para algumas pessoas a principal herança esteja vinculada às aplicações financeiras e aos investimentos, o ponto-chave é que a verdadeira herança é uma preocupação com os outros. A expectativa era alta: Cordás acreditava que algumas pessoas iriam mudar depois da pandemia.

As pesquisas preliminares a respeito indicaram uma mudança, mas não necessariamente para melhor. Uma pesquisa* realizada pela Escola de Medicina da Universidade Estadual da Flórida aponta que, no pós-pandemia, algumas pessoas se tornaram mais propensas ao estresse e menos colaborativas.

Como dito antes, ele não foi o único a abordar esse tema naquele período. Poucos meses depois, foi a vez do pesquisador **Zenon Lotufo**, doutor em psicologia da religião pela Pontifícia Universidade Católica de São Paulo

> **Episódio 625**
> Zenon Lotufo
> A influência da religião
> na saúde mental

e professor no ambulatório de ansiedade do Instituto de Psiquiatria da Faculdade de Medicina da USP.

A partir de sua formação, Zenon Lotufo elaborou a leitura das questões contemporâneas relativas à ansiedade destacando a influência da religião para a saúde mental. "Existe um aspecto aqui, fundamental, que tem a ver com a maneira como as pessoas enfrentam os problemas que estão sempre presentes. A pandemia veio acrescentar alguma coisa, mas que, em grande medida, já existia. O que leva à maior diferença em relação ao enfrentamento dos problemas tem a ver com a imagem de Deus. Há alguns anos, inclusive, esse foi o tema de um estudo cujo livro foi publicado nos Estados Unidos, *Cruel God, Kind God* [Deus cruel, Deus bondoso, em tradução

---

* ALVES, Soraia. Pandemia mudou a personalidade das pessoas, aponta estudo. *Época Negócios*, 29 set. 2022. Disponível em: https://epocanegocios.globo.com/Vida/noticia/2022/09/pandemia-mudou-personalidade-das-pessoas-aponta-estudo.html. Acesso em: 2 mar. 2025.

livre]. A imagem de Deus que o indivíduo tem é diferente do conceito de Deus. Enquanto o conceito é algo que se aprende a partir dos estudos, da escola dominical, de livros e leituras, a imagem de Deus, que é algo muito mais inconsciente, é resultado do tipo de relacionamento que as pessoas tiveram com os próprios pais."

Aqueles que tiveram pais muito rigorosos e punitivos, argumentou Lotufo, tendem também a ver Deus dessa forma. Já quem teve pais bondosos, presentes e protetores tende a ver Deus de outra maneira. "Dificilmente as pessoas vão reconhecer isso, mas há certo grupo de pessoas para quem a imagem é de um Deus punitivo, rigoroso, de um Deus que castiga — essas pessoas não sentem que Ele está a seu favor. Enquanto outras pessoas encontram em Deus uma força grande que está a seu lado, a favor delas", explicou.

O especialista em religião foi além, destacando a atuação do lócus de controle, que é a forma como as pessoas percebem o que está controlando a vida delas — se é algo interno ou algo externo. O indivíduo que acredita que o lócus de controle está fora de si percebe a si mesmo como vítima das circunstâncias. "A vida precisa melhorar lá fora para que essa pessoa resolva os seus problemas", comentou. Há quem perceba o lócus de controle internamente, e nesse caso, disse Lotufo, "se as pessoas percebem que a força da religião atua dentro de si, isso as capacita para lidar de forma mais positiva com os problemas".

Ao apresentar uma perspectiva racional do tema, o pesquisador analisou como a religião se relaciona com a saúde mental. Para tanto, deu um exemplo extraído dos estudos que têm sido conduzidos a respeito. "Na psicologia social, existe uma ideologia de justificação do sistema. Nesse caso, a pessoa encontra justificações para explicar as coisas ruins que estão acontecendo, isentando-se de tomar alguma medida — porque sempre a culpa é do outro, ou porque se trata da vontade de Deus. Por outro lado, há pessoas que também podem sofrer porque se identificam com quem está passando por esse momento de crise."

As entrevistas com Cordás e Lotufo aconteceram em 2020, no primeiro ano da pandemia. A questão da saúde mental, no entanto, continuou sendo alvo de atenção da opinião pública, bem como na comunidade de especialistas, mesmo depois do fim das medidas de isolamento social. Ou seja, o fim das medidas não acabou com esse sentimento de mal-estar, sobretudo porque, em alguns casos,* pessoas com sintomas persistentes da covid-19 apresentaram resultados inferiores em testes cognitivos.

A preocupação maior passou a ser com as crianças e os adolescentes. O impacto das medidas de isolamento social se fez presente junto a essa parcela da população de modo mais intenso. Quanto a isso, é preciso destacar os estudos que avaliam os efeitos da "dieta" de redes sociais à qual os jovens se submeteram, que teve aumento considerável na pandemia.

Pensando nesses dois aspectos, conversamos, em junho de 2022, com **Isobel Heyman**, psiquiatra especializada em adolescentes e atualmente consultora no Great Ormond Street Hospital, localizado em Londres; e **Tamsin Ford**,

> **Episódio 703**
> Isobel Heyman e Tamsin Ford
> A saúde mental de crianças e
> adolescentes no pós-pandemia

acadêmica da Universidade de Cambridge e pesquisadora clínica da otimização das intervenções e dos serviços para a saúde mental infantil com foco nas escolas.

Ao comentar os resultados das pesquisas que apontam para a deterioração da saúde mental ao redor do mundo, Tamsin Ford observou que os resultados são variados muito por conta da metodologia de pesquisa. Logo fez uma associação com a pandemia: "Para a maioria dos países, houve maior ou menor período de isolamento social." Ford partiu, então, para uma análise ancorada nos dados disponíveis em seu país de origem, a Inglaterra. De acordo com um levantamento nacional, os anos de 2020 e 2021 foram de piora na condição de saúde mental, afetando meninos e meninas. Nesse contexto, ressaltou a pesquisadora, viver em casas com famílias inteiras fez com que as crianças ficassem mais vulneráveis quando as escolas fecharam.

---

* CHEETHAM, Nathan. Covid longa: estudo identifica efeitos na função cerebral até dois anos após infecção. *BBC News*, 3 ago. 2023. Disponível em: www.bbc.com/portuguese/articles/c4no3de96do. Acesso em: 15 mar. 2024.

Atuando na linha de frente, Heyman enfatizou que, ao menos no Reino Unido, a quebra da rotina foi um fator determinante para a condição de saúde de muitas crianças. "O que podemos chamar de trabalho cotidiano das crianças — ir para a escola, encontrar os amigos, praticar atividades e hobbies — foi interrompido. E, tal como Ford disse, para as crianças mais vulneráveis, essas atividades externas eram uma camada protetora para as suas vidas. E é preciso acrescentar: para muitas crianças, essa foi a primeira experiência relacionada à morte de um amigo/conhecido ou de um parente."

Afora as consequências psicossociais da crise de saúde mental, Heyman atentou, ainda, para os efeitos de longa duração da covid-19. "Existem estudos que tentam avançar nesse caminho, e eu acredito que a boa notícia é que, até o momento, em crianças e em jovens é muito raro que o vírus esteja causando problemas mais graves no âmbito da saúde mental", comentou.

Merece atenção aqui o fato, muitas vezes ignorado, de que, nos dois primeiros anos de pandemia, adolescentes entre 12 e 15 anos não socializaram uns com outros como se esperava. "Nós ainda temos de entender qual é o impacto no desenvolvimento que esses dois anos tiveram no progresso dessa parcela da população. Vejo, por exemplo, adolescentes de 14 e 15 anos que, por causa da pandemia e do isolamento social, não fizeram o que deles se espera aos 12, 13 e 14 anos. Ou seja, sair bastante, tornar-se independente, viajar. Tenho certeza de que eles vão correr atrás desse tempo perdido, mas é um revés para o seu amadurecimento."

Na esteira desse comentário, Ford relatou a preocupação de professores da primeira infância com o desenvolvimento de crianças que ficaram isoladas em 2020 e 2021. "Desenvolvimento de linguagem e de sociabilidade, além de aptidão escolar", ressaltou. Na outra ponta, dos estudantes que estão a caminho do ensino superior, o receio tem a ver com a dificuldade de adaptação nesse contexto. "Universidades estão falando de estudantes que não são tão maduros e independentes como se imaginava. Com isso, há uma dificuldade para acompanhar a vida universitária exatamente porque os elementos que existiam antes da pandemia, como o ambiente social, não estavam lá para amparar esses alunos quando ingressaram na universidade."

Ao analisar as iniciativas adotadas durante o período mais grave da pandemia, Ford atentou para o fato de que as crianças não foram consideradas em muitas das decisões: "Nós nos concentramos em outros aspectos da sociedade enquanto demoramos muito para reabrir as escolas."*

Em 2020, a plataforma Netflix lançou o documentário *O dilema das redes*, que mostra os efeitos nefastos das redes sociais para a saúde mental de crianças e adolescentes. Na produção, fica evidente a conexão entre a piora na qualidade de vida e o aumento da dependência de apps como Facebook, Instagram, Twitter, entre outros. No artigo "The State of Culture", Ted Gioia analisa a maneira como as redes têm promovido um ambiente de dependência, sobretudo a partir do *scrolling*, movimento de rolar a página até o próximo conteúdo das plataformas mencionadas.

Diante desse estado, será que evitar as redes sociais é um caminho para aprimorar as condições de saúde mental?

Para Heyman, é bem verdade que, para algumas pessoas, a experiência on-line pode ser mais estressante, ainda mais em sites que promovem conteúdos relacionados a suicídio, um fenômeno infelizmente presente na internet e nas redes. No entanto, argumentou ela, não é possível ter uma abordagem que impeça o acesso. "Existem muitos jovens que se saem muito bem on-line, mantendo amizades, hobbies e interesses. Desse modo, acredito que deva ser uma responsabilidade de toda a sociedade ensinar aos seus filhos como eles devem ser criteriosos e como devem se

---

* O entendimento de que as escolas demoraram demais para reabrir é compartilhado pela economista Zeina Latif, que foi entrevistada no *Podcast Rio Bravo* a propósito do livro *Nós do Brasil: Nossa herança e nossas escolhas*, publicado pela Editora Record em 2022. Para a economista, se o país contasse com uma classe média mais participativa, poderia ter havido mais pressão para o retorno das aulas presenciais. No capítulo dedicado à educação, quando discutimos o resultado das avaliações dos alunos no pós-pandemia, fica evidente o tamanho do estrago para a formação dos estudantes.

proteger nesses ambientes, assim como as escolas e, no limite, a legislação, que deve estabelecer algum nível de controle. Apesar de já estarmos inseridos nessa realidade, nós ainda estamos aprendendo."

Ford concordou, afirmando que não é possível estabelecer juízos definitivos sem os dados mais longitudinais acerca de como as pessoas estão fazendo uso da internet. E acrescentou: "O problema é que as escolas, os pais e os hospitais demandam por um guia agora, mas demorará anos para que esse tipo de referência fique pronto. Portanto, não acredito que as pessoas vão deixar de acessar a internet. O mundo digital veio para ficar." O paralelo adotado pela pesquisadora tem um apelo pertinente. "Assim como os automóveis, nós temos de saber como explorar os benefícios e evitar os perigos da melhor maneira possível."

As duas especialistas ressaltaram ser positivo que, nos últimos dez anos, exista maior preocupação com o tema da saúde mental. Essa conscientização é importante para que não haja qualquer estigma ao falar dessa questão. Ao mesmo tempo, é preciso estabelecer nuances com relação ao nível de ansiedade a que se está exposto. Aqui é possível enxergar um ponto de contato com a entrevista concedida pelo psiquiatra Táki Cordás em 2020, quando ele destacou, como visto neste capítulo, ser normal certo nível de ansiedade à medida que se prepara para um evento importante, por exemplo. Heyman e Ford adotam uma leitura similar nesse sentido.

"Acredito que precisamos educar as pessoas acerca de que certo nível de ansiedade quando se está próximo de uma entrevista de emprego, por exemplo, é, na verdade, bom. E se a pessoa não estiver sentindo isso provavelmente está se candidatando para a função errada. Nesses casos, o estresse é normal. Essa sensação se torna anormal quando impede a pessoa de fazer as atividades do dia a dia ou que persista assim por semanas a fio. Desse modo, a resposta tem de ser proporcional ao problema", ponderou Ford.

Para a pesquisadora, é fundamental fazer as pessoas entenderem que é absolutamente normal ter esse tipo de reação — e que, na verdade, isso está acontecendo por um bom motivo. Com isso, continua Ford, seria possível oferecer atendimento devido àqueles que precisam de mais cuidado. "Infelizmente, as pesquisas no Reino Unido dão conta de que apenas um quarto das pessoas em idade escolar com problemas relacionados à saúde mental conseguem atendimento ao longo de três anos. Então precisamos estar atentos a como oferecemos cuidados com base em evidências para aqueles que estão necessitados desse tipo de atenção."

Dessa maneira, embora falemos a partir de uma realidade específica, é possível identificar ações que podem mesmo contemplar as demandas por cuidado na saúde mental em outros países — no Brasil, inclusive. A pesquisadora comentou sobre se alimentar bem, praticar exercícios, fazer coisas prazerosas, ter entendimento do que pode provocar ansiedade ou tristeza, se ajustando a esses gatilhos em potencial da melhor forma possível. Esse conjunto de atividades pode ser mais indicado do que adotar de imediato um tratamento completo.*

O papel de pais, tutores e professores também foi debatido, haja vista que pode recair sobre eles, num primeiro momento, a responsabilidade de reagir a eventuais crises de saúde mental. "Em relação à prevenção, acredito, sim, em ajudar pais e cuidadores a promover resiliência e letramento emocional para o estresse diário, assim como de que modo estar seguro on-line e no mundo — e em como lidar com frustrações e reveses", comentou Heyman.

Ao observar a reação das famílias, Ford sublinhou que não se deve subestimar as consequências nos pais dos problemas de ansiedade e depressão que os filhos sofrem. "Os pais precisam de ajuda e de informação a respeito", concluiu a especialista.

Uma das consequências inesperadas da pandemia, o aumento de episódios envolvendo crises de ansiedade e o diagnóstico de depressão

---

* A propósito desse assunto em particular, Tamsin Ford recomendou o livro *Losing our Minds: The Challenge of Defining Mental Illness* [Perdendo a cabeça: O desafio de definir transtornos mentais, em tradução livre], de Lucy Foulkes, cujo subtítulo não poderia ser mais acertado.

reafirmam a necessidade de um olhar atento para com o tema saúde mental. Ainda que não tenha apresentado uma solução para esse fenômeno, a pesquisa científica tem oferecido respostas com base em evidências.

E a atuação da ciência só pode ser tão assertiva em casos como a da covid-19 e da crise de saúde mental por conta do investimento de longo prazo em pesquisa básica e em pesquisa aplicada. Ao longo das entrevistas, alguns de nossos convidados enfatizaram a relevância dos recursos financeiros para o bom desempenho da pesquisa de ponta.

Investimentos

Antes da covid-19, a opinião pública no Brasil entrou em pânico por causa de outra doença. Em novembro de 2015, o Ministério da Saúde decretou a epidemia do vírus Zika como Situação de Emergência em Saúde Pública de Importância Nacional. No Nordeste, os médicos já alertavam para o nascimento de crianças com microcefalia em diversos estados.*

Episódio 531
Celina Turchi
O estado da arte da
pesquisa científica

No combate ao vírus, a epidemiologista **Celina Turchi** foi uma das protagonistas, sendo indicada pelas revistas *Time* e *Nature* como uma das personalidades mais influentes em função da resposta brasileira à emergência da Zika. Em 2019, Turchi falou ao *Podcast Rio Bravo* a respeito de sua atuação, quando teve a oportunidade de comentar os momentos mais decisivos desse caso.

De acordo com a pesquisadora, a possibilidade de uma epidemia de microcefalia começou em agosto de 2015. Naquele momento, era o ponto

---

* BRITO, Débora. Epidemia do vírus Zika no Brasil completa um ano com desafio na área na pesquisa. *Agência Brasil*, 8 nov. 2016. Disponível em: https://agenciabrasil.ebc.com.br/geral/noticia/2016-11/epidemia-do-virus-zika-no-brasil-completa-um-ano-com-desafio-na-area-de. Acesso em: 15 mar. 2024.

zero, onde apareceram os casos. Na ocasião, Turchi afirma que contou com diferentes grupos de pesquisa, incialmente de Pernambuco — como a Fiocruz, a Universidade Federal de Pernambuco, a Universidade Estadual de Pernambuco, assim como as secretarias estadual e municipal de saúde. A pesquisadora destacou que essas instituições repararam nessa possibilidade com esse inusitado aumento de casos com anormalidades importantes do ponto de vista da arquitetura cerebral.

A epidemiologista refez o caminho que a equipe de pesquisadores adotara para começar o enfrentamento do Zika. Segundo a entrevistada, havia o entendimento de era necessário descrever esses casos, alertando, assim, ao Ministério da Saúde e à comunidade científica, e identificar assim a causa.

O pico da epidemia, sempre de acordo com o depoimento de Turchi, aconteceu entre o final de 2015 e o início de 2016, e depois baixou, como ocorre no caso de doenças infecciosas. Conforme analisou a pesquisadora, não se sabia que essa infecção tinha desdobramentos congênitos, e ela se transforma em uma epidemia de microcefalia, que desde então passou a ser identificada como uma nova doença: a síndrome congênita do Zika. Na época da entrevista, a doença ainda não estava totalmente controlada, representando uma ameaça, muito embora sem o mesmo peso de antes.

Conforme o relato da epidemiologista, não havia evidência científica sobre o que estava causando a crise. Aqui talvez caiba um paralelo com a pandemia da covid-19, que estava a poucos meses de explodir. Segundo a avaliação da cientista, o grande desafio da comunidade científica brasileira e internacional foi, em pouco espaço de tempo, aportar um conhecimento que permitisse identificar o agente etiológico e estabelecer medidas protetivas ou de controle em relação aos vetores que possibilitassem reduzir o número de casos.

De igual modo, mais adiante na mesma entrevista, Turchi fez uma comparação que também seria bastante apropriada para o tempo da covid-19: em uma emergência, comparou a entrevistada, é como fazer pesquisa em tempo de guerra. É preciso dar uma resposta rápida, trazer diferentes olhares e compartilhar dados. Então, nesse aspecto, as diferentes áreas de conhecimento são complementares. Como se fosse uma grande força-tarefa. Todos os saberes são importantes.

Essa análise se articula com as ideias do professor e também pesquisador Marcus Aguiar, quando este discutiu a respeito dos sistemas complexos.

Embora tenha falado a respeito do reconhecimento recebido a partir da menção da revista *Time*, o trecho mais contundente da entrevista da especialista, sem dúvida alguma, se deu quando ela defendeu a continuidade no apoio a jovens pesquisadores com bolsas, possibilidade de intercâmbio e construção de redes de pesquisa sólidas. Para Turchi, a possibilidade de respostas a eventos graves tem a ver com a capacidade de funcionamento dessas redes de pesquisa antes que a emergência aconteça. Assim como ninguém forma um exército num piscar de olhos, cientistas também dependem da existência de núcleos de excelência no país com financiamento e continuidade.

> **Episódio 682**
> Hugo Aguilaniu
> "A ciência brasileira sofre com a descontinuidade de financiamento"

As palavras e o pensamento de Turchi guardam relação com a reflexão de **Hugo Aguilaniu**, diretor executivo do Instituto Serrapilheira, que concedeu entrevista ao *Podcast Rio Bravo* em janeiro de 2022. O título do episódio, extraído das palavras de Aguilaniu, reflete essa preocupação.

Primeira instituição privada de fomento à ciência no Brasil, o Serrapilheira foi criado, em 2017, para valorizar o conhecimento científico e aumentar sua visibilidade, atuando nas seguintes frentes, conforme a explicação de Aguilaniu: "Um dos programas pioneiros do Serrapilheira foi o Jovens Pesquisadores, uma chamada pública com o intuito de premiar os melhores pesquisadores do Brasil. Em segundo lugar, nós temos a divulgação científica, que tem por objetivo promover aqueles que trabalham com comunicação relacionada à ciência."

Aguilaniu justificou a importância da divulgação científica, ressaltando que, no Brasil, boa parte da população tem pouco contato com ciência. "Acho que a pandemia mostrou que tem um grande trabalho a ser feito na divulgação científica."

A terceira linha de atuação, comentou o diretor do Serrapilheira, envolve a formação de pesquisadores. É um programa voltado para alunos, portanto. "Aqui, a oportunidade que se abre é para que se formem junto com os melhores pesquisadores do mundo. E desenvolvemos isso na área da biologia e da ecologia, porque acreditamos que o Brasil tem que ser o melhor nesses dois campos, que são estratégicos para o país."

E a quarta linha de atuação envolve a defesa da ciência no cenário político. "Nesse caso, o objetivo é apoiar iniciativa que tem como propósito fortalecer o fomento à ciência no Brasil." Aguilaniu observa que a ciência conduzida no país é excelente, mas sofre com a falta de continuidade de financiamento, sendo que esse tipo de aporte é essencialmente público. Também observou que é necessário que o Estado brasileiro tenha uma política robusta no setor para que não haja variações como nos últimos anos.

O comentário de Aguilaniu diz respeito sobretudo à gestão de Jair Bolsonaro, que, só para citar o ano de 2022, congelou a liberação de mais de R$ 3,5 bilhões dos recursos aprovados para aquele ano do Fundo Nacional de Desenvolvimento Científico e Tecnológico e impediu o acesso a mais de R$ 14 bilhões até o ano de 2027, de acordo com a manifestação da Sociedade Brasileira para o Progresso da Ciência (SBPC).*

Na contramão desses cortes, o Serrapilheira contempla alto grau de flexibilidade justamente porque percebe os aportes em ciência de modo bastante singular. Nas palavras de seu diretor executivo: "Vejo a ciência um pouco como investimentos. Em um investimento arriscado, você pode perder o seu dinheiro quase todo. Mas, se der certo, pode render muito. Na ciência, é igual. Quando você faz uma pergunta mais

---

* SBPC REPROVA Bolsonaro, que cortou 42% do principal fundo da ciência para 2023. *SBPC*, São Paulo, 13 set. 2022. Disponível em: http://portal.sbpcnet.org.br/noticias/sbpc-reprova-bolsonaro-que-cortou-42-do-principal-fundo-da-ciencia-para-2023/. Acesso em: 15 mar. 2024.

provocativa, pode errar completamente — e isso representa um risco, desenvolver um projeto que prove que todas as suas ideias estavam erradas. Nós sabemos que dos projetos que vamos apoiar, dois ou três não vão dar nenhum resultado. Ao mesmo tempo, se dois ou três trouxerem descobertas importantes, capazes de mudar o país, acreditamos que esse investimento vale a pena."

Aguilaniu sabe que o caso do Serrapilheira é especial porque, no caso de uma instituição privada, a tolerância ao risco é maior, uma vez que, nas instituições públicas, a aversão ao risco é significativamente menor por causa da natureza dos recursos — dinheiro do contribuinte.

Em que pese o apoio à ciência e à divulgação científica, o Serrapilheira excluiu deliberadamente as humanidades do rol de áreas contempladas pelo instituto. Na ocasião de sua criação, um dos fundadores, o documentarista João Moreira Salles, disse que ele e seus irmãos já apoiavam iniciativas no campo da educação — via Instituto Unibanco — e com as humanidades em geral — via Instituto Moreira Salles.* Quando questionado a respeito, Hugo Aguilaniu também justificou a vocação da instituição. "Nós acreditamos que as Humanas sejam fundamentais. Mas entendo que, para o Serrapilheira funcionar bem com o orçamento que tem, já apoiamos áreas suficientes. Em termos de gestão, apoiar tudo seria um erro."

Episódio 549
Marco Antonio Zago
O investimento em pesquisa científica é vantajoso para a sociedade

Alguns anos antes dessa entrevista, **Marco Antonio Zago**, então presidente da Fundação de Amparo à Pesquisa do Estado de São Paulo (Fapesp), defendeu, no caso da agência de fomento, que não haja distinção no financiamento das pesquisas. "É importante dizer que a Fapesp não decide previamente quanto ela vai investir em

---

* Para ler a entrevista de João Moreira Salles à *Folha*: O instituto de João Moreira Salles que enxerga e financia a ciência como arte. *Folha de S.Paulo*, 30 abr. 2017. Disponível em: www1.folha.uol.com.br/ilustrissima/2017/04/1879705-o-instituto-de-moreira-salles--que-enxerga-e-financia-a-ciencia-como-arte.shtml. Acesso em: 15 mar. 2024.

cada área. O que acontece é que ela recebe as solicitações, as examina e vê a qualidade da solicitação, observando se se trata de projeto de muita qualidade ou de média qualidade. E finalmente se faz a escolha. Então, do ponto de vista da análise, as áreas das humanidades, das ciências sociais aplicadas e das artes têm portas abertas na Fapesp exatamente como as demais."

A Fapesp é uma das principais agências de fomento à pesquisa científica e tecnológica do país. A autonomia da instituição é garantida por lei, de maneira que seu orçamento anual corresponde a 1% do total da receita tributária do estado de São Paulo. Assim, a agência incentiva a pesquisa e financia a investigação, o intercâmbio e a divulgação da ciência e da tecnologia produzida no estado.

Na entrevista, Zago explicou como se estrutura o financiamento da entidade. "O Conselho Superior da Fapesp, responsável pelas políticas da instituição, decidiu que, ao longo dos anos, nós procuraríamos aumentar a fatia de pesquisas de resultado imediato — ou aquela que é feita a partir da parceria da academia com as empresas. Essa nossa política tem sido bem-sucedida." Ele citou como exemplo os centros de pesquisa em engenharia, nos quais tanto a Fapesp quanto a parceira investem igual valor para projetos de dez anos em uma área de desenvolvimento em que a empresa em questão tenha interesse.

"Feito esse acerto", prosseguiu o presidente da Fapesp, "saímos em busca de um parceiro acadêmico. Recebemos, assim, candidaturas de centros, de institutos, de universidades, onde haja competência para desenvolvimento daquele tipo de projeto". O valor de investimento estimado a partir dessas parcerias, da ordem de R$ 1 bilhão, surpreende quando se nota que é o mesmo Brasil que, no nível federal, corta verba para pesquisadores; ou, ainda, o mesmo país onde falta continuidade de investimentos em pesquisa.

Zago não parou por aí: falou de outro projeto, o Pesquisa Inovadora em Pequenas Empresas (Pipe). Nesse caso, a empresa tem a proposta de uma inovação que está convencida de que tem possibilidade de ingressar no mercado. "Se escolhida, nós aportamos recursos numa fase inicial para viabilizar o projeto propriamente dito e depois nós colocamos mais R$ 1 milhão para que a empresa se desenvolva. Não é empréstimo; é a fundo perdido. Se a iniciativa for bem-sucedida, há a possibilidade de uma terceira fase, desta feita com recursos da Finep [Financiadora de Estudos e Projetos] para já passar à fase de mercado."

Na entrevista que concedeu ao *Podcast Rio Bravo*, Zago não apenas exaltou os investimentos da Fapesp. Ciente da importância da pesquisa científica para o desenvolvimento do país, ele fez uma defesa da pesquisa como parte integrante do desenvolvimento da nação. As palavras são contundentes. "O custo de não fazer pesquisa científica e tecnológica de qualidade certamente afeta o desenvolvimento da sociedade. Em uma sociedade globalizada, a exportação de produtos primários e a disponibilidade de mão de obra humana não são mais os grandes motores do desenvolvimento como já foram no passado. Os países mais fortes, aqueles que têm o maior desempenho econômico, são todos países com grande desenvolvimento da ciência, da tecnologia e da educação superior, como Estados Unidos, China, Alemanha e Reino Unido. Portanto, não ter um desenvolvimento científico e tecnológico é ficar fadado a não ter desenvolvimento social forte."

| **Episódio 572**
| Lygia da Veiga Pereira
| "Falta diversidade de dados
| genéticos no mundo"

É interessante observar que, ao falar sobre as características da instituição, Zago observou que a Fapesp apoia projetos tanto em pesquisa básica quanto em pesquisa aplicada, argumentando que é difícil delimitar onde começa uma e termina outra. Nas palavras do entrevistado, sem o primeiro passo da ciência básica não seria possível fazer ciência aplicada. Como exemplo, ele citou as pesquisas com células-tronco. E foi exatamente o levantamento bastante original nessa área que marcou uma das últimas entrevistas de 2019, com a pesquisadora e professora universitária **Lygia da Veiga Pereira**.

Quando falou ao *Podcast Rio Bravo*, a pesquisadora tinha acabado de estampar as páginas dos principais veículos da imprensa brasileira com o trabalho "DNA do Brasil", cuja intenção é prevenir e tratar doenças, para além de mapear os ancestrais da população do país. O que chamava a atenção nessa proposta era se tratar, na época, de uma iniciativa conjunta da USP, instituição onde a professora atuava como docente e pesquisadora, com a Google Cloud e com a Dasa.

"Queremos caracterizar essa miscigenação do ponto de vista genético. E a importância de fazermos isso é para incluir nossa população nesta nova área da medicina, que é a medicina de precisão. É uma medicina que se baseia na genética do indivíduo, então, ela pretende, ao conhecer o genoma do paciente, saber qual é a predisposição que ele tem para doenças comuns. Saber com mais precisão qual é o remédio mais adequado para ele tomar, seja no caso de depressão, seja no caso de hipertensão, nós sabemos que as pessoas respondem de forma diferente aos remédios. De forma semelhante, para que se possa avaliar qual é o melhor tratamento do tumor do paciente a partir do DNA do tumor", explicou Pereira.

Ainda de acordo com a pesquisadora, esse é o caminho que o mundo todo tem seguido para desvendar o que está escrito nas doenças comuns e no DNA das pessoas, e o que fazer para melhorar a saúde da população.

Sustentando a importância desse levantamento a partir da informação de que a comunidade científica concluiu que 80% dos estudos sobre o genoma humano foram feitos com dados de pessoas caucasianas, observou: "E a genética dos diferentes povos varia [assim] populações africanas, asiáticas e a nossa têm outras variações genéticas que não estão presentes nesses 80% de dados existentes até hoje."

Passou a existir um esforço da comunidade científica internacional para aumentar a diversidade dos dados genéticos a fim de que se pudesse atender a toda a população, sublinhou a pesquisadora.

Como aconteceu em outras entrevistas concedidas ao podcast, Pereira destacou que a ciência, neste país, não é valorizada como deveria. "A ciência no Brasil, por incrível que pareça, historicamente não é muito valorizada, o que eu acho inacreditável. Porque os países desenvolvidos reconhecem a importância da educação e da ciência para uma economia sustentável."

Segundo ela, um projeto como o "DNA do Brasil" mostra a importância da pesquisa básica, deixando evidente que a partir do conhecimento da biologia humana é possível fomentar toda uma área da saúde, seja de medicina preventiva, seja no desenvolvimento de novos fármacos.

Ainda falando a respeito do financiamento, a especialista destacou que, fora do país, a indústria farmacêutica participa dos projetos porque sabe do valor de mercado dos produtos oriundos da pesquisa. "A indústria farmacêutica forma consórcios para financiar esses projetos. Isso porque sabem da importância desses dados para o desenvolvimento de novos produtos. Nós precisamos mostrar para a indústria nacional o valor dessa pesquisa."

Poucos anos depois de conceder essa entrevista ao podcast, Pereira se lançou como empreendedora com a start-up Gen-t, que buscava aplicar a tecnologia à genética. Ao falar ao *Estado de S.Paulo* a respeito da iniciativa, ela destacou a importância da "criação de um banco de genomas abrasileirado, de uma sociedade que resultou de uma miscigenação de europeus, indígenas e africanos".

Episódio 369
Moira Pedroso Leão
Sobre os avanços das pesquisas
com células-tronco

Em 2016, alguns anos antes da criação da Gen-t, **Moira Pedroso Leão**, fundadora da Curitiba Biotech, já falava ao *Podcast Rio Bravo* sobre os desafios da criação de uma start-up nesse segmento. "É difícil empreender no país", comentava ela, cuja empresa também se originou a partir das pesquisas com células-tronco.

O contexto dessa entrevista é marcado pela discussão, em anos anteriores, a respeito da investigação científica com células-tronco embrionárias. Havia certa polêmica no ar quanto à violação do direito à vida e à dignidade da pessoa humana. O Supremo Tribunal Federal autorizou esse tipo de investigação, mas as dúvidas quanto às especificidades da investigação permaneciam. Para explicar o significado desse tipo de pesquisa, Moira Leão contou ao podcast um pouco de sua história pessoal.

"Há vinte anos, eu tive um acidente de carro e quebrei a coluna. Para passar pelo processo de regeneração, precisei passar por uma cirurgia bastante invasiva para remoção do osso ilíaco da bacia a fim de que eu pudesse reconstruir a minha coluna. Na época, foi muito difícil porque é um processo muito doloroso e eu tive uma recuperação lenta por causa da quantidade da remoção do osso ilíaco."

Dentista de formação, Leão sabia que essa abordagem invasiva também era comum nas cirurgias de reconstrução óssea em situações de odontologia. "Muitos pacientes que perderam seus dentes precocemente também perderam estrutura óssea", comentou e em seguida, apresentou o motivo que guiou seu interesse por essa área de investigação. "Depois de passar por esse processo de enxertia óssea, de uma quantidade grande de osso da bacia para reconstruir a coluna, eu sei o quanto o paciente vai sofrer. Foi aí que comecei a estudar mais esse assunto."

A pesquisadora e fundadora da Curitiba Biotech também compartilhou com os ouvintes as angústias e a ansiedade de fazer investigação científica de alto nível no país. "Os pesquisadores brasileiros estão sempre com o coração na mão, uma vez que há uma expectativa muito grande quanto aos possíveis cortes de financiamento."

Assim como mencionou anteriormente Hugo Aguilaniu, Leão falou a respeito da interrupção de financiamento. "Os pesquisadores brasileiros ficam literalmente com o coração na mão. O que eu percebo é que boa parte das pessoas que trabalham nos centros do governo são bolsistas. De modo que o quadro efetivo de pesquisadores é composto por bolsistas. Essas bolsas são muito instáveis. Muda-se o governo — e muda-se a política — e os cortes vêm. Essa instabilidade é péssima", observou.

Apesar do cenário de incerteza no que se refere ao investimento público, ela ressaltou o altíssimo nível dos pesquisadores nacionais: "O que a gente tem hoje no país são excelentes pesquisadores. O Brasil não deixa a desejar aos melhores centros do mundo."

Sobre a Curitiba Biotech, admitiu que, no início, foi necessário tomar conhecimento das melhores práticas para o desenvolvimento de um plano de negócio. "Professor é um péssimo vendedor. Nós não entendemos de administração. Nós somos muito apaixonados pelo que fazemos, mas esquecemos de que alguém precisa pagar a conta." Leão entende que, não fosse pela consultoria que recebeu, teria desistido da empresa.

Estado da arte da pesquisa científica

As histórias sobre start-ups, como a de Moira Leão e a de Lygia da Veiga Pereira, assim como as muitas reclamações acerca da falta de investimentos em ciência, podem sugerir a ideia de que, no Brasil, resultados mais robustos oriundos da pesquisa científica inexistem — e que, por isso, o país está fadado ao subdesenvolvimento diante de um ciclo vicioso permanente.

Nada pode ser mais enganoso.

É justamente notável o fato de que sobram casos que confirmam a tese de que o investimento no longo prazo em ciência dá bons frutos em áreas em que o país é carente.

| **Episódio 461** |
| Ramon Bicudo |
| A recuperação da Mata Atlântica e |
| os ciclos econômicos no Brasil |

Um bom exemplo disso envolve um episódio que foi ao ar em novembro de 2017, quando **Ramon Bicudo**, pesquisador da Unicamp, falou a respeito da recuperação da Mata Atlântica, em um estudo que, vale a pena ressaltar,

recebeu apoio da Fapesp.

De acordo com o pesquisador, o que norteava o trabalho era testar a hipótese de se havia ou não transição florestal no Vale do Paraíba paulista, no estado de São Paulo. Nas palavras de Bicudo: "Para desenvolver essa pesquisa, precisei lançar mão de metodologias relacionadas às ciências geoespaciais, então, trabalhei com sensoriamento remoto, utilizando imagens de satélite." Bicudo detalhou as características da investigação, destacando que fez uso dos produtos dos satélites concebidos pela Nasa. "Os produtos desses satélites são gratuitos e têm cobertura praticamente em todo o globo, desde 1985 até os dias atuais [2017]."

Afora o levantamento de satélite, a metodologia de sua pesquisa lançou mão de contatos com produtores rurais. "Fiz um trabalho extenso de campo conversando tanto com produtores rurais assim como com os *stakeholders*, que são instituições, como a Secretaria de Agricultura do estado e as ONGs que operam na região, que trabalham com a cobertura de terra no Vale do Paraíba."

Ao falar a respeito do significado de transição florestal, o especialista afirmou se tratar da tentativa de explicação do motivo de áreas florestadas, depois de anos de desmatamento, retornarem ao estado de floresta. "É claro que, enquanto bioma, a Mata Atlântica não se encontra em estado de transição florestal porque as taxas de recuperação da floresta não superaram as faixas de perdas de área verde. Mas o que nós vemos no vale do Paraíba paulista é um crescimento positivo desde a década de 1960."

Conforme reportagem publicada na revista *Pesquisa Fapesp*, desde a colonização, a porção da Mata Atlântica localizada no vale do Paraíba foi uma das mais atingidas pelo uso intensivo e desregulado da terra. "Foi assim na época da extração do pau-brasil e do cultivo da cana-de-açúcar, entre os séculos XVI e XVIII, passando pelos ciclos do ouro e do café, e, mais recentemente, pela pecuária e expansão urbana."

Ao analisar o fenômeno da floresta revigorada, Bicudo afirmou que, a partir de determinado momento, as taxas de desmatamento cessam ou diminuem drasticamente e, em seguida, o que se percebe é o movimento oposto, ou seja, o crescimento da floresta nas áreas desmatadas — o retorno da floresta. Existem diversos fatores que explicam essa transformação. Para tanto, o pesquisador ressaltou que é preciso entender o contexto histórico e a região paulista do vale do Paraíba.

"O vale do Paraíba paulista está entre a região metropolitana de São Paulo e a região metropolitana do Rio de Janeiro. Nos anos 1950, foi construído o eixo Dutra, ligando essas duas regiões. Naquele período, a capital São Paulo já era inchada do ponto de vista da industrialização e existia uma demanda para que essa industrialização começasse a ser descentralizada de São Paulo. E a região de São José dos Campos foi uma das áreas-alvo desses projetos de descentralização desse processo industrial. Consequentemente, a região do vale do Paraíba se tornou um polo industrial-tecnológico muito importante."

Com isso, prosseguiu, houve um aumento na demanda de mão de obra para atender a esse desenvolvimento industrial-tecnológico da região, o que provocou um processo grande de evasão da zona rural, principalmente nos municípios mais próximos, como São José dos Campos, Taubaté, diferente do que ocorreu em Bananal. A título de exemplo, o especialista comentou que, enquanto em São José dos Campos a transição da população rural para população predominantemente urbana aconteceu nas décadas de 1950 e 1960, em Bananal, município mais afastado, esse movimento só aconteceria no final dos anos 1990.

A regeneração natural da floresta se dá, portanto, a partir da escassez da mão de obra, que faz com que os produtores rurais sejam mais ciosos acerca do uso da terra. "Nem toda a terra onde poderia existir trabalho pôde ser mantida naquele momento. Com isso, algumas áreas são deixadas e abandonadas. A partir daí, pode-se observar um processo de regeneração natural da floresta, principalmente em áreas próximas a remanescentes florestais que haviam sido deixadas."

Bicudo ressaltou, ainda, o importante papel desempenhado pela população rural no que se refere ao combate ao desmatamento. Nas palavras do pesquisador, "nos últimos anos, com mais divulgação ambiental e ONGs atuando nessa região, e também com trabalho da polícia ambiental e da educação ambiental, a população do Vale do Paraíba passou a ter mais conhecimento das políticas ambientais". As pessoas passaram a ter conhecimento do que podiam e do que não podiam fazer. Com a tomada consciência e munida da legislação específica, a comunidade da região passou a atuar voluntariamente denunciando eventuais violações das regras ambientais.

| **Episódio 698** | Ao longo dos anos, o desmatamento |

Episódio 698
Carlos Nobre
"A ciência mundial está muito preocupada com o destino da Amazônia"

Ao longo dos anos, o desmatamento se transformou em uma verdade inconveniente quando se tratava de falar a respeito de sustentabilidade. Em 2022, em entrevista ao *Podcast Rio Bravo*, o climatologista **Carlos Nobre** abordou o tema ao mencionar a frequência dos chamados eventos extremos.

209

O podcast com Nobre aconteceu depois de ele ser escolhido como membro da Royal Society of London, instituição acadêmica independente que se estabeleceu ainda no século XVII. O pesquisador foi o primeiro brasileiro escolhido para fazer parte da academia desde o imperador Dom Pedro II.

Na avaliação do climatologista, a escolha reflete a preocupação da comunidade acadêmica internacional com o que acontecia na Amazônia, região cuja onda de desmatamento vinha escalando de modo exponencial.

"A ciência está mostrando o risco que nós corremos se não conseguirmos zerar os desmatamentos rapidamente, zerar a degradação, zerar o uso do fogo. Esse é o maior perigo que os países amazônicos já enfrentaram", alertou ele logo no início da entrevista.

Questionado a respeito do papel da sociedade civil quanto à conscientização do desmatamento, Nobre ressaltou o apoio da população no que se refere à preservação da Floresta Amazônica. "A questão muito preocupante é a desconexão entre a vontade popular e as políticas econômicas para a Amazônia. Há muitas décadas, as pesquisas de opinião mostram que quase a totalidade da população brasileira é a favor da preservação da Amazônia. Em um levantamento recente, 80% dos entrevistados disseram que gostariam de consumir produtos com a garantia de que não foram usados métodos que levaram ao desmatamento."

Ele se surpreendia com o fato de que a vontade da população não é refletida nas políticas públicas, assim como não tem representação de um setor em específico: o agronegócio. "A preocupação maior é em expandir a área do agronegócio do que um modelo preservacionista de alta produtividade. Ainda se está inserido num modelo muito antigo, forjado desde a época dos colonizadores, no qual a posse da terra é o valor maior do que uma agricultura pode fazer."

Para ele, essa é uma briga antiga no Brasil, que provocou o desaparecimento de parcela significativa dos biomas brasileiros. "Oitenta por cento da Mata Atlântica, mais de 50% do Cerrado, mais de 50% do Pampa, mais de 55% da Caatinga. E já afetou 35% da Amazônia: 20% desmatada e uns 15% degradada. A visão do povo brasileiro em preservar a Amazônia não se reflete na postura de um setor do agronegócio e de um setor da mineração."

A situação se torna ainda mais dramática na medida em que se nota a presença do crime organizado na região. "O crime organizado se conectou agora em quase todos os países amazônicos, a associação do crime organizado com a mineração ilegal, com o tráfico de armas, com grilagem de terra", explicou o especialista.

Nobre observou que o desafio que se impõe não é banal. "Primeiro, [é preciso] transformar o agronegócio em sustentável, e há belíssimos exemplos de agricultura regenerativa altamente produtiva no Brasil. Há sistemas integrados, lavoura-pecuária-floresta, desenvolvidos pela Embrapa décadas atrás que mostram ser possível uma pecuária produtiva, que é muito mais lucrativa. Infelizmente, esse modelo expansionista ainda domina a agropecuária brasileira, que tem um poder muito forte no Congresso: a bancada ruralista tem crescido muito a cada quatro anos."

As consequências desse modelo expansionista, de acordo com o climatologista da Royal Society, são aterrorizantes. "Alguns cientistas consideram que nós já possamos ter cruzado o ponto de não retorno no sul da Amazônia, porque a floresta ali, nos últimos anos, se transformou em uma fonte de carbono. Nessa região, a estação seca está cinco semanas mais longa do que nos anos 1970, dois a três graus mais quente, [com] 15% a 20% menos chuva [...], com mortalidade de árvores aumentando. Esses são os sinais que os cientistas consideram de não retorno e que se encaminham para um ecossistema degradado, que chamamos de 'savanização'."

Enquanto a savana tropical do Cerrado é muito rica em biodiversidade e em armazenamento de carbono, o sistema degradado de "savanização" é um tipo de vegetação arbórea muito deteriorada, principalmente com árvores do ecossistema da savana tropical, que resistem à seca mais severa e ao fogo, mas com menos biodiversidade e menos carbono. "É um sistema que traz enorme preocupação e riscos a centenas de milhares de espécies da nossa maior biodiversidade do planeta, que é a Amazônia."

As descobertas da pesquisa de ponta no Brasil nem sempre denunciam a degradação da maior fonte de riquezas naturais do planeta. Existem trabalhos que são a mais perfeita tradução de estado da arte de pesquisa científica.

E esse é o caso do Sirius, o acelerador de partículas brasileiro, considerado o maior empreendimento da história da ciência do país.

Diferentemente da câmera que capta paisagens e pessoas, o acelerador de partículas consegue revelar detalhes das estruturas dos átomos, segundo texto de divulgação do Centro Nacional de Pesquisa em Energia e Materiais (CNPEM).

Antonio José Roque, diretor-geral do CNPEM, falou ao *Podcast Rio Bravo* sobre o propósito da construção desse tipo de equipamento. Na sua avaliação, era preciso compreender a dinâmica dos materiais e da estrutura do próprio universo. Para tanto, os físicos

> **Episódio 552**
> Antônio José Roque
> O acelerador de partículas
> e o Brasil na fronteira
> do conhecimento

lançaram mão de uma construção para lá de sofisticada, a saber: os aceleradores. No Brasil, a história dos aceleradores se confunde com a implementação da universidade no país. "A Universidade de São Paulo, que acompanhou os avanços da física nuclear e de partículas junto com o resto do mundo, recebeu seus primeiros aceleradores na década de 1950: um acelerador de elétrons Betatron, providenciado por Marcello Damy, e um acelerador eletrostático Van de Graaff, projetado por Oscar Sala."*

O diretor-geral do CNPEM justifica a necessidade dessa estrutura, uma vez que a investigação dos objetos se dá a partir da aceleração de partículas, jogando uma contra as outras para que se possa analisar como é que elas se espalham.

Um dos mais conhecidos aceleradores do mundo é, sem dúvida, o LHC, o Grande Colisor de Hádrons, que acelera prótons. Nesse caso, são

---

* Os primeiros aceleradores de partículas da USP. *Arquivo Histórico do Instituto de Física*, [20--]. Disponível em: http://acervo.if.usp.br/maquinas1. Acesso em: 4 fev. 2025.

dois feixes de prótons que viajam em direções opostas, de modo que há a colisão, um feixe contra o outro. Roque faz uso de uma imagem bastante enfática para apresentar o fenômeno: o choque de dois automóveis em alta velocidade numa estrada. Essa colisão permite que a investigação da dinâmica interna das condições de energia do início do universo. Aqui o diretor-geral do CNPEM arremata: a concepção do LHC atende a essa demanda.

A história do Sirius se relaciona à do LHC precisamente porque os laboratórios de síncrotrons derivam dessa tecnologia, mas o objetivo é bem distinto. Se, de um lado, permanece o intento de jogar objetos contra a matéria, por outro lado, existe a ambição de analisar os fenômenos na escala dos átomos.

Nesse sentido, o valor do projeto Sirius vai além da pesquisa científica que explora uma especificidade no campo da física — o que já não seria pouco, bem entendido. Tanto é assim que, como instituição, o CNPEM busca soluções consistentes em diferentes áreas, como energia, meio ambiente, saúde, entre outras. Com isso, mais do que a tecnologia dos aceleradores, surge a possibilidade de desenvolvimento: na descoberta de novos medicamentos, com base na biodiversidade brasileira; na investigação de novos mecanismos moleculares envolvidos no desenvolvimento e no avanço do câncer; bem como na busca de soluções para o desenvolvimento sustentável de biocombustíveis, uma urgência no contexto atual de mudanças climáticas.*

Ao comentar a importância do projeto Sirius, Roque comparou a iniciativa do CNPEM àquela do projeto Apollo, que levou o homem à Lua (na época da entrevista com o pesquisador, em julho de 2019, os principais veículos de mídia celebravam os cinquenta anos da chegada do homem à Lua). A comparação aqui estava associada às consequências do investimento feito em pesquisa de ponta.

---

* CNPEM. Sirius: acelerando o futuro da ciência. Campinas, SP: CNPEM, 2020. Disponível em: https://cnpem.br/wp-content/uploads/2020/11/low_livro-sirius_2020.pdf. Acesso em: 4 fev. 2025.

No projeto que acabaria por levar o homem para o único satélite natural da Terra, não apenas a região que abrigava os cientistas se desenvolveu, mas todo o país foi positivamente impactado pelo avanço tecnológico de ponta. Não resta dúvida de que a premissa era fazer com que o trio de astronautas chegasse à Lua. Ainda assim, as consequências desse projeto foram grandiosas para a sociedade — especialmente porque houve um impulso que as pesquisas trouxeram.

É bem verdade que, de tempos em tempos, há dúvidas quanto ao retorno em relação aos recursos empregados. Em artigo para a *Folha de S.Paulo** publicado em dezembro de 2024, Helena Nader e Renato Janine Ribeiro defenderam a posição da ciência em mais um momento de discussão de ajuste fiscal — e, por conseguinte, cortes na área de ciência. Para Nader, presidente da Academia Brasileira de Ciências, e Janine Ribeiro, presidente da Sociedade Brasileira para o Progresso da Ciência, o mundo inteiro sabe que ciência não é gasto, mas, sim, investimento.

Como exemplo, os autores mencionam o caso da União Europeia, que tem trabalhado na reformulação de um programa bilionário de pesquisa para deter a perda econômica e tecnológica do bloco; citam, também, a China, que vem aumentando o volume dos aportes em ciência, chegando ao patamar de 2,5% do PIB (enquanto isso, no Brasil, a taxa foi de 1,3% na década passada, de acordo com estudo publicado pela FGV); e destacam, ainda, como os EUA têm investido mais em segmentos considerados críticos, como computação quântica e inteligência artificial (a propósito, em janeiro de 2025, o mundo foi tomado pela surpresa com a chegada do Deepseek,** assistente de inteligência artificial chinês, que passou a ser visto como ameaça para hegemonia dos Estados Unidos no setor).

---

* NADER, Helena B ; RIBEIRO, Renato Janine.. Quer impulsionar a economia? Invista em ciência. *Folha de S.Paulo*, [São Paulo], 17 dez. 2024. Disponível em: https://www1.folha.uol.com.br/opiniao/2024/12/quer-impulsionar-a-economia-invista-em-ciencia.shtml. Acesso em: 5 fev. 2025.

** HELDER, Darlan; SILVA, Victor Hugo. Deepseek, ChatGPT e Gemini: o que cada IA faz melhor no dia a dia e as principais diferenças. *G1*, 31 jan. 2025. Disponível em: https://g1.globo.com/tecnologia/noticia/2025/01/31/deepseek-chatgpt-e-gemini-o-que-cada-ia-faz-melhor-no-dia-a-dia-e-as-principais-diferencas.ghtml. Acesso em: 5 de fev. 2025.

No caso do Sirius, sem comparar com o que houve nos EUA no final da década de 1960, Roque observa que o acelerador brasileiro tem potencial de promover esse mesmo movimento de reação em cadeia, possibilitando um ciclo virtuoso para outras áreas de alta tecnologia.

Ele destacou, ainda, que o projeto Sirius posiciona o Brasil para que o país possa ser um participante desse desenvolvimento com equipamento de ponta. O reconhecimento que vem de fora permite a colaboração entre pares com instituições de renome de outras partes do mundo.

A certa altura da entrevista, ele citou um ganho bastante pertinente, mesmo que não seja perceptível de forma material: o fator autoestima. Afinal, sobram exemplos de como a ciência brasileira tem ficado aquém do esperado.

Eis o caso dos dados do relatório internacional pela Clarivate,* empresa norte-americana especializada em análise de pesquisa e de patentes, o Brasil ocupa a 13ª colocação no mundo em relação ao número de publicações científicas. A posição, modesta, reflete produção científica em linha com países como Coreia do Sul e Rússia, mas mantém o país distante de potências como Estados Unidos, China e Reino Unido, que estão à frente no levantamento.

Nesse sentido, o Projeto Sirius funciona como um contraponto robusto, justamente porque mostra que o Brasil é capaz de inovar e de desenvolver tecnologia de alto nível, podendo, assim, participar de esforço global para resolver os problemas complexos da contemporaneidade, relativos à saúde, energia e meio ambiente.

A menção à questão da autoestima é importante quando se observa que o país, contrariando todas as expectativas, conta com um centro de excelência em matemática, uma das áreas onde apresenta maior gargalo no processo de ensino e aprendizagem. Trata-se do Instituto de Matemática Pura e Aplicada, o Impa. No segundo semestre de 2015, César

---

* WATANABE, Phillippe. Brasil fica em 13º em produção científica no mundo e vê queda nos últimos anos. *Folha de S.Paulo*, 16 ago. 2024. Disponível em: https://www1.folha.uol.com.br/ciencia/2024/08/brasil-fica-em-130-em-producao-cientifica-no-mundo-e-ve-queda-nos-ultimos-anos.shtml. Acesso em: 5 fev. 2025.

Camacho, na ocasião diretor do instituto, falou ao *Podcast Rio Bravo* a propósito das características dessa unidade de ensino ligada aos ministérios da Ciência, Tecnologia e Inovação e da Educação, ressaltando, também, as ações para desenvolver aprendizado nessa matéria.

Na década anterior, a trajetória do Impa havia ganhado força junto à opinião pública a partir da história do matemático Artur Ávila, que, em 2014, recebeu a Medalha Fields, tornando-se o primeiro sul-americano a ser distinguido com a honraria. Anos antes, na revista *piauí*, por ocasião de um perfil sobre Ávila, João Moreira Salles já havia destacado a relevância do Impa para a educação e para o desenvolvimento da ciência no país.

Camacho não tinha dúvida acerca do que garantia a força desse centro de excelência. Para ele, o sucesso de estima se deve à comprovada qualidade do corpo de pesquisadores que atua no Impa. Mais uma vez, a dinâmica do ciclo virtuoso se repete, posto que os talentos que participam do instituto. Camacho revela que, na média, dois pesquisadores foram contratados por ano nos últimos 15 anos. Em um mundo marcado pelo crescente discurso de restrição de fronteiras, o Impa abre as portas para o mundo: não apenas pesquisadores brasileiros, mas talentos de fora do país podem vir. Qual é o pré-requisito? Que possam contribuir para o desenvolvimento da matemática no país.

Como consequência da ação do Impa, o diretor da instituição destacou a Olimpíada de Matemática, que, na ocasião, já estava se transformando em um programa educacional de longo alcance. A olimpíada organizada pelo Impa conta com a participação de professores universitários que atenderam ao convite do instituto. Isso não é pouco coisa, quando se considera que a matemática é umas das áreas mais sensíveis na educação no país. Para se ter uma ideia do tamanho do gargalo, dados mais recentes do Pisa mostram que até mesmo os alunos mais ricos no Brasil* estão em posição abaixo da média. É fato que parte significativa

---

* MORI, Letícia. Até alunos mais ricos no Brasil estão abaixo da média global em Matemática, aponta Pisa. *BBC Brasil*, 5 dez. 2023. Disponível em: https://www.bbc.com/portuguese/articles/cv2zx819rg40. Acesso em: 5 fev. 2025.

desse resultado deve ser atribuída à pandemia, que fez com que alunos estivessem confinados entre 2020 e 2021, mas o cenário tampouco era positivo antes da covid-19.

É esse contexto que faz com que a trajetória de Ávila merecesse destaque na entrevista de César Camacho ao *Podcast*, uma vez que o diretor do Impa falou do mérito do prodígio do Impa na conquista da Medalha Fields. E aqui é importante contextualizar o tamanho do prêmio.

Em artigo publicado na *Folha de S.Paulo* (e depois reproduzido parcialmente no site do Impa), o matemático e pesquisador Marcelo Viana, atual diretor do Impa, explicou por que não existe o prêmio Nobel em matemática. Em que pese as maledicências e lendas urbanas sobre a decisão de Alfred Nobel não ter instituído a láurea para a área de matemática, Viana observa que seria impossível criar prêmios para todas as áreas do conhecimento e atividade. Assim, em meio à angústia com o uso militar da pólvora, a sua maior descoberta, Nobel escolheu temas que lhe pareciam diretamente ligados ao progresso da humanidade, dentre os quais química, medicina, física, literatura e paz.

Na entrevista ao *Podcast*, Camacho observou que à falta de um Nobel a Medalha Fields é o maior prêmio que um matemático pode receber. Nesse sentido, o mérito de Ávila foi ter aproveitado as circunstâncias que lhe foram favoráveis para que pudesse receber a premiação.

O diretor-geral do Impa ressaltou que Ávila se convertera numa espécie de ídolo, num exemplo a ser seguido especialmente junto aos jovens que participam da Olimpíada de Matemática. E essas palavras não deixam dúvida acerca do significado dessa conquista. Nesse cenário, Ávila se impôs pelo esforço e pela disciplina, concedendo ao Impa um prestígio que só faz crescer em virtude do ineditismo da conquista. E à medida que o tempo passa a impressão que se tem é de que o prêmio se torna ainda mais relevante.

O reconhecimento mereceu o destaque não somente pelo ineditismo da conquista, mas, principalmente, porque os cientistas e pesquisadores muitas vezes não têm a chance de receber esse aplauso do público.

Acontece que, ao longo da última década, sobretudo a partir da explosão das redes sociais, algo mudou nesse cenário. E um caso notável e singular nesse sentido se dá com os divulgadores de ciência.

O trabalho desses divulgadores fura a bolha e, por isso, alcança um público, que, no passado, só conseguia acesso a determinados conteúdos graças ao jornalismo especializado ou, ainda, à participação nos centros de pesquisa e aos debates na universidade.

No Brasil, o impacto desse tipo de criador de conteúdo ganhou relevo na pandemia, quando esses influenciadores passaram a ocupar um espaço na mídia tradicional com a divulgação das últimas informações acerca da covid-19. Foi nessa época, por exemplo, que o biólogo e youtuber Atila Iamarino passou a ser entrevistado nos principais telejornais do país, chegando mesmo a aparecer no *Roda Viva* no final de março de 2020.

O trabalho de Iamarino apareceu no *Podcast Rio Bravo* antes disso, em meados de 2017, quando sua atuação como divulgador científico era conhecida majoritariamente pelos seguidores do canal *Nerdologia*. Embora não desfrutasse da audiência maciça da TV aberta, seus vídeos viralizavam e mostravam a existência de um interesse genuíno por informação de qualidade — e que era lastreada por evidências, ponto decisivo para a singularidade de suas publicações.

Na entrevista ao podcast, o biólogo e comunicador científico revelou que a origem de seu trabalho tem a ver com o interesse de discutir um assunto de sua predileção. No início, o que o motivava a publicar conteúdo na internet era poder falar dos temas de seu principal interesse. Como sempre teve apreço pela discussão científica, não foi difícil para Iamarino a se tornar uma autoridade na divulgação científica numa plataforma pouco usual para pesquisadores até meados da década passada: o YouTube.

Antes disso, no que pode ser chamado de primeira parte da sua trajetória profissional, contou que começou como professor de um cursinho pré-vestibular oferecido pela prefeitura de Jandira. Grosso modo, os alunos eram estudantes mais velhos, que sequer contavam com repertório adequado para entender temas um tanto mais complexos.

O que deveria ser um empecilho se tornou uma oportunidade graças ao fato de que aquele público estava motivado pelo tema. Iamarino explicou que essa experiência foi decisiva para que descobrisse que as pessoas poderiam estar interessadas em ouvir sobre ciência.

Depois, já como estudante de pós-graduação, passou a escrever sobre vírus quando uma pandemia foi anunciada pela Organização Mundial da Saúde.

O ano era 2009 e o H1N1 surgiu a partir do vírus influenza de animais. Por conta disso, ficou popularmente conhecida como gripe suína. Alguns anos depois, no filme *Contágio*, ficção dirigida por Steven Soderbergh, os espectadores conheceriam a história de um vírus que se alastrou globalmente depois de ter surgido, primeiro, em animais. Também no filme, Soderbergh mostra como a comunicação foi parte integrante daquela crise de saúde global.

Assim como no filme, houve quem buscasse informações fora do jornalismo profissional; no caso do H1N1, Atila Iamarino percebeu que havia um público interessado nas informações que iam além dos dados factuais, isto é, no número de casos. O divulgador científico revelou que as pessoas queriam saber como o vírus saía do porco para os humanos, por exemplo; ou por que não havia remédio ou, ainda, por que era tão decisivo tomar vacina.

Mesmo como pesquisador na universidade, Iamarino tinha compreensão arguta acerca do papel da comunicação, especificamente em uma época na qual a informação circula livremente por diversos canais. Enquanto o jornalista sabe e compreende quais são as fontes que merecem participar do discurso público, a audiência em geral não tem esse conhecimento prévio de quais fontes são relevantes e quais não são. Pior: com o advento das mídias sociais, as pessoas se encantam e *seguem* quem se comunica melhor. Era hora e vez de os cientistas se posicionarem nas mídias sociais. Para o *Jornal Unicamp*, a pesquisadora Germana Barata, que investiga iniciativas como essa, afirmou que o momento é de rompimento das barreiras entre cientistas, comunicadores, apaixonados por ciência, estudantes, jornalistas e público.*

Foi nessa ocasião que apareceu a oportunidade do *Nerdologia*, um canal no YouTube que permitiu a Iamarino responder à pergunta: "Como falar de ciência de uma maneira que as pessoas queiram ouvir e sem que elas necessariamente saibam que se interessam por ciência?"

O biólogo e divulgador científico reconheceu que foi necessário se reinventar para que o canal florescesse. Nesse sentido, ele citou o papel dos fundadores do *Jovem Nerd*, uma plataforma de conteúdo para adolescentes e jovens adultos que se tornou grande o bastante para atrair a atenção do Magazine Luiza nos últimos anos. Iamarino admite que teve sorte ao encontrar os idealizadores do *Jovem Nerd*, uma vez que eles compreenderam como se comunicar engajando o público de formas distintas.

O encontro de um cientista com duas pessoas preocupadas com a qualidade do que era veiculado foi decisivo para que o *Nerdologia* criasse uma demanda para esse tipo de conteúdo. E o que surgiu inicialmente veio como um quadro do programa e com o tempo passou a ter vida própria, com um canal no YouTube.

Nas mãos de Iamarino, o perfil da atração seria mais próximo de uma aula tradicional. O que os fundadores do *Jovem Nerd* mostraram era a necessidade de uma abordagem mais pop, com trilha sonora, apresentação do host e periodicidade semanal.

O divulgador científico, já naquele tempo, queria alcançar o público que não sabia que ciência pode ser muito interessante. Quando questionado acerca da vocação comercial do programa, o biólogo não teve dúvida em classificar o *Nerdologia* como um negócio, mas ressaltou que sua atuação como divulgador científico não é menor exatamente pelo alcance do trabalho.

---

* REDES sociais, o novo locus da ciência. *Jornal da Unicamp*, 26 jun. 2018. Disponível em: https://unicamp.br/unicamp/ju/noticias/2018/06/26/redes-sociais-o-novo-locus-da-ciencia/ Acesso em: 5 fev. 2025.

A comparação parece inevitável. Quando estourou o Zika vírus, Iamarino já havia publicado um *paper*, em parceria com outros autores, acerca de como se dava a circulação do vírus no continente africano. Publicado em 2014, hoje em dia o paper tem mais de 64 mil visualizações e conta com quase setecentas citações.* Quem é da área científica sabe que esse alcance é gigantesco. No entanto, esses números não fazem cócegas no vídeo sobre o mesmo tema disponível no YouTube: lançado em 2015, o vídeo conta com mais de 660 mil visualizações.**

À sua maneira, Iamarino fez com que a curiosidade se transformasse em um ativo capaz de instigar a fome de saber do público. Não é pouca coisa em um país que ainda sofre com a má qualidade do ensino.

---

* FAYE, Oumar *et al.* Molecular Evolution of Zika Virus during Its Emergence in the 20th Century. PLOS *Neglected Tropical Diseases*, Jan. 9, 2014. Disponível em: https://journals.plos.org/plosntds/article?id=10.1371/journal.pntd.0002636. Acesso em: 5 fev. 2025.

** Vírus Zika | Nerdologia. [*S. l.: s. n.*], 2016. 1 vídeo (7 min.). Publicado pelo canal Nerdologia. Disponível em: https://www.youtube.com/watch?v=pm3d00nEuuM. Acesso em: 5 fev. 2025.

GESTÃO

Sonho grande

Episódio 500
Jorge Paulo Lemann
"O Brasil precisa de melhor governança"

A edição de número 500 do *Podcast Rio Bravo* representou um marco não apenas pelo número redondo de entrevistas realizadas, mas principalmente pelo convidado: o empresário **Jorge Paulo Lemann**. Na verdade, a história por trás dessa entrevista mereceria um episódio específico, só de bastidores. À medida que se aproximava a marca, havia o entendimento (e o sentimento) de que era preciso fazer algo diferente, um nome, portanto, que não concedesse entrevistas com tanta frequência.

Ao mesmo tempo, é necessário contextualizar o momento: por causa das eleições, o ano de 2018 já estava marcado como um dos períodos mais tensos na história política do país, como deixamos claro no capítulo sobre o tema, de modo que, gostando ou não, o entrevistado em questão teria que se posicionar a respeito desse assunto.

Com a decisão de que Lemann seria o entrevistado, começaram as tratativas de agenda, e não precisou muito para que o local ficasse definido: na casa do empresário, numa sexta-feira, dia 6 de julho, às 18 horas. O que provavelmente o leitor não sabe (ou não se recorda) é o timing. Naquele mesmo dia, pelas quartas de final da Copa do Mundo disputada na Rússia, o Brasil enfrentaria a Bélgica.

À medida que o horário da partida se aproximava, a cidade ficava deserta. Na hora do jogo, São Paulo estava em outra rotação. O resultado da partida não foi favorável para a Seleção Brasileira; ainda assim, às 18 horas, começaríamos a entrevista.

Um dos empresários mais ricos do país e uma das personalidades mais admiradas do mundo dos negócios, Jorge Paulo Lemann fez uma espécie de retrospectiva de sua trajetória como empresário — e, com efeito, uma das perguntas permitiu esse olhar. A questão tinha a ver com o principal erro que Lemann havia cometido. "O principal erro [...] do Garantia é que era uma organização [que visava] muito o curto prazo e atraía gente boa de gerar resultado no curto prazo. Tinha o bônus semestral, [mas] bônus semestral é [para um] período muito curto. Você transformava as pessoas em sócios também. Isso já era uma coisa mais longa, mas basicamente a maior parte da turma do Garantia estava lá porque era um lugar em que dava para ganhar dinheiro e que ganhava dinheiro, então isso gerava uma visão muito [estreita] e não uma visão de querer construir uma entidade de longo prazo, perene."

Questionado acerca do quanto essa experiência fora decisiva para as iniciativas empresariais seguintes, Lemann comentou as dificuldades de mudar a cultura corporativa: "Quando nós decidimos vender o Garantia, nós mais ou menos sabíamos que ou ele tinha que mudar muito, ou não iria para a frente. Mudar muito era complicado, porque a cultura toda era curto-prazista, e nós, já naquela época, tínhamos as Lojas Americanas, Brahma etc., [que] iam bem, e tínhamos a oportunidade de construir mais coisas para o longo prazo. Aí a decisão foi: 'Bom, esse negócio daí é bom, mas não está funcionando muito bem no momento. Vamos saltar fora de uma maneira que ninguém tenha prejuízo.'"

O Lemann de 2018 ainda era admirado, sobretudo pelo modelo de gestão de suas empresas. Essa imagem de excelência era levada adiante como um epíteto que anunciava as realizações do empresário. De sua parte, é bem verdade que ele não refutava a exposição das virtudes de suas operações. Basta acompanhar a forma como apresentou o funcionamento do modelo 3G.

"O método do 3G é: um, atrair gente muito boa. Continua a mesma coisa. Atrairmos gente muito boa e transformá-los em sócios. É ter um foco claro. Quer dizer, nós tivemos uma experiência com *private equity* antes onde o foco não era tão grande, tínhamos vários investimentos; então a 3G só faz uma coisa de cada vez, só faz com gente que já conhece e, principalmente, com o próprio capital. Nós achamos que o *private equity* é um ramo interessante, mas a maioria das empresas parte para captar muito, porque querem ganhar dinheiro no *fee* e não necessariamente no resultado."

Às vésperas da eleição presidencial mais polarizada desde a redemocratização, Jorge Paulo Lemann também comentou a respeito de suas expectativas, muito embora não tenha levantado bandeira alguma a este ou aquele candidato ou candidata. A pergunta era: "O setor público teria algo a aprender com o mundo corporativo?" Para Lemann, "o setor público poderia ser muito mais eficiente do que é. Poderia ser menor, ter metas mais claras e menos mudança de gente. Você vê, tem várias áreas importantes do governo que mudam de ministro uma vez por ano, pelo menos, então acho difícil construir assim".

Naquele ano, além da chegada de Jair Bolsonaro ao poder, as eleições ficaram marcadas pela "bancada Lemann", conforme apelidou a reportagem do *Uol*. Entre os destaques, estavam Felipe Rigoni (PSB-ES) e Tabata Amaral (PDT-SP). Ainda em seu primeiro semestre como parlamentar, Amaral ficaria conhecida pelos embates com Ricardo Velez, na época ministro da Educação do governo Bolsonaro.

O tema educação, aliás, é parte da agenda de preocupações de Lemann, especificamente com a Fundação Estudar. Na entrevista, ele manifestou preocupação com o desempenho do Brasil nos índices internacionais. "Todos os índices internacionais indicam que estamos atrasados, mas estamos muito mais conscientes do problema do que estávamos há dez, 15 anos atrás. Tem mais gente falando de educação, da importância da educação e tem alguns progressos. Botaram todos os brasileiros na escola; a qualidade não é grande coisa, mas pelo menos estão na escola. Já é alguma coisa."

Ao analisar esse cenário, Lemann aproveitou para apresentar o que seria uma espécie de caminho das nações mais desenvolvidas. "Os países mais bem-sucedidos são aqueles que têm as pessoas mais competentes, e os países mais igualitários em termos de oportunidade também são aqueles que têm as pessoas mais educadas e preparadas, mas estamos longe ainda. Está melhorando."

O discurso do mérito é o tecido que amarra a narrativa de Lemann. Olhando em perspectiva, e sabendo hoje a respeito do caso Americanas, parece que a teoria é mais fácil do que a aplicação. Na percepção do empresário, ao menos em 2018, havia uma esperança de melhoria no país. "Acho que o brasileiro quer melhorar; isso é bom também. Está faltando é botar um pouquinho mais de ordem nas coisas, ter uma governança melhor, mais meritocracia, mais gente que queira trabalhar junto."

Mesmo numa entrevista que foi marcada pela não declaração de voto, Lemann se posicionou: "Não acredito nesse negócio de [...] esquerda [e] direita. Vamos resolver. Como é que resolve? O que tem que ser feito? E vamos fazer o prático. Provavelmente, isso é mais ou menos pelo meio, nem de esquerda nem de direita, então acho que é isso que está faltando."

Mais para o final da entrevista, Lemann reforçou sua convicção de qual deveria ser o caminho a ser seguido no país. "Tem vários países asiáticos mais pobres do que nós, mas que estão na nossa frente em termos de educação. Me preocupa, mas, bom, é onde as pessoas têm a mesma oportunidade, então, o país que não tem oportunidades e uma boa educação prejudica essa igualdade de oportunidade. Eu gostaria de um país com mais igualdade de oportunidade, gente mais preparada para o Brasil ser competitivo e, junto com isso, usar seus recursos naturais. O fato de que não temos inimigos, de que não estamos brigando com ninguém, de que tem uma cultura que, basicamente, quer progredir. As coisas que o Brasil deveria utilizar mais, mas precisa de educação."

Assim como Lemann, outro empresário que, à sua maneira, falou a respeito da importância da educação foi **José Galló**, na época presidente do Conselho de Administração das Lojas Renner. "Nós vivemos tempos de muita transformação, de muita mu-

> **Episódio 561**
> José Galló
> "Meu objetivo na Renner:
> Que as pessoas utilizassem
> todo o seu potencial"

dança. Se você observar a minha mesa, você vai ver alguns centímetros de trabalhos. Hoje nós temos acesso não só a livros — que são muito importantes —, mas a estudos feitos por consultorias. Então, é tudo muito rápido. A leitura continua muito importante, como sempre foi na minha vida. Não tenha dúvida: para definir uma estratégia, dar sua contribuição no Conselho, é preciso saber o que está acontecendo com aquela empresa, qual é o futuro, quais são as disrupções. Não é assistir Netflix. É ler e absorver conhecimento."

Enquanto foi o CEO das Lojas Renner, a trajetória de Galló se confundiu com a história e o desenvolvimento da companhia. Em entrevista ao podcast, o executivo falou sobre a própria sucessão, destacou a cultura corporativa da Renner e comentou sobre sua experiência na participação em conselhos de administração.

Sobre o fator sucessão, ele afirmou que nunca tratou o tema nesses termos. Antes, preferiu uma abordagem que já indicava quais seriam as escolhas para o futuro da Renner. "Comecei a trabalhar nessa transição aproximadamente cinco anos antes que ela acontecesse. Tive uma conversa com o Conselho de Administração e propus um plano de sucessão que começava um processo de avaliação de todos os diretores. Nesse período, eu nunca falei que era um plano de sucessão. Disse que era um plano de desenvolvimento de executivos. Sempre foi minha intenção, e a melhor solução seria, que nós encontrássemos um sucessor interno."

Ele revelou que, afora os cursos no exterior, a preparação para a liderança, o desenvolvimento de projetos fora das áreas de competência original, o mais importante era o programa de desenvolvimento individual de cada executivo. "Mensalmente eu acompanhava a evolução desses planos tendo uma reunião com cada diretor. Trimestralmente, eu levava essa evolução ao Comitê de Pessoas do Conselho de Administração e, semestralmente, ao Conselho de Administração propriamente dito", explicou.

A busca por um sucessor interno em meio ao crescente processo de profissionalização dos executivos pode ser surpreendente à primeira vista, mas está em linha com a visão de Galló acerca do dia seguinte da companhia. "Se, por algum motivo, não houvesse uma solução interna, nós teríamos a possibilidade de buscar no mercado, o que seria uma não boa solução. Diria para você que nunca aceitei essa possibilidade.

Vi poucas empresas brasileiras que pudessem contar uma história como essa, então fico feliz que tenha dado certo."

Ao longo de sua trajetória na Renner, Galló ficou conhecido por uma prática, que o próprio executivo classifica como "obsessiva", de acompanhar o dia a dia da empresa no *battlefield*. Ao falar sobre essa visão e sobre o impacto na cultura da companhia, comentou: "Na essência está a proximidade com o consumidor. Desde o início de minha faculdade, já no meu estágio, sempre trabalhei com o consumidor. Toda a minha carreira é voltada para o varejo. Não tenho dúvida nenhuma de que o maior valor de uma companhia é que ela defina sua proposta de valor. E é impossível conseguir isso se você não conhece o seu cliente, a sua essência. Não dá para aprender isso sentado num escritório."

Galló discorreu, ainda, a respeito do futuro da empresa, ressaltando o papel a ser desempenhado pela tecnologia. Em outubro de 2019, já era possível ouvir falar de *blockchain*, operação multicanal e inteligência artificial. Ainda assim, a discussão não se fazia tão presente como no pós-pandemia. O executivo ficava alarmado com o fato de que algumas companhias não mexiam com as mudanças que estavam às portas. "Fico espantado! Vejo grandes que não estão tão conscientes com a força dessa digitalização, muitas vezes subavaliando a necessidade de se fazer isso."

Assim como José Galló e como João Paulo Lemann, a preocupação com a educação — e com a visão de longo prazo — também ocupou parte da entrevista concedida por **Maria Silvia Bastos Marques** no primeiro semestre

> **Episódio 542**
> Maria Silvia Bastos Marques
> Pela igualdade de oportunidades
> na liderança executiva

de 2019. Na ocasião, a executiva estava à frente do conselho de administração do Goldman Sachs Brasil. E a entrevista, a princípio voltada para abordar essa trajetória profissional de tetos de vidro sendo quebrados (de quem já estivera na Companhia Siderúrgica Nacional, no BNDES, entre outras empresas), abordou um tema que aos poucos vinha se tornando mais presente no dia a dia das empresas: a igualdade de oportunidades.

No caso de Bastos Marques, essa temática assumia contornos mais efetivos na medida em que a executiva estava em vias de colocar em marcha um ambicioso plano cujo objetivo era proporcionar treinamento profissional e pessoal para mulheres, de qualquer idade e que estivessem cursando universidade, que potencialmente iriam querer trabalhar no mercado financeiro.

"Nós acreditamos que a igualdade de oportunidades é muito importante. Se nós tivermos dois candidatos com o mesmo currículo, com as mesmas *skills*, a mesma formação, damos preferência a algumas mulheres em alguns casos para que possamos ampliar a diversidade em alguns mercados que ainda são predominantemente masculinos, especialmente em alguns níveis mais altos."

Naquele momento, Marques apresentava uma iniciativa que logo se tornaria uma espécie de denominador comum nas empresas, sobretudo na abordagem ESG, como se verá mais adiante. A justificativa também seria compartilhada depois por outras lideranças que apresentariam propostas semelhantes. "O que nós vemos não só no mercado financeiro, mas nas indústrias em geral, é que na base nós temos muitas mulheres — e, em múltiplos casos, mais mulheres do que homens — e, à medida que se avança na hierarquia, a representatividade feminina e a diversidade em geral vão diminuindo muito."

E complementou: "É importante porque, hoje em dia, as organizações estão muito preocupadas com esse assunto no sentido em que entendem que a diversidade agrega valor às companhias. Portanto, discutem formas de diminuir a falta de diversidade no topo."

Tendo em vista a trajetória tão singular de Bastos Marques em um momento em que essas questões nem sequer eram colocadas à mesa, o que a executiva diria para si mesma quando jovem? "Eu gostaria de dizer para ela: se qualifique. O que consegui fazer na vida teve como base a minha formação — me formei em administração pública na Fundação Getulio Vargas; depois, fiz mestrado e doutorado em economia. Isso não só me deu uma formação muito sólida, mas me deu muita flexibilidade para aprender. Depois, não ter medo. Às vezes, as oportunidades aparecem e as pessoas não olham, não enxergam, ficam com medo de entrar nessas portas. Acreditar em si mesma: ousar, porque a vida não é uma coisa linear: viva a cada dia, enxergue as oportunidades que estão à sua frente, agarre-se a elas pois você é capaz."

Aproveitar as oportunidades pode ser a síntese da experiência de vida e depois de chairman **Laércio Cosentino**. Na entrevista, o executivo compartilhou sua trajetória, que se confundia com a história da TOTVS. Cosentino

> **Episódio 285**
> Laércio Cosentino
> A estratégia da TOTVS (e a trajetória do estagiário que virou CEO)

ingressou como estagiário, ainda na década de 1980, numa versão anterior da empresa que ajudaria a fundar anos depois. De estagiário, foi promovido a programador, e então, para analista. A ascensão de Cosentino coincidiu com o crescimento na companhia. Até que ele se tornou diretor.

O atual chairman se recorda de quando finalizava um ano na direção dessa empresa. Na ocasião, estavam aparecendo as primeiras versões de computadores pessoais, de modo que surgiu a ideia de criar uma empresa para desenvolvimento e distribuição de software para computadores pessoais. E foi assim que surgiu, então, a MicroSiga, a antecessora de TOTVS.

Nessa altura, Cosentino já era sócio da companhia. Como a Micro-Siga era uma marca forte no desenvolvimento de software e aplicativos de gestão, em 2004, houve um projeto para consolidar o mercado brasileiro. Eram quatro empresas: a MicroSiga era a primeira; a segunda, a Datasul; a terceira, a RM; e a quarta, a LogoCenter. Houve, então, o entendimento de que era necessário ter uma grande empresa brasileira no desenvolvimento de software.

Com o objetivo, então, de criar algo que unisse as pessoas, o nome apareceu de maneira improvável: com a morte do papa João Paulo II, saiu, na revista *VEJA*, o *Totvs tu*, que significa *todo o meu legado pertence a todos*. O papa estava deixando o legado para toda a sociedade. E na concepção de Cosentino TOTVS era exatamente o que nós queríamos representar na aquisição daquelas empresas.

Se é verdade que nome é destino, a marca TOTVS estava alinhada com a ambição da empresa: de acordo com o executivo, fazer com que a empresa tivesse um faturamento de R$ 1 bilhão em 2010. Para isso, o executivo revela que houve um planejamento: quais empresas devemos adquirir, qual a sequência das aquisições, como buscar o *funding* para essa empreitada.

Em tempo: a TOTVS atingiu o faturamento esperado um ano antes, em 2009.

O movimento de digitalização proposto pela empresa, algo que se tornaria uma agenda inescapável para as corporações no fim da segunda década do século XXI, foi apresentado de forma elaborada por Cosentino. Conforme contou o executivo, um software digitaliza uma operação, um processo, algo que se faz repetidamente em uma companhia. Quando se é capaz de fazer com que o software de gestão entenda o que cada empresa tem de realizar, diminui o tempo do processo, de maneira que há mais controle e gestão, aprimorando os indicadores e fazemos com que os clientes gastem mais tempo no que faz mais sentido para a razão de ser de cada uma das empresas.

Em que pese o êxito e as histórias de sucesso envolvendo o Vale do Silício, existem casos de inovação que acontecem mesmo em território nacional. Nesse sentido, a trajetória do Laboratório Cristália é um caso exemplar. Basta observar o modo como a organização se define: "Complexo industrial farmacêutico, farmoquímico, biotecnológico, de pesquisa e inovação 100% brasileiro."

Episódio 528
Ogari Pacheco
"Os produtos mais difíceis
de fabricar me protegem"

A história de **Ogari Pacheco**, por exemplo, se notabiliza pela franqueza. É o próprio cofundador do Laboratório Cristália que explica a singular ocorrência da formação da empresa: "Não é incomum que as pessoas pensem que houve um planejamento especial. Mas, na realidade, eu sou médico e fui para o interior clinicar. Foi para isso que me preparei a vida inteira." Pacheco explicou, então, que circunstancialmente um grupo de colegas decidiu montar um hospital — e o convidou para a empreitada. "Achei até curioso porque eu estava há dois anos na cidade e não tinha consciência de que eu pudesse ter qualquer habilidade administrativa. Me convidaram porque acharam que eu tinha jeito."

É preciso dizer que o hospital em questão era especializado em psiquiatria, que não era a especialidade de Pacheco. Convocado pela capacidade gerencial, o médico afirmou que teve a ideia de reduzir o custo operacional produzindo medicamentos. "Era uma coisa inusitada, que não estava inicialmente nos propósitos ou nos planos — e inclusive houve bastante resistência dos demais." O médico estava convicto do sucesso da iniciativa porque acreditava que, ao produzir os medicamentos orais, era possível baixar o custo operacional. "Diante da incredulidade dos outros sócios, eles permitiram montar esse laboratório desde que fosse nos alicerces de um pavilhão hospitalar. Se não desse certo, viraria um pavilhão."

Acontece que a iniciativa deu certo.

E o laboratório, que era o *spin-off* do hospital, se tornou "o filho pródigo", nas palavras de Pacheco, que complementou: "Em função da política de saúde do país, ao longo do tempo, o hospital foi sendo negligenciado e acabou virando reboque do laboratório." Assim, o laboratório acabou por sustentar o hospital por certo tempo — até por conta da sua relevância na cidade, gerando empregos — e se tornou, depois, muito mais importante.

Ao detalhar a atuação do Laboratório Cristália, Pacheco destacou as escolhas que moldaram a reputação da empresa. "Quando o laboratório foi criado, nós entendemos que tínhamos de poupar o suficiente para não depender de empréstimos, nem de banco, ou nada disso. Isso funciona até hoje. Eu convenci os cotistas, os acionistas a distribuírem apenas 10% do lucro do laboratório. Não sem uma chiadeira inicial. Com isso, nós chegamos à situação de hoje, quando temos dívida zero em banco, investimento zero de terceiros. Ou seja, tudo de capital próprio."

A abordagem contra a corrente não fica circunscrita ao campo da gestão financeira. Graças a essa estrutura, o laboratório fica à vontade para ir na contramão dos pares nacionais. "O caminho comum é fazer cópias, partir para os genéricos. Mais fácil de fazer, mas só que, em pouco tempo, tem um monte de gente fazendo a mesma coisa. Evidentemente com o preço de venda muito baixo e com uma margem muito irrisória. Nós buscamos identificar o que era mais difícil de fazer, o que era mais problemático. Ao solucionar o que era difícil, nós passamos a ter solução para uma série de coisas com pouca competição."

Episódio 100
Abilio Diniz
Os avanços do Pão de Açúcar

A competição estava no DNA desafiador de **Abilio Diniz**, convidado do episódio número 100 do *Podcast Rio Bravo*. A entrevista tinha como gancho não apenas o marco da efeméride, mas também uma notícia: o Grupo Pão de Açúcar acabara de anunciar a compra da Globex, dona da cadeia de eletrônicos do Ponto Frio. Assim, logo na abertura do podcast, o então presidente do Conselho de Administração do Pão de Açúcar explicou a movimentação da empresa: a compra da Globex foi considerada estratégica pelo conselho do Pão de Açúcar. Cinco anos antes da transação, houve a definição do planejamento estratégico. E ali ficou definido que o grupo teria de crescer e ser muito forte em não alimentos. Na ocasião da entrevista, prosseguiu Diniz, os hipermercados representavam cerca de 50% de das vendas. E o hipermercado só se sustenta caso se ajuste a um formato realmente adequado, se for muito eficiente em não alimentos. Os alimentos podem ser adquiridos em qualquer lugar. O executivo, então, observou que para encontrar grande variedade de artigos, mercadorias, itens pesados, informática, com sortimento e bom preço apenas nos hipermercados. E a tese central era de que os hipermercados tinham de ser um canal de distribuição muito forte.

Ainda de acordo com Diniz, para os eletroeletrônicos, era preciso escala. O empresário reconhecia que faltava eficiência na linha de áudio e vídeo, assim como no quesito linha branca. E assim o Ponto Frio se encaixou na parte de eletrônicos e móveis no ano de 2009.* Dez anos depois, em 2019, o Grupo Pão de Açúcar vendeu todas as ações que detinha na Via Varejo, dona das Casas Bahia e do Ponto Frio, em leilão da B3.**

---

* PÃO de Açúcar compra Ponto Frio por R$ 824,5 milhões. *O Globo*, 8 jun. 2009. Disponível em: https://oglobo.globo.com/economia/pao-de-acucar-compra-ponto-frio-por-8245-milhoes-3195293. Acesso em: 2 mar. 2025.

** PÃO de Açúcar vende todas as suas ações na Via Varejo por R$ 2,3 bilhões. *G1*, 14 jun. 2019. Disponível em: https://g1.globo.com/economia/noticia/2019/06/14/pao-de-acucar-vende-todas-as-suas-acoes-na-via-varejo-por-r-23-bilhoes.ghtml. Acesso em: 2 mar. 2025.

Diniz vislumbrava a gestão eficiente da Globex. Esse assunto era bastante caro ao empresário, especialmente porque sua experiência no Grupo Pão de Açúcar remontava aos momentos de decisão, quando, nos anos 1990, foi convocado para salvar a companhia. Então começou a comentar sua trajetória. Diniz tomou as rédeas da empresa no anos 1990, quando centralizou o comando da operação.

Uma década depois, já nos anos 2000, o empresário escolheu a profissionalização. A opção por uma diretoria realmente profissional, sem nenhum Diniz como executivo. Diniz continuaria sentado na mesma sala onde se senta a diretoria executiva, onde fica o *management*. Mas procurava atuar mais como um conselheiro, quando precisam dele, assim como nas chamadas decisões estratégicas.

Diniz tinha consciência das dificuldades implícitas numa empresa que, por muitos anos, foi liderada pela mesma pessoa. Na entrevista, ele admitiu que a transição para uma diretoria profissional não foi fácil. Por cinco anos, o grupo ficou andando de lado, de 2003 a 2007. Felizmente, no final de 2007, a diretoria executiva foi reestruturada e o crescimento dessa companhia, do início de 2008 até o momento em que a entrevista foi concedida vinha sendo exitosa.

O empresário se regozijava daquele momento. Muitos anos depois dessa entrevista, não é possível saber se ele se arrependeu do sentimento. Ainda assim, com base em uma passagem seguinte, é possível especular como seriam os anos mais turbulentos de sua relação com a equipe de gestão. Entre 2003 e 2007, o executivo conta que deixou que o *management* fizesse o que quisesse e aprendesse com os seus erros. No início desta nova gestão, no entanto, ele declarou que não faria mais isso. Se houvesse alguma coisa que estivesse acontecendo e ele não estivesse de acordo, o *management* teria de convencê-lo. Caso não conseguisse, ele levaria a questão para o conselho. Se nem Diniz ou o conselho fossem convencidos, não iriam fazer. Com essas diretrizes, Diniz afirmou então que o ambiente era outro. Era possível, ao menos naquela ocasião, administrar na base do consenso. Até aquele momento, de acordo com o empresário, não havia ocorrido qualquer mudança no processo de tomada de decisão — mesmo depois da chegada dos franceses ao Grupo Pão de Açúcar.

Quando perguntado se imaginava que a companhia teria o êxito que alcançou logo que assumiu, nos anos 1990, Diniz respondeu que sempre olha para a frente. Sua visão impactou milhões em diversas áreas — do varejo à negociação, com seus erros e seus acertos, sempre com a disposição de querer fazer mais. O raciocínio a seguir é uma síntese dessa imaginação: Para o executivo, as pessoas não têm de ficar esperando crescer o bolo para comer. Assim como não dá para dizer que, uma vez que prepararam o bolo, é hora de comer e não fazer mais nada. A sabedoria está em você fazer as coisas, tanto quanto possível, ao mesmo tempo. É trabalhar, continuar fazer a empresa crescer, continuar com preocupações, continuar com a sua vida, se você gosta dela, mas usufruir ao mesmo tempo. A sabedoria é não deixar para depois. É preciso que isso seja compatível com o trabalho que nós fazemos."

Numa época, no século XXI, em que tanto se fala em trabalho *versus* vida pessoal, Diniz tinha uma solução para o que parece ser um dilema de várias gerações. O executivo disse que sempre defendeu, mesmo perante executivos da companhia, que não queria sacrifícios. Antes, ele preferia comprometimento e garra. Sacrifício, não. Ele queria que as pessoas aproveitassem suas férias, que se divertissem, que cuidassem de suas famílias, que buscassem, enfim, a felicidade.

Abilio Diniz morreu em 18 de fevereiro de 2024.

Outras histórias

Episódio 112	Assim como Abilio Diniz, a história de **Pedro Herz** se confunde com uma empresa que foi uma referência não apenas para os negócios, mas também para a cultura brasileira. Durante muitos
Pedro Herz	
O futuro da Livraria Cultura	

anos, a Livraria Cultura, principalmente a loja do Conjunto Nacional, na avenida Paulista, em São Paulo, foi um ponto de encontro, uma parada obrigatória para os turistas e um espaço de afeto pelos livros.

Quando deu entrevista ao podcast, Herz falou sobre a expansão da rede de livrarias — numa época que assistia ao desempenho acelerado da empresa. Ele comentou, ainda, dos planos de sucessão familiar e de como os pais são responsáveis para criar filhos leitores.

A história da Livraria Cultura remonta aos anos 1940, quando Eva Herz, mãe de Pedro, começou a emprestar e alugar livros na própria casa. Pedro Herz assumiu a frente da empresa em 1969, mas foi nos anos 2000 que novas lojas foram abrindo país adentro. Na ocasião da gravação do podcast, eram nove. A experiência de crescimento se estruturava numa metáfora apresentada por Pedro Herz da seguinte forma: a empresa aprendeu com os erros cometidos no passado e, a partir daquele momento, optou por crescer na vertical. Ou seja, fazer uma sólida espinha dorsal e pendurar coisas nelas sem arrumar uma hérnia de disco.

Questionado sobre o que significava "espinha dorsal", Herz explicou: toda a parte de tecnologia da informação, toda a parte lógica, toda a parte de serviço. A partir daí, foi possível crescer. Isso aconteceu nos anos 2000, quando houve abertura de uma filial no Shopping Villa-Lobos. Foi a primeira vez que uma livraria se estabeleceu como âncora de shopping.

Nessa fase, o atendimento da Livraria Cultura se estabelecia como uma espécie de padrão-ouro de excelência. Os vendedores não apenas indicavam livros, mas conversavam com os clientes, ilustres e anônimos, a respeito das novidades e dos clássicos. A depender do pedido, o sistema da livraria chegava a garantir a entrega no mesmo dia do pedido, algo muito sofisticado para os anos 2000 no Brasil. A Cultura, como passou a ser conhecida, também se notabilizou pelos lançamentos: de Drauzio Varella a José Saramago. Os escritores, célebres e cults, entendiam a Livraria como um espaço para os acontecimentos literários.

Tamanho sucesso junto aos autores fez da Livraria Cultura um "destino", nas palavras de Herz. Ao podcast, o presidente afirmou, ainda, que somente nessa condição a livraria seguiria o seu modelo de expansão.

Aqueles, no entanto, eram anos em que, de um lado, a economia brasileira estava indo muito bem e, de outro, a crise do mercado editorial ainda não tinha nome e endereço na internet. Com a chegada da Amazon ao país, o destino das livrarias começou a ficar incerto, em um ambiente totalmente diferente daquele em que Herz concedia a entrevista.

Embora lidasse com livros, ele destacava que, do ponto de vista da gestão, as regras não eram diferentes de outros negócios. Para Herz, as regras de gerenciamento se aplicavam independentemente do produto, fossem hortaliças, fossem livros. As regras gerenciais não diferem muito.

Uma das últimas perguntas do podcast versava sobre a possibilidade de a Livraria Cultura se tornar uma empresa de capital aberto — e, se positivo, quais seriam as implicações para uma marca tão bem-sucedida sob o comando da família Herz.

Pedro Herz admitiu que a empresa familiar tinha um limite. No caso específico da Livraria Cultura, está determinado que cessaria na terceira geração, com filhos do livreiro. O que estava acordado é que, dali em diante, obrigatoriamente a empresa se tornaria uma companhia com administração profissional. Se seria de capital aberto ou não, para Herz, era puro detalhe. O importante é que a administração fosse profissional.

Pedro Herz morreu em 19 de março de 2024, enquanto este livro era escrito. Enfrentando forte crise desde 2015, a unidade da Livraria Cultura no Conjunto Nacional, a última que restava funcionando, fechou suas portas por ordem judicial algumas semanas depois.

* * *

Episódio 243
José Efromovich
Avianca: Crescendo enquanto
as grandes encolhem

Muitos anos antes de ter a falência de sua empresa decretada, **José Efromovich**, o presidente da Avianca Brasil, concedeu uma entrevista ao *Podcast Rio Bravo* na qual falava, entre outros assuntos, a respeito da indústria. Na ocasião, a empresa era a quarta companhia aérea do Brasil, com cerca de 7% do mercado. Enquanto os maiores concorrentes reduziam a oferta de assentos, lutando contra as adversidades de um mercado que ameaçava um pouso forçado, a Avianca aumentou a oferta e conseguiu a melhor taxa de mercado do setor.

Mas nem tudo eram boas notícias. E a entrevista começaria com uma provocação: o caminho mais seguro para se tornar um milionário é começar com 1 bilhão e investir em papéis de empresas aéreas. Efromovich rapidamente interveio, dizendo que não era piada, era a pura verdade. Em seguida, traçou um panorama do mercado da aviação civil no país — é evidente expondo as principais dificuldades do segmento.

Conforme revelou o entrevistado, quase 42% dos custos eram oriundos de um item, que é o quesito combustível, que vem atrelado ao dólar e ao preço internacional do petróleo. Mais 20% direta ou indiretamente ligado ao dólar, fatia que corresponderia aos custos do leasing das aeronaves e de manutenção.

A história da Avianca começa no final dos anos 1990 com outro nome: Ocean Air. Na época, a empresa prestava serviços de táxi aéreo para o setor de petróleo, na bacia de Campos, no Rio de Janeiro. Aos poucos, a companhia foi adquirindo outras aeronaves e, em 2002, já fazia voos regulares para Campos e Macaé saindo do Rio de Janeiro.

Em 2005, a empresa operava em Curitiba, Porto Alegre, São José dos Campos, entre outras cidades. Em agosto do mesmo ano, assumiu as operações comerciais da Avianca em São Paulo. Em 2010, quando já voava para praças como Los Angeles (EUA) e Lima (Peru), passou a usar a marca Avianca no Brasil.

Efromovich explicou essa rápida ascensão da companhia. Segundo o executivo, a empresa começou a se estabelecer no mercado nacional quando, em 2008, houve uma grande reestruturação. Até então, eram 35 aeronaves voando de seis modelos diferentes. Portanto, com seis tipos de tripulação, seis tipos de estoques de peças para manutenção, mecânicos para seis aeronaves diferentes. Com essa matemática, disse, o prejuízo era grande.

O executivo contou que, em 2008, a Avianca Brasil simplificou sua estrutura. A empresa se adequou para 14 aviões Fokker MK-28 e assim fez a lição de casa: padronizar processos, treinamento, qualificação de pessoal, além de redefinir o produto para o mercado nacional. Para o presidente da companhia, era preciso trazer uma novidade para um mercado tão concentrado. Na época, a Avianca oferecia o produto com maior espaço dentro das aeronaves — sendo, então, a única empresa que tem o selo A da Anac, que representa o maior espaçamento entre os assentos. No quesito conforto, a empresa contava com aparelhos de televisão nas nossas aeronaves; e todas as fileiras com duas tomadas individuais. Além disso, mesmo na ponte aérea, a companhia oferecia refeição quente.

De acordo com Efromovich, essas vantagens ajudavam a fidelizar o cliente. Essa era a maior arma da empresa em termos de propaganda, segundo o executivo, o boca a boca. Com o investimento na qualidade do produto, a expectativa era que o passageiro se encarregasse de retransmitir nosso as vantagens da Avianca para os amigos e familiares.

Quando questionado a respeito da prática, ainda em período de implementação naquele contexto, de cobrar por assento diferenciado, Efromovich rechaçou a ideia, assim como negou a possibilidade de redução de custos diminuindo a qualidade do produto. Segundo o executivo, o sucesso que a Avianca tinha alcançado no mercado estava vinculado com a diferença do produto ofertado. A compensação aconteceria com a taxa de ocupação. Segundo essa lógica, com mais passageiros, a receita da companhia aumentaria.

Ele também manifestou preocupação com o destino dos *slots* em Congonhas numa época em que a discussão sobre a concessão dos aeroportos ainda engatinhava. O executivo tinha expectativa de que as conversas tivessem como objetivo melhorar o serviço para o passageiro.

O presidente da Avianca Brasil comentou, ainda, a quase compra da TAP, a companhia aérea portuguesa. De acordo com ele, o grupo Sinergy, do qual a Avianca Brasil fazia parte, foi o único a apresentar uma proposta a ser considerada viável pelo governo português. Mas a negociação não decolou. O motivo? Simples: o governo havia analisado a proposta e julgou que não seria a mais conveniente para Portugal.

Para Efromovich, a possibilidade de aquisição da TAP foi uma boa oportunidade. Naquela ocasião, disse o executivo, fazia sentido analisar a entrada no mercado europeu através da TAP pela própria estrutura que ela já tinha entre Europa e Brasil. Quando da realização da entrevista, ele já não tinha mais tanta certeza.

O pouso da Avianca Brasil foi forçado. Depois de arcar com inúmeras dificuldades, a empresa pediu falência à Justiça de São Paulo, amargando dívidas que chegavam a R$ 500 milhões.*

* * *

Na segunda metade dos anos 2000, os sonhos de grandeza do país, que alguém poderia certamente qualificar como húbris, a menina dos olhos, era o pré-sal. Na abertura do *Podcast Rio Bravo* com o diretor-presidente da OSX, **Luis Eduardo Carneiro**, as palavras exalavam essa ansiedade pela exuberância: "A corrida do ouro no Brasil no século XXI é o pré-sal."

Episódio 181
Luis Eduardo Carneiro
OSX constrói o maior estaleiro
das Américas

A OSX era o grande estaleiro que estava sendo construído pelo grupo EBX, do empresário Eike Batista, no norte do estado do Rio de Janeiro. Listada no Ibovespa em março de 2010, o objetivo da empresa era ser uma das principais fornecedoras da OGX, a empresa de petróleo do grupo EBX.

Carneiro citou a exigência de conteúdo nacional como elemento-chave para a criação de estaleiros no país. "Com a entrada do pré-sal, o Brasil será, provavelmente, o país de maior reserva *offshore* do mundo. Com isso, a condição é muito favorável para a implantação de nosso estaleiro no país."

Segundo ele, a prioridade da OSX era atender a demanda da OGX. "Uma vez suprida essa demanda, temos condições de atender outras solicitações

---

* OLIVEIRA, Regiane. Falência da Avianca no Brasil expõe limites da ambição dos irmãos Efromovich. EL PAÍS *Brasil*, 15 jul. 2020. Disponível em: https://brasil.elpais.com/economia/2020-07-15/falencia-da-avianca-no-brasil-expoe-limites-da-ambicao-dos-irmaos-e-fromovich.html. Acesso em: 2 maio 2024.

do mercado. O estaleiro tem dimensões asiáticas, com grande capacidade de produção, e nós vamos conseguir acomodar várias outras encomendas, que não apenas da OGX."

A expectativa com a perspectiva de produção de petróleo também atingia outros segmentos, como a volta da indústria naval: "o Brasil sempre foi um dos líderes mundiais em construção naval, mas não houve um crescimento nessa área. Mas o potencial de crescimento é muito maior daqui em diante, e alguns novos estaleiros estão pensando em se instalar, criando muitas oportunidades de emprego". Também impactou a transferência de tecnologia para a engenharia brasileira, para "aprender o *know-how*, como os materiais circulam internamente, a linha de montagem, o nível de qualidade".

Caneiro citou, ainda, as vantagens da mudança do site do porto de Açu, no Rio de Janeiro, em vez de Santa Catarina, como estava previsto. "Nós vamos estar localizados bem em frente [ao lugar] onde os equipamentos serão utilizados — na bacia de Campos, onde serão construídas as primeiras unidades. Nós temos a questão da sinergia, com a siderúrgica que será construída no Açu. Temos o fornecedor ali ao lado, que poderá customizar nossas demandas. Ou seja, além de estarmos bem localizados, vamos ter ganhos de eficiência e redução de custos na operação e na construção do estaleiro."

Assim como as demais companhias do conglomerado EBX, a OSX naufragou numa espiral de fracassos narrada em livro e depois em filme. Em poucos anos, o Império X colapsou e, anos depois, seu criador chegou a ser preso, no auge da Operação Lava Jato. Luiz Eduardo Carneiro, embora otimista, não chegou a ver a corrida pelo ouro no Brasil do século XXI.

* * *

Succession, série produzida pela HBO, arrebatou audiência pelo mundo todo ao contar o drama da família de Logan Roy, magnata da comunicação e do entretenimento dos Estados Unidos, às voltas com o processo sucessório para o comando do conglomerado familiar. A primeira cena da série, inclusive, mostra o filho, então escolhido como delfim, a caminho da empresa para o grande dia: aquele em que ele assumiria o poder.

No entanto, tudo dá errado e, ao longo de quatro temporadas, os quatro herdeiros disputam para saber quem ficará no comando. Embora o drama televisivo focalize o mundo da comunicação e dos super-ricos, não é exagero

Episódio 200
Sonia Hess
A estratégia da Dudalina
para o varejo

estabelecer paralelos com o cotidiano das empresas. Antes mesmo de *Succession* ir ao ar, uma empresa no Brasil viveu essa experiência, e sua trajetória foi apresentada no episódio 200 do *Podcast Rio Bravo*, quando **Sonia Hess**, herdeira e então presidente da Dudalina, foi a entrevistada.

Nascida na cidade de Luiz Alves, no interior de Santa Catarina, Dudalina foi fundada por Adelina Clara Hess de Souza, mãe de Sonia. Na época do podcast, a empresa tinha cerca de 1.700 funcionários em cinco fábricas, sendo quatro em Santa Catarina e uma no Paraná.

Sonia Hess é a sexta filha numa família de 16 irmãos. Na entrevista, contou como a força da mãe foi decisiva para colocar a empresa de pé, numa jornada empreendedora que não perde em nada para as maiores narrativas corporativas de que se tem notícia hoje em dia. "Eu falo que minha mãe era a razão e meu pai, a emoção. Minha mãe sempre foi muito trabalhadora, responsável. Quando conheceu meu pai, os dois combinaram que teriam vinte filhos! Graças a Deus, eles tiveram 16. Mas eu sempre a vi trabalhando até o dia de ter o filho e, depois, continuava sendo a empreendedora que era ela."

Na época da infância de Sonia, os pais tinham uma venda de secos e molhados, dessas que comercializavam desde alimentos até utensílios de casa e roupas. Numa ocasião em que seu pai, Duda, veio para São Paulo comprar tecido, ele recebeu uma porção a mais graças a seu estilo "bonachão", conforme relata a filha. Quando Adelina recebeu o tecido, não teve dúvida. "Decidiu desmanchar a camisa que tinha, fazer um molde, como nos cursos de corte e costura, contratou duas costureiras que ficavam num dos quartos dos filhos durante o dia fazendo as camisas." As camisas foram para a venda e o resultado foi bastante positivo. Com isso, ela passou a investir: com máquinas de costura, uma nova casa para a produção das camisas e um gerador para evitar que a queda de energia interrompesse a produção.

Numa época em que não havia qualquer sorte de incentivos para que as mulheres pudessem acumular a posição de mães e empreendedoras, Adelina Hess estabeleceu um padrão muito alto. "Ela estava o tempo todo sendo mãe e empresária num momento em que as dificuldades eram tremendas. Mas ela não via dificuldades. Ela estava sempre à procura do sim. Sempre passando pros filhos a ideia de que trabalhar é digno e o princípio da responsabilidade. Hoje ela seria uma mulher atual; imagine 55 anos atrás."

Sonia Hess revelou que a partida da mãe, em 2008, deixou um vazio. "Todas as terças-feiras ela almoçava comigo e ela me alimentava das coisas que ela via na empresa, como ela via o futuro. Hoje, a minha maior missão é perenizar essa história de amor, de uma mulher que deixa o legado para 16 filhos, mas deixa também um legado para o mundo, para o Brasil e para as mulheres, destacando que se pode, sim, criar uma família e criar uma empresa, deixando um grande exemplo."

Hess comentou, também, o desafio de liderar uma empresa familiar. Para tanto, descreveu os níveis dessa estrutura. "Temos uma holding, temos o conselho da família, temos um conselho de administração superatuante, que me ajuda muito na gestão da empresa, e temos um conselho fiscal." Todo esse aparato lhe permitia a possibilidade de administrar a empresa como se fosse uma executiva contratada. "Tenho compromisso com os acionistas, com as pessoas, com as comunidades e com o meu país. Vejo a empresa de forma muito responsável porque tenho que dar resultado — fui contratada para isso. A família está na holding; a empresa tem de ser perenizada. Qualquer empresa tem que pensar assim. As vontades da família não podem ser maiores do que as da própria empresa."

Questionada acerca da internacionalizar a marca, Hess reagiu: "Por que não avançar? As marcas brasileiras têm de ir para fora." A executiva destacou a importância de seguir com cuidado em diferentes partes do mundo, na Europa, via Itália, e nos Estados Unidos, começando por Miami. "Com muito respeito. Acredito que podemos avançar muito. Nosso produto é muito desejado pela mulher."

Hess ressaltou as características de alguns de seus produtos. "Cada coleção de Dudalina feminina tem mais de 360 camisas diferentes. São mais de 1.500 camisas diferentes por ano. Nós fabricamos tudo. Nossos tecidos são exclusivos, com algodão egípcio, *easy iron*, que é fácil de passar."

Como toda empresária, Sonia não deixou de reclamar do governo: "O Custo Brasil é algo totalmente fora de controle. Quarenta por cento do nosso produto são impostos. E agora que a presidente fez o pacote Brasil Maior, vai tornar mais caro para o setor têxtil. Fico chocada porque ninguém perguntou quando deveria ser." Ela se referia à medida que havia sido anunciada pelo governo Dilma Rousseff, preparando novos incentivos fiscais para os setores têxtil, comunicação, indústria e tecnologia da informação. Para Hess, embora fosse positivo para a área de TI, para o setor têxtil a proposta pioraria o cenário. "Desonera a folha em 20% e carrega 1,5% no faturamento. Para o setor têxtil, vai ficar mais caro, embora para o TI seja importante."

A partir de 2013, Sonia Hess não precisou mais se incomodar com as decisões do governo federal para o setor têxtil. Naquele ano, a Dudalina trocaria de mãos. A empresa foi vendida para os fundos norte-americanos Warburg Pincus e Advent International por 650 milhões de reais, uma das maiores negociações no país até então, o que assegurou o futuro financeiro dos herdeiros — sem outros dramas de sucessão.

* * *

Durante muitos anos, quem andava pela avenida Paulista iria notar, mais cedo ou mais tarde, o anúncio de imóveis para locação. Nada de novo sob o sol, posto que a região é uma das mais cobiçadas no mercado imobiliário.

Episódio 559
Valentina Caran
"Não existe mercado parado; existem pessoas paradas"

O que chamava a atenção, no entanto, tinha a ver com o destaque do anúncio. O vermelho que gritava e o nome **Valentina Caran**.

Uma das principais corretoras de imóveis do país, com mais de três décadas de experiência, Caran falou ao *Podcast Rio Bravo* no segundo semestre de 2019, quando disse que o mercado se recuperava de um momento ruim. No entanto, como se ouve no episódio, a entrevistada acreditava que não existe mercado parado; existem pessoas paradas.

Na entrevista, relatou o começo de sua trajetória profissional. Valentina Caran trabalhou na lavoura desde os 9 anos. Aos 21, foi para São Paulo com o sonho de atuar na TV. A empresária contou que até fez figuração no SBT, mas logo viu que o retorno financeiro estava aquém do esperado. Decidiu mudar. Durante três anos, ela ficou vendendo livros até que um corretor de imóveis a convidou para mudar de área. É possível que esse corretor tenha pensado: se ela vende livros, então, é capaz de vender qualquer coisa. Caran não tinha experiência, não tinha carro, tampouco tinha Creci. Ainda assim, foi fazer o teste e passou.

Na primeira imobiliária onde trabalhou, passou três anos. Da Avenida Paulista para a Rua Estados Unidos, nos Jardins. Foi quando decidiu empreender. Ela queria voltar para a Paulista. Empreendeu: alugou uma sala e lá começou a trabalhar na empresa que, na época da entrevista, tinha 36 anos de vida.

Caran revelou que seu objetivo, quando se mudou para São Paulo, era alugar uma quitinete, comprar um carro usado e trabalhar. Ela não sabia que tinha essa força da natureza.

Contou também que passou por todos os planos econômicos e aproveitou para ressaltar como o mercado havia ficado debilitado nos anos anteriores — muito por conta da crise econômica que se abateu no país a partir de 2015. Ainda assim, ela ressaltou: fez uma carteira muito grande de clientes e de imóveis. E a partir de um momento soube o que todos intuíam: seu nome vende.

Isso não quer dizer que Caran não tenha enfrentado momentos difíceis. Mas, na hora da crise, a empresária tinha uma visão que se conectava a essa trajetória pessoal. Era colocar as placas na rua, fazer a articulação e ir atrás dos clientes — sem esperar, portanto, o telefone tocar.

Para Caran, sempre tem alguém querendo comprar, assim como sempre tem alguém querendo vender. E o papel do corretor é precisamente fazer essa mediação: unir a vontade do comprador com a expectativa do vendedor. Assim como outros setores, o mercado imobiliário foi impactado pela tecnologia. Caran não resiste às mudanças dos novos tempos — aplicativos de mensagens e uso pesado da internet —, mas tampouco abre mão de caderno e telefone em mãos ou de visitar os clientes.

Embora seja conhecida pela alta capacidade de fechar negócios, ela explicou que não é possível oferecer ao público um produto que ele não quer adquirir. Mesmo ela diz que é possível convencer um cliente a comprar se o negócio não for interessante — especialmente em um mercado competitivo como o corporativo.

Caran esboçou uma explicação acerca do que faz com que determinada região da cidade, aparentemente de uma hora para outra, se torne mais atrativa. Se uma empresa grande aloca um prédio inteiro numa região, os parceiros e fornecedores também vão para lá. Como exemplo, citou a região da Barra Funda, que cresceu muito e que teve bastante procura.

Mãe de seis filhas, na ocasião da entrevista, Caran foi reticente ao falar da sucessão da empresa. Uma das filhas, no entanto, disse algo que talvez represente a síntese de uma nova geração: que não gostaria de ter uma vida como a mãe teve, trabalhando o tempo todo. Em 2019, Caran não sabia dizer o que as filhas iriam fazer se algo lhe acontecesse.

Já em 2025, em entrevista ao *Metro Quadrado*,* disse que não pretendia se aposentar. E as filhas tinham intenção em dar continuidade ao negócio.

Enquanto este livro estava sendo escrito, o anúncio com o nome Valentina Caran seguia em destaque na avenida Paulista.

* * *

O desejo de empreender também é parte elementar da história de uma das principais marcas brasileiras, a Arezzo. A empresa nasceu em Belo Horizonte, fruto das mãos e do trabalho de Anderson Birman e Jefferson Birman. Mais tarde, Ander-

Episódio 215
Anderson Birman
Arezzo: Apostando no desejo
feminino (até 2154)

son comprou a parte de Jefferson e, alguns anos, muitas lojas abertas e muitos calçados vendidos depois, decidiu abrir o capital da empresa. Em entrevista ao *Podcast Rio Bravo*, **Anderson Birman** compartilhou a história da Arezzo e as motivações por detrás das decisões gerenciais da companhia.

---

* ROCHA, André Ítalo. As sucessoras de Valentina Caran, a Rainha da Paulista. *Metro Quadrado*, 21 fev. 2025. Disponível em: https://metroquadrado.com/cidades/as-sucessoras-de-valentina-caran-a-rainha-da-paulista/. Acesso em: 2 mar. 2025.

Ele contou que procurava um negócio e, na época, seu irmão conheceu um fabricante de sapatos que gostou do calçado que meu irmão usava. Por querer reproduzir o sapato, o fabricante ficou três meses com o calçado, o que fez com que o irmão passasse três meses na fábrica. Foi daí que o irmão de Anderson Birman, então, conheceu um gerente que propôs que fizesse uma fábrica de sapatos.

Fazia tempo que os Birman queriam investir em um negócio da economia real. O pai de Anderson e Jefferson estava frustrado com o ramo dos investimentos, de modo que encorajou e patrocinou os filhos nessa empreitada.

Como a barreira de entrada para esse negócio era baixa, em três meses a fábrica estava pronta. O começo, no entanto, não foi necessariamente auspicioso. Seis meses depois, aquele mesmo gerente foi desligado da companhia porque ele não entendia nada de calçados e pior: Anderson e Jefferson souberam que ele havia lucrado comissão de 10% sobre o valor das máquinas que o fornecedor lhes havia vendido.

A empresa prosseguiu. E, nos anos 1990, a Arezzo terceirizou a produção e a criação, levando essa estrutura para a cidade de Campo Bom, no Rio Grande do Sul. Ao explicar essa decisão, o empresário citou um fenômeno decisivo na história econômica recente do país. Foi na época da abertura econômica do Brasil, e a fábrica se tornou inclusive importadora de tênis.

Anderson Birman percebeu, com a abertura do mercado, o quanto a Arezzo não era competitiva ficando em Belo Horizonte com uma fábrica fora de um *cluster* calçadista. A logística era impensável: o couro era comprado no centro; depois, era enviado para beneficiar no Rio Grande do Sul. Na sequência, eles recebiam de volta em Belo Horizonte, onde os sapatos, enfim, eram produzidos para ser distribuído em todo o Brasil. Em resumo, a operação não era competitiva, sem contar que não havia tecnologia e *know-how* para sobreviver ali. Birman revela, então, a drástica decisão que foi tomada: a fábrica foi fechada sem que houvesse uma ação trabalhista sequer.

Avançando na linha do tempo, ao falar do *private equity*, Anderson citou a compra da parte do irmão na companhia como fator fundamental para essa decisão. Ao comprar a parte do meu irmão, Anderson Birman fez do filho um sócio. Para continuar os negócios, era preciso captar mais recursos. Ou seria através de capitalização bancária, via empréstimos, ou seria através de sociedade, via *private equity*.

O empresário não escondeu que a segunda opção era a mais desejada. Segundo ele, felizmente aconteceu a sociedade com fundo, que não só trouxe capital, mas expertise para o nosso negócio, conhecimento na parte de gestão e principalmente gestão vinculada a orçamento, sistemas de remuneração e outros elementos sistêmicos que trouxeram para o nosso negócio, que foi positivo como um todo.

Como consequência dessa sociedade, a abertura de capital da Arezzo era um caminho natural, um marco para a nova era da empresa, disse o executivo.

Birman comentou, à época da entrevista, que vivia uma verdadeira lua de mel com esse movimento e exaltou a dinâmica da empresa aberta, vinculada a resultados, planos e metas.

Sobre o posicionamento das marcas, citou a estratégia vinculada ao *brandbook* de cada marca. O que, olhando de fora, parece uma escolha simples, na verdade, é fruto de uma construção mais ambiciosa e complexa. Segundo o empresário, o trabalho que vinha sendo feito com empresas de branding serviu de orientação para a construção do *brandbook* de definição teórica e filosófica de cada marca.

Ainda de acordo com Birman, a marca Arezzo foi criada e desenvolvida pelos dois fundadores; já a marca Schutz foi criada e desenvolvida pelo filho, Alexandre, 36 anos à época da entrevista. A Ana Capri, naquela ocasião, era considerada uma obra inacabada, mas com perspectiva de se tornar grande obra, pois carregava não apenas pilares de segmentação e de moda, mas pilares econômicos. Ela vinha sendo desenvolvida para ser multiplicada num sistema de franquias apoiada num sistema tributário que é o simples. Enquanto o Alexandre Birman já é uma obra autoral do próprio Alexandre.

Questionado a respeito do futuro, Anderson não hesitou em apresentar o que delineou como meta Arezzo 2154. A visão se vinculava a uma palestra que o fundador assistiu em 2004, que tratava sobre a longevidade das empresas. Segundo o executivo, apenas seis empresas em todo o mundo que têm mais de 300 anos. Birman, então, tomou essa informação como um desafio: ter mais 150 anos de empresa a partir de 2004 era bastante interessante. Cento e cinquenta e quatro lhe parecia um número cabalístico. E assim surgiu a proposta de uma empresa longo prazo.

Ainda que não tenha respondido diretamente se os planos incluíam ambição global ou se o foco era manter a atuação no contexto nacional, o empresário afirmou que todas as atitudes tomadas iam na direção de construir uma companhia sustentável e longeva.

Em que pese a data cabalística, Anderson anunciou no podcast que o plano de sucessão estava em curso e que aconteceria da maneira mais profissional e competente possível. De fato, foi o que ocorreu: o executivo se afastou da presidência da Arezzo em 2013 e do Conselho de Administração em 2017.

Em 2023, em depoimento à jornalista Ariana Abdallah para a biografia *A cada passo*, ele admitiu certa frustração. Embora a Arezzo estivesse bem como nunca, com valor de mercado estimado em R$ 7 bilhões, ele afirmou que se tivesse 25% do dinheiro que havia acumulado já seria o bastante. "O dinheiro toma lugar nas conversas, e você passa a se perguntar o quanto as pessoas estão com você por causa dele ou porque realmente querem estar",* disse o fundador da Arezzo.

* * *

Em novembro de 2019, o Flamengo conquistou, de uma só vez, dois títulos maiúsculos no mesmo fim de semana. O clube de maior torcida no país venceu a Libertadores da América no dia 23, sábado, no Peru, depois de bater o River Plate na decisão única do torneio continental. E, no

---

* MADUREIRA, Daniele. 'Se tivesse 25% do dinheiro que acumulei, já seria o bastante', diz fundador da Arezzo. *Folha de S.Paulo*, 15 dez. 2023. Disponível em: https://www1.folha.uol. com.br/mercado/2023/12/se-tivesse-25-do-dinheiro-que-acumulei-ja-seria-o-bastante-diz- -fundador-da-arezzo.shtml. Acesso em: 3 mar. 2025.

domingo, 24, conquistou o Brasileirão daquele ano sem mesmo entrar em campo — o principal torneio do país é regido pelos pontos corridos.

Em muitas pontuações, seria possível estabelecer um paralelo para o sucesso do Flamengo a partir do livro *A bola não entra por acaso*, obra em que Ferran Soriano explica como transformou o Barcelona em um dos mais festejados clubes espanhóis. A debacle da equipe catalã nos últimos anos faz com que a comparação fosse invalidada exatamente porque o êxito rubro-negro tem marco zero, e foi registrado no *Podcast Rio Bravo* quando da entrevista de **Eduardo Bandeira de Mello**, na época presidente do clube carioca.

Episódio 230
Eduardo Bandeira de Mello
Choque de gestão na nação rubro-negra

Quando a gestão Bandeira de Mello começou, os títulos, o poder e principalmente o brio do torcedor rubro-negro estavam em baixa. É certo que a equipe vencera, em 2006, a Copa do Brasil e, em 2009, o Campeonato Brasileiro, afora alguns títulos do campeonato carioca e da Taça Guanabara. Mas isso não colocava o clube em pé de igualdade com o sucesso de outros times do país, como os clubes de São Paulo, que, na última década, também tinham vivido momentos de glória, sempre tendo a gestão como marca.

O primeiro ponto de destaque da administração foi anunciado logo na abertura do podcast: "Uma diretoria formada principalmente por executivos que atuam em empresas e no mercado financeiro." Ainda na abertura, o estado de coisas em que se encontrava o clube: dívidas não pagas, salários atrasados e pendências judiciais. Como antídoto, ele buscava trazer ao Flamengo sanidade fiscal, cortando custos e aumentando a receita.

A primeira pergunta, no entanto, era a seguinte: por que é que um funcionário de carreira do BNDES, às vésperas da aposentadoria, iria se meter em administrar um clube de futebol — e logo o Flamengo? A reposta pode ser considerada contraditória: para Bandeira de Mello, não era uma insanidade porque foi uma decisão movida pela paixão. Depois da família de Mello, o Flamengo era a sua prioridade, a coisa mais importante. Ele não queria permitir que o clube de maior torcida no país ficasse na situação em que se encontrava sem que ele fizesse nada. Apesar dos pesares, o Flamengo era o seu clube de coração.

Como torcedores indignados, o grupo em torno de Bandeira de Mello se organizou temendo que o Flamengo podia acabar. Mas quem seria o presidente? Flavio Godinho fazia parte do grupo, mas não era sócio; Rodolfo Landim era sócio, mas não tinha tempo. O nome de consenso, então, era o de Valim Vasconcellos, também do BNDES. Contudo, a candidatura do Valim foi considerada inapropriada por termos estatutários, e Bandeira de Mello estava escalado como plano B.

O ex-executivo do BNDES afirmou, então, que, quando assumiu a situação era muito pior do que o esperado. O Flamengo não pagava seus funcionários em dia, não recolhia impostos e, inclusive, recorria à apropriação indébita para se financiar. Ou seja, recolhia imposto de renda na fonte de seus jogadores e não repassava para a Receita Federal. As medidas que foram tomadas tiveram consequências até na parte social do clube para que fosse resgatada a credibilidade da instituição.

Quando a nova administração chegou ao Flamengo, a dívida estava na casa de R$ 750 milhões, de acordo com a Ernst & Young. Para Bandeira de Mello, foi melhor saber o tamanho da encrenca do que imaginar que a situação fosse melhor e as surpresas aparecerem a cada dia.

Para cortar custos, o Flamengo abriu mão do atacante Vagner Love, a maior estrela do clube na ocasião. O atleta custava R$ 1 milhão por mês aos cofres do clube e o Flamengo ainda devia 6 milhões de euros para o CSKA da Rússia. A situação era insustentável. O ajuste não parou no futebol. Nos esportes amadores, diante do déficit de R$ 17 milhões, o Flamengo descontinuou o contrato com atletas de ponta da ginástica olímpica, natação e judô. Foi preciso cortar na carne para que um plano fosse traçado de modo a gerar recursos para o esporte amador — a fim de que as modalidades em questão se tornassem autossustentáveis.

De modo contraintuitivo, a torcida rubro-negra apoiou o ajuste. Também, pudera: o clube estava com as receitas penhoradas e nenhum torcedor ficaria satisfeito de vê-lo com fama de mau pagador.

Para o presidente, o clube tinha que dar exemplo. De acordo com a linha de raciocínio de Bandeira de Mello, a maioria esmagadora dos torcedores vem das classes mais humildes, população que trabalha para se sustentar, tem o dinheiro contado. Não era viável persistir nessa situação irreal e enganar os outros, gastando o que o Flamengo não tinha.

Tão importante quanto essa visão inspiracional, Bandeira de Mello tinha, também, a ideia de onde gostaria de chegar: ser um clube social e administrado com os padrões de governança, eficiência e credibilidade de uma excelente sociedade anônima, mas sem que o Flamengo se tornasse uma sociedade anônima. Nesse sentido, nas negociações com os novos patrocinadores, o presidente da agremiação afirmou que os possíveis parceiros perceberam que eles estavam tratando com pessoas sérias, que traziam background da vida empresarial.

A entrevista foi concedida em junho de 2013. De lá para cá, o clube se impôs como um campeão de arrecadação: em 2023, foram 303 milhões de reais, mais do que o dobro do que foi registrado em 2022 (140 milhões de reais). Bandeira de Mello não foi o presidente mais vencedor da história, mas seu legado está presente não apenas na gestão financeira, como também no grupo que comanda o clube. Rodolfo Landim é, há dois mandatos, o dirigente do Clube de Regatas do Flamengo, casa do time de futebol mais popular do país.

Negócios disruptivos

Uma das características dos novos negócios na "era de ouro das start-ups", nos anos 2010, era precisamente o apelo que essas iniciativas tinham junto aos investidores. Jorge Paulo Lemann, na entrevista que abre este capítulo, faria uma crítica a esse movimento: "Com a maioria dessas start-ups técnicas, o objetivo não é o lucro; o lucro de balanço. O objetivo é gerar uma história com a qual você vai captar mais dinheiro de novos investidores."

Entre 2015 e 2024, houve um crescimento exponencial no número de startups em atividade no país. Prova disso é a quantidade de empresas que ficaram no caminho nesse período. De acordo com levantamento[*] feito para o portal *InfoMoney*, mais de oito mil start-ups fecharam as portas na última década. É quase a metade das que estão em operação no país atualmente.

Episódio 332
Henrique Dubugras
A estratégia e as soluções do
Pagar.me, a plataforma de
pagamentos on-line

Anualmente, a *Forbes* publica a lista das pessoas mais ricas do mundo — e a edição nacional apresenta o ranking dos brasileiros. Nos últimos anos, um dos nomes que aparecem com alguma recorrência é o de **Henrique Dubugras**, um dos fundadores da fintech Brex. Antes dos 30 anos, ele já acumulava patrimônio estimado de R$ 7 bilhões.

Quando Dubugras falou ao *Podcast Rio Bravo*, ainda não havia aparecido na *Forbes*, mas já era um dos nomes que despontavam no negócio dos pagamentos on-line — proposta essa que parecia inconcebível no início da década passada. Foi para discutir a proposta da Pagar.me que, em um fim de tarde, em uma sala de escritório da Faria Lima, concedeu uma entrevista sobre sua start-up.

A solução da Pagar.me oferecia uma plataforma que conectava a estrutura das lojas de pagamentos on-line aos sites dos bancos e das operadoras de cartão de crédito, possibilitando aos clientes efetuar compras via boleto, cartão de crédito e transferência bancária (em 2015, o Pix não era uma possibilidade sequer imaginada). A iniciativa era tão fora da curva que os pais dos fundadores da empresa tiveram que emancipar os jovens fundadores da start-up. Mais uma vez, o espírito do tempo falava mais alto: ser empreendedor tinha o mesmo apelo de começar uma banda de rock nos anos 1980.

Segundo Dubrugas, muitos clientes queriam conhecer a Pagar.me por causa da história da empresa. Para o empreendedor, era uma forma

---

[*] LOUREIRO, Rodrigo. Brasil viu mais de 8 mil startups deixarem de existir na última década. *InfoMoney*, 24 set. 2024. Disponível em: https://www.infomoney.com.br/business/brasil-viu-mais-de-8-mil-startups-deixarem-de-existir-na-ultima-decada/. Acesso em: 3 mar. 2025.

de atrair atenção. Para converter esse interesse em vontade de se tornar cliente, a solução oferecida pelo produto era mais importante.

Ao explicar o que motivou a decisão de desenvolver uma plataforma desse nível, o empresário falou do incômodo com as soluções preexistentes, que só resolviam parte do problema tanto para o pequeno empresário como para as companhias gigantes. Dubrugas afirmou que era preciso optar entre facilidade do subadquirente *versus* conversão do *gateway*. O primeiro era fácil, mas de pouca conversão; já o segundo difícil, mas trazia muita conversão. O objetivo era criar um modelo fácil e de muita conversão.

Sobre as especificidades de cada modelo, Dubugras explicou que a proposta do subadquirente era fácil e rápida, como se vê no caso do PagSeguro, do Mercado Pago e do PayPal. Na visão do empresário, a vantagem aqui envolvia a questão antifraude, embora a solução só permitisse o seu uso completo. Ele acrescentou que, como quem aprova a compra nessa modalidade é o banco emissor, se houver qualquer dúvida a respeito do perfil da compra, por exemplo, a operação não é efetuada.

Já ao analisar o outro modelo, o empresário observou que, embora o banco emissor saiba quem é a loja final, é preciso contratar um adquirente, um antifraude, um conciliador, uma carteira de boleto no banco.

O espírito empreendedor de Dubugras foi fomentado, também, pela experiência como programador. Ele observou que, se ele e os sócios não fossem programadores, não teriam recursos para entender se as alternativas que pensaram eram mesmo viáveis.

Ao destacar o perfil dos clientes, na época, o empresário já antecipava um passo que a companhia daria no futuro: a busca era por uma boa solução tanto para clientes que acabam de entrar em operação como para empresas listadas em Bolsa.

A propósito das grandes empresas com as quais a Pagar.me se relacionava, Dubugras enxergava com naturalidade nomes como Cielo e Rede. Ao menos no discurso, ele os enxergava como parceiros, ainda que, nos casos citados, são de outra estatura, posto que já contavam com clientes maiores e tinham pouco incentivo para ajudar no que era necessário. Ainda assim, Dubrugas não reclamava: dizia que, no final, acabava dando certo.

Um dos pontos que esperava atingir envolvia o que ele chamava de conciliação, um sistema que mostrava de forma fácil quanto e quando os lojistas iam receber nos pagamentos parcelados.

O que a iniciativa de Dubugras e seu sócio mostrava era que havia uma avenida em relação às soluções de pagamentos on-line. Como saíram na frente, os jovens empreendedores brasileiros contavam com ampla vantagem competitiva. Também por esse motivo, em 2016 a Stone comprou a empresa deles.

Em 2017, iniciaram a Brax e, anos depois, a *Forbes Brasil* passou a listar os dois empreendedores no clube dos mais ricos do país.

* * *

Episódio 664
Alexandre Ostrowiecki
A trajetória da Multilaser:
da reciclagem de cartuchos ao IPO

Fundada em 1987, a Multilaser primeiramente se estabeleceu ao trazer, de forma pioneira na América Latina, a técnica de reciclagem de cartuchos. De lá para cá, muita coisa aconteceu, e a Multilaser de 2021 era, nas palavras do CEO **Alexandre Ostrowiecki**, uma companhia robusta, diversificada, com produtos de consumo em diversas categorias. Em julho de 2021, a empresa captou R$ 1,9 bilhão em um movimento que aconteceu antes da oscilação recente da bolsa. Ao *Podcast Rio Bravo*, Ostrowiecki falou sobre a atuação da companhia e comentou os desafios que a Multilaser tinha pela frente.

Logo no começo da entrevista, descreveu os primeiros movimentos da companhia, muito antes do IPO. No início, revelou o executivo, o negócio era comprar cartuchos vazios, encher de tinta e vender. E a Multilaser comercializava junto às papelarias em todo o território nacional. Em 2021, a empresa chegou com produtos de consumo de diversas categorias. Mais de trinta marcas no nosso portfólio, com mais de 5 mil produtos e, naquele momento, uma das cem maiores empresas do país.

O desenvolvimento da companhia faz com que a internacionalização estivesse em linha com a estratégia Multilaser. De acordo com o empresário, a internacionalização fazia parte de um capítulo recente da empresa. Inicialmente, eles aportaram na Argentina e no Uruguai com portfólio Multilaser para atacar esses mercados. Depois, a empresa constituiu uma diretoria específica para a internacionalização e passou a trabalhar distribuidores, abrindo mercado especialmente na América Latina, na África e na Europa."

Perguntado se este é o melhor momento para investir no processo de internacionalização, tendo em vista o fato de que muitas empresas da área de tecnologia têm saído do país, Ostrowiecki observa que nada impede que o ganho em *market share* no Brasil aconteça ao mesmo tempo em que a o avanço ao exterior ocorra. Naquele momento, com o câmbio relativamente fraco, na avaliação do executivo, as exportações brasileiras eram favorecidas. Além disso, globalmente, o público seguia ávido para comprar bom, bonito e barato, uma receita que se encaixava no perfil da Multilaser.

Ao falar sobre o IPO, ele ressaltou que o resultado atendeu às expectativas da empresa. De acordo com o executivo, o IPO significava, basicamente, duas coisas. De um lado, injeção de capital no caixa da empresa, lembrando que, no caso da Multilaser, foi 100% primário, de modo que os sócios não venderam nenhuma ação, mas novos investidores do mercado chegaram para reforçar o caixa da empresa. De outro lado, um aspecto subjetivo-moral: uma pequena recicladora de cartucho que começou em uma salinha em São Paulo conseguiu, enfim, capturar a confiança de fundos globais de investimento muito prestigiosos e fundos brasileiros que acreditam na empresa, sabendo haveria retorno."

O executivo reconheceu que este instante já não é mais tão favorável para que as empresas façam IPOs. Exatamente por isso, exaltou a decisão da empresa. Como a conjuntura se apresentava desafiadora — com a queda na bolsa naquele momento —, observou que o IPO foi feito na hora certa.

A propósito daquele instante mais sensível do mercado, Ostrowiecki analisou com cautela a conjuntura econômica do país em tempos de retomada das atividades presenciais, sem descuidar das tensões políticas no país. A desarmonia entre os poderes, tônica dominante de um país dividido, aparecia como uma das principais preocupações do empresário, assim como o embate entre o Legislativo e o Executivo. Ao mesmo tempo, o entrevistado via pelo lado positivo a privatização da Cedae e a possibilidade de privatização dos Correios, que, como se sabe, não ocorreu.

Ao final da entrevista, quisemos saber se, do ponto de vista da gestão, existia algo que a Multilaser pretendia mudar, agora que a empresa vivia o novo momento. Foi a deixa para que ele fizesse uma defesa da cultura organizacional da companhia que preside.

O empresário, então, falou a respeito de um jeito Multilaser de ser: uma empresa simples, mas que buscava colaboradores que atuassem com responsabilidade, humildade e liberdade. Ostrowiecki disse que prezava pela sinceridade, falando a real do que acontece, decidindo com muita autonomia. Ele não acreditava que o IPO alteraria essas características. O que a empresa buscava era intensificar essa cultura, investir nela. Na visão do executivo, a parte mais importante das empresas é a cultura. Todo o resto pode ser copiado. Mas é a cultura que garante a vitória da empresa no final."

Em 2022, a Multilaser passou a ser Grupo Multi — e nesse rebranding algumas marcas deixaram de existir. Apesar dessas mudanças, o jeito multi de ser continua como um dos pilares da empresa.

* * *

Episódio 430
Thomaz Srougi
O Dr. Consulta e um novo modelo de gestão para a área da saúde

O desejo de criar impacto também mobilizou a atenção e os esforços de **Thomaz Srougi**, fundador da *healthtech* Dr. Consulta, que iniciou suas atividades na comunidade de Heliópolis, na capital paulista, e desde então sempre concentrou sua operação em resolver problemas de saúde.

A iniciativa nunca almejou ser um convênio médico, mas se estabeleceu como iniciativa transformadora da vida de milhares de pacientes que jamais imaginaram ter esse tipo de cuidado por preço razoável.

A pergunta que não se calava na época da entrevista era: será que o Dr. Consulta atendia às expectativas e demandas do público e, ainda assim, se mantinha no azul?

Ao explicar como era possível manter o equilíbrio entre a boa reputação junto aos pacientes e muitos atendimentos, Srougi afirmou que tudo começou quando passou a olhar para o motivo de as pessoas não conseguirem acesso e de os custos subirem muito. De acordo com o executivo, o diagnóstico é bastante evidente: aqueles que contam com plano de saúde e aqueles que dependem do sistema público se sentem desprotegidos. Nesse sentido, o intuito do Dr. Consulta foi trazer o que a empresa sabia sobre gestão de custos, pessoas e processos de vidas pregressas para a área da saúde para ver se daria algum resultado."

E funcionou. O que começou como uma unidade de atendimento se transformou em uma rede, e dali, em uma companhia de gestão de saúde.

Srougi, no entanto, ressaltou a importância da administração e da racionalização de recursos e no foco na cadeia de valor que permitiu esse equilíbrio. Na ocasião da entrevista, o executivo não se mostrava satisfeito. Não é por acaso que a cada pesquisa junto à opinião pública a questão da saúde aparece como motivo de preocupação da população brasileira — e isso mesmo depois da pandemia.* De acordo com ele, o problema é gigante e tem muita coisa a ser feita porque muita gente está desprotegida.

Ainda assim, os indicadores, citados pelo próprio fundador do Dr. Consulta, apontavam o que os pacientes pensavam a respeito: até então, a nota dada para os atendimentos nunca tinha sido inferior a 9.4.

Na mesma entrevista, Srougi atentou para a existência de uma dinâmica perversa: de um lado, os custos são crescentes; de outro, existe uma falta de clareza no risco de saúde dos indivíduos. A atuação do Dr. Consulta funcionava exatamente porque traz o tema para o centro da discussão. Para o empresário, como cada indivíduo tem um perfil de risco de saúde, não é possível que haja padronização. Pelo contrário, é preciso que seja individualizado. O desafio maior é fazer isso de forma escalável ou replicável, a proposta do Dr. Consulta.

---

* CASTELO, Lara. Pela primeira vez desde a pandemia, saúde é a principal preocupação dos brasileiros, revela estudo. *O Estado de S. Paulo*, [São Paulo], 29 abr. 2024. Disponível em: https://www.estadao.com.br/saude/pela-primeira-vez-desde-a-pandemia-saude-e-a-principal-preocupacao-dos-brasileiros-revela-estudo/?srsltid=AfmBOoqPSoCz5qmoJrs2ehow-nQAjnGHAK8oHWEGjBPH1xH-tuLtdspg. Acesso em: 3 mar. 2025.

Ao detalhar o caso da individualização do atendimento, Srougi falou a respeito do código genético — e, por conseguinte, do perfil de risco — de cada cliente. Ao tratar os pacientes da mesma maneira, esse risco só aumenta. Nesse sentido, o Dr. Consulta se posiciona como um *gatekeepe*r para os hospitais. Dito de outro modo, através do processo de gestão, existe o controle do indivíduo com uma condição crítica, revertendo o pré-crônico e mantendo o saudável.

Srougi explicou como o Dr. Consulta conseguia fazer isso de forma individualizada. Para cada paciente que pertencia a um grupo, atribuía-se um diagnóstico de risco, e a soma desses indivíduos apontava o risco desse grupo; assim, a empresa alcançava escala, neutralizando riscos individuais.

Ele, então, respondeu às críticas de que o Dr. Consulta quer ocupar espaço indevido no Brasil. Na visão do empresário, o objetivo não era substituir nenhum serviço oferecido pelos *players*. Pelo contrário. A atuação da healthtech só agregava, permitindo que hospitais e planos de saúde fizessem melhor o seu trabalho.

Embora o começo tenha sido voltado para a população que não tinha como acessar planos de saúde, outros públicos também têm aparecido. Para a nossa surpresa dos executivos da empresa, com o tempo, as classes A e B passaram a usar o Dr. Consulta. Na época da entrevista, o fundador da *healthtech* disse que de 15% a 20% das pessoas atendidas tinham plano de saúde, mas preferiam usar o Dr. Consulta. Ficou evidente que parcela significativa da população, que tem acesso a planos, se sentia insegura.

Em 2019, dois anos depois da entrevista ao podcast, Srougi passou o dia a dia da gestão do Dr. Consulta para Renato Velloso. Em 2023, outro CEO assumiu, o médico Massanori Shibata Jr.

Srougi está no Conselho de Administração da *healthtech*.

* * *

A história da internet brasileira não pode ser contada sem a menção de algumas marcas que até hoje permanecem como sinônimos de negócios bem-sucedidos. Um dos exemplos mais consistentes é o Mercado Livre, gigante do comércio eletrônico fundado no fim dos anos 1990. A empresa sobreviveu a toda sorte de transformações tanto do ponto de vista tecnológico quanto do comportamento do consumo dos países onde atua.

Em entrevista ao podcast, **Stelleo Tolda**, cofundador e na época COO do Mercado Livre, afirmou que, se alguém lhe dissesse que a empresa que iria fundar se transformaria na gigante listada na Nasdaq, ele não acreditaria.

> **Episódio 465**
> Stelleo Tolda
> O Mercado Livre e o conceito de democratização do comércio

Na verdade, ficaria muito preocupado. "Pareceria algo maior do que naquele momento era possível."

Tolda citou o marketplace como elemento que une a visão do Mercado Livre no início de sua trajetória ao tempo presente. "Tinha potencial de funcionar nesse ambiente que é a internet. Ganhava mais valor com o tempo, algo que, na teoria, falávamos do efeito de rede."

O executivo se referiu à teoria segundo a qual o valor de uma rede é tanto maior à medida que cresce o número de participantes. Foi o que aconteceu. "O nosso marketplace tem o valor que possui a partir dessas conexões que existem nessa rede."

Ao apontar o que mudou, citou o fato de a plataforma ter agregado serviço à carteira de produtos. "Nós nos envolvemos nas etapas de pagamento, envios, para trazer uma experiência melhor."

Embora tenha iniciado sua operação como um site de leilões, Tolda e seu sócio, o argentino Marcos Galperin, identificaram rapidamente que o apelo para essa modalidade de negócio era baixo. "O potencial de comércio eletrônico era melhor com venda através de preço fixo e não de preço variado."

Pouco a pouco, Tolda contou que o Mercado Livre passou a identificar não apenas a questão do pagamento, mas também a entrega como pontos de fixação. "Era preciso endereçar como entregar o produto ao comprador." O executivo comentou ainda que o aperto de mão, símbolo da empresa, passou do mundo físico para a integração do sistema, que contempla o pagamento e o envio. "A experiência do marketplace ficou muito melhor do que antes."

A certa altura da entrevista, afirmou que a visão do empreendedor tem a ver com a busca de soluções para os problemas. Assim, no começo do Mercado Livre, isso tinha a ver com um cenário inicial da internet: baixa qualidade da conexão e sistema de pagamentos pouco desenvolvido.

"Fazer o marketplace funcionar é como fazer fogo a partir de uma faísca. Nossos esforços iniciais para povoar esse marketplace com vendedores e produtos envolveu colocarmos nossos próprios produtos e de familiares até bater em portas de comércio de lojas físicas e pedir para replicar o catálogo no digital, dizendo que elas passariam a receber pessoas interessadas nos produtos e sem cobrar nada para isso."

Como nada surge do zero, Tolda citou o Ebay como referência. "O Ebay já era uma empresa de sucesso nos Estados Unidos. E a internet se prestava a funcionar como intermediação, e dali era possível criar um modelo de negócio."

A despeito de ser uma companhia nativa digital, observou que a visão de longo prazo sempre foi mandatória. "Os principais executivos de empresa têm no mínimo 17 anos de casa. Eles tinham essa ideia de que o comércio eletrônico tinha potencial, mas que ia levar tempo para amadurecer."

Não por acaso, o cofundador da plataforma dizia que a sensação era de que a empresa estava só começando.

Em 2020, assumiu o posto de CEO do Mercado Livre.

* * *

Episódio 321
Fabricio Bloisi
Movile: Aposta em inovação
(sem medo de errar)

Mais ou menos na mesma época da criação do Mercado Livre, a start-up brasileira Movile começava suas operações. **Fabricio Bloisi**, o fundador, deu início à empresa com patrimônio zero, mas grandes sonhos.

Bloisi sempre acreditou que, mesmo longe do Vale do Silício, era possível criar uma empresa de tecnologia, dessas de magnitude global. Num momento em que a Movile ainda não era um player de tanto destaque nas páginas de economia dos jornais e nos portais da internet, essa visão parecia uma ambição desmedida. Ainda assim, o executivo parecia bastante seguro na entrevista que concedeu ao podcast em fevereiro de 2015.

Apaixonado pela trajetória de Bill Gates, Bloisi tomou o modelo da empresa do criador do Windows como referência. Afinal, se Gates fez a Microsoft, por que não seria possível uma empresa assim no Brasil? A título de exemplo, citou o Play Kids, na época utilizado em 130 países e aplicativo número 1 do mundo no segmento. A outra referência citada, hoje em dia, dispensa apresentações, mas na ocasião ainda não estava em todos os celulares de brasileiros. Mesmo assim, o iFood já era, naquele momento, a aplicação número 1 na América Latina para comprar comida pelo celular. O executivo explicou a operação: o iFood era fruto de uma *joint venture* da Movile e do Just Eat, na ocasião líder no mundo na categoria delivery online. Na entrevista, celebrava que a operação já se destacava como uma das maiores empresas de delivery no mundo quando o recorte era de serviço de valor agregado por celular.

Mas esse êxito não tinha sido conquistado com facilidade. Bloisi falou sobre as dificuldades de fundar uma start-up quando o próprio conceito nem sequer era de conhecimento geral das pessoas. Se o ambiente era desfavorável em 2015, no início dos anos 2000 era ainda mais desafiador. As dificuldades eram uma legião: no financiamento, no acesso aos recursos financeiros, na falta de *know-how* de companhias que criam produtos para distribuição em escala global, sem mencionar a cultura do Brasil que não valoriza o sucesso e o empreendedorismo. Nesse contexto, observou o executivo, o paralelo com os EUA parece inescapável: enquanto na chamada terra das oportunidades abrir uma empresa e ganhar um bilhão de dólares é um feito heroico, no Brasil falar em criar empresa e declarar que se quer ganhar dinheiro dá a entender que o empresário está explorando o trabalho dos outros.

Na ocasião, o fundador da Movile disse acreditar não apenas na criação de valor, mas realçou que as grandes empresas é que fariam o

Brasil seguir adiante. Ao faturar muito fazendo centenas de pessoas milionárias, o país seria empurrado para a frente.

No que pode ser chamado de perspectiva otimista, Bloisi entendia que a barreira de entrada na área de tecnologia era baixa se comparada a outros mercados. Na sua avaliação, a criatividade dos brasileiros deveria promover muito mais empresas de sucesso do que se via naquele momento.

Bloisi capturou um momento de migração de tecnologia: do celular como aparelho para responder chamadas telefônicas para o dispositivo móvel que hoje funciona como computador de bolso.

Nesse sentido, defendeu o investimento em inovação como fundamental para a indústria. De acordo com essa visão, a proposta era de continuar a investir em inovação de modo a seguir surfando a revolução das tecnologias para ver aonde seria possível chegar nos anos seguintes.

A propósito dos investimentos, afirmou que sua companhia atua como uma *lean start-up*, uma empresa enxuta, barata. Explicou que os projetos em execução eram muito baratos. Assim, a medição dos resultados levava dias, e não meses ou anos. Nesse sentido, uma vez que a solução apresentada ficava disponível, imediatamente era colocada no ar para que o cliente pudesse reagir, se gostava ou não.

Na contramão do que o senso comum poderia garantir, admitiu que a Movile errava em 95% do que fazia. Mas a mágica, disse o executivo, repousava exatamente aí: a capacidade de fazer o que era necessário em uma ou duas semanas. De acordo com esse cálculo, em quatro meses foram testados cinquenta projetos, dos quais 47 foram equívocos. No entanto, nos projetos em que houve acerto, a percepção de conhecimento, de oportunidade, pode valer dezenas de milhões de reais, explicou o executivo.

Respondendo à provocação de que, no Brasil, boa parte das start-ups tem por objetivo ser comercializada antes de dar resultado, Bloisi afirmou que abriu a empresa com o sonho de criar uma das maiores companhias de tecnologia do mundo. Ele não era contra vender uma empresa rápido, mas tinha a visão de construir a maior companhia do mundo de mobile. Desse modo, o objetivo era consolidar o mercado para se tornar um dos principais players do planeta.

Em um mundo marcado por aquisições e transformações, talvez a Movile ainda não seja a companhia mais valiosa do país. Tampouco o Brasil normalizou a existência de bilionários. Mas é inegável que o caminho para esse objetivo esteja sendo pavimentado pela ambição de empresários como Fabricio Bloisi.

Em 2025, o executivo não era mais o CEO da empresa brasileira de tecnologia, líder em delivery na América Latina. Sua posição agora era como CEO da Prosus, principal investidora e parceira do iFood.

MERCADO FINANCEIRO

Crises e oportunidades

Se, em 2007, os podcasts não tinham ganhado tração no Brasil, também é correto afirmar que a conversa sobre mercado financeiro ainda estava reservada a um público muito restrito, nada a ver com o ambiente da terceira década do século XXI, quando é preciso inclusive estabelecer normas para os influenciadores da área.

No passado recente, no entanto, eram poucas as vezes em que assuntos ligados a esse tema se impunham na agenda, e uma ocasião dessas aconteceu com o episódio da fraude de Bernard L. Madoff, cuja gestora de investimentos entrou em colapso depois de anos enganando os investidores, os reguladores, a imprensa especializada e o mercado financeiro como um todo.

A gestora de Madoff fazia a ponte entre quem comprava e quem vendia ações. Com o tempo, a empresa se tornou uma referência no ramo, a ponto de atrair para seu grupo de clientes nomes como Elie Wiesel, Steven Spielberg, Kevin Bacon, além de instituições de caridade e fundações. Madoff foi preso no final de 2008. Em 2009, depois de se declarar culpado, foi condenado a 150 anos de prisão. Sua história rendeu livros, filme, séries e, claro, podcasts.

> **Episódio 75**
> Miguel Russo Neto
> Fraude de Madoff choca o mundo, mas seria difícil no Brasil

Na época diretor de risco, jurídico e de compliance da Rio Bravo, **Miguel Russo Neto** falou ao podcast sobre o tema, destacando, por exemplo, os mecanismos de proteção disponíveis para os investidores brasileiros.

Logo no começo da entrevista, Russo comentou o fator transparência como elemento-chave para discutir o mercado financeiro pós-Madoff. "Quando os investidores colocam seus recursos financeiros e não conhecem o lastro do investimento, é cruzada uma linha importante da transparência. Penso que isso se repetirá muito menos no futuro."

Ao discorrer sobre o papel dos órgãos reguladores, continuou na tônica da transparência. "Os órgãos reguladores serão mais precisos e exigirão um nível maior de credulidade dos ativos que suportam investimentos."

Mas até que ponto o Brasil está de fato protegido contra esse tipo de fraude? "No Brasil, os ativos têm de monetariamente ser marcados a mercado, o que pode ser observado na instrução 409, que regulamenta os fundos de investimentos financeiros na indústria brasileira. Mandatoriamente, todos os administradores têm por obrigação marcar mercado diariamente todos os ativos que compõem os fundos de investimento financeiro."

Ele citou, ainda, uma ação pró-transparência promovida pela CVM, a Comissão de Valores Mobiliários. "Diariamente, todas as cotas dos fundos de investimentos brasileiros são disponibilizadas no site da CVM — tanto a cota quanto o patrimônio líquido. Ao final do mês, a carteira de investimentos dos fundos também fica disponível. E, ao final de cada noventa dias, é feito um *full disclosure*, uma abertura completa, em que é possível ver todas as ações em que o fundo investe, os derivativos, os ativos, os certificados, por nome, por emissor pormenorizado."

Russo mencionou também o papel a Associação Nacional dos Bancos de Investimentos (Anbid), entidade fundada em 1967 cujo objetivo era representar os bancos e seus investimentos. "A ideia é que ela promova uma melhora na governança corporativa de todas as instituições financeiras que fazem parte da entidade. É interessante observar que o conceito de autorregulação da Anbid é diferente do conceito de autorregulação do mercado norte-americano, pois aqui no Brasil as instituições são obrigadas a seguir o que está nos códigos de autorregulação da Anbid — caso contrário, acabará desligada. Já no mercado norte-americano, a expectativa é a de que, se porventura o mercado notar que alguma instituição não está agindo de acordo com as práticas do mercado as instituições não mais negociam quem está em desacordo com as normas."

Para o entrevistado, por esse motivo, o modelo desempenhado pelo Brasil se mostrou mais correto do que o dos Estados Unidos.

Meses depois da entrevista concedida por Russo, a Anbid e a Associação Nacional das Instituições do Mercado Financeiro (Andima) aprovaram a união de forças, passando, assim, a constituir a Associação Brasileira das Entidades do Mercado Financeiro e de Capitais (Anbima).

* * *

Em 2019, o mercado financeiro já era um segmento difundido não apenas para iniciados nas finanças. A conversa em torno do tópico investimentos já acontecia para além dos escritórios da Faria Lima e do noticiário econômico. Nesse sentido, saber mais a respeito da origem — e da legitimidade — das recomendações de investidores era parte necessária da própria ideia de educação financeira, uma abordagem recorrente num mercado que passaria a absorver novos entrantes por conta da redução das taxas de juros.

> **Episódio 557**
> Adeodato Volpi Netto
> "É impossível fazer previsões absolutas sobre a conjuntura econômica"

Em 2015, **Adeodato Volpi Netto** havia fundado a Eleven Research, casa para a qual também atuava como estrategista-chefe. A Eleven vinha se destacando por se consolidar como referência em relação à oferta de recomendações para investidores, tomando como principal eixo o fator da independência, cujo fundamento tem a ver com a reputação que se estruturava na ausência de conflito de interesses.

A entrevista tomou como ponto de partida dois momentos importantes para a trajetória do mercado financeiro no século XXI. O primeiro deles foi a crise da Enron, em 2001. Segundo Netto, daquele evento em diante, houve migração para um sistema mais confiável, com uma camada de responsabilidade.

Netto citou, então, a passagem de 2007 para 2008, quando foi desmontado um sistema transacional de ativos com base em vapor. Ou seja, havia muito mais ativos financeiros do que lastro efetivo, um sistema absolutamente insustentável que ruiu, fazendo com que a liquidez desaparecesse. Como solução, o fundador da Eleven mencionou a atuação de Ben Bernanke, ex-presidente do Fed, que proveu liquidez incessante para os mercados e trouxe credibilidade para a Autoridade Monetária.

Na avaliação de Netto, situações extremas exigem medidas extremas. Isto é, não era possível antever efeitos colaterais daquelas decisões. O executivo destacou que a economia entrou num ciclo de juro baixo e de excesso de liquidez, status de 2019, quando da concessão da entrevista. Foram três rodadas de *quantitative easing*, que nada mais é do que a licença para imprimir dinheiro, e isso mudou para sempre a dinâmica dos mercados, tanto dos ativos financeiros como das próprias economias."

Foi o cenário econômico apresentado por Netto que ensejou o surgimento das casas de *research* independentes. De acordo com o executivo, a área de pesquisa do agente financeiro tem, por definição, uma linha tênue de viés. Nesse sentido, é muito complexo mesmo em relação ao próprio modelo de negócio. São ativos analisados que são objetos de oferta pela mesma instituição. Então, isso passou a ser muito discutido uma vez que se tem, no mundo inteiro, profissionais e áreas extraordinariamente competentes dentro de pesquisa de instituições financeiras — e que, muitas vezes, têm algum tipo de dificuldade em ser puramente técnico sem viés. E assim explodiu globalmente a indústria do modelo independente.

Mas o que significa ser independente nesse contexto? Netto explicou que vai além de certa visão limitada embutida no termo. O executivo acreditava ser limitada a visão de quem achava que independência só tinha a ver com alguém ter a liberdade de dizer o que o outro não pode. A título de exemplo, ele citou o caso de um hipotético IPO. As instituições financeiras que se envolvem na transação são basicamente todas que contam com a área de pesquisa. Assim, inclusive pela questão regulatória, as pessoas estão impedidas de falar. Já o independente, como não tem nenhum papel na oferta, se posiciona absolutamente sem viés num momento em que a regulação não permite que aqueles players emitam opinião.

De acordo com o fundador da Eleven Research, o modelo tinha base na ausência de viés, na reputação, na alta credibilidade, mas também no espaço regulatório em que o papel do independente é muito respeitado e incentivado no Brasil.

Questionado a respeito de como percebia a tentativa de previsão absolutas em relação à conjuntura econômica, Netto foi categórico, dizendo que era impossível. Nesse sentido, acreditar em convicções definitivas acerca do futuro não passa de ingenuidade, observou o entrevistado.

Na *Podcast*, ele observou que, nos Estados Unidos, o campo no qual a Eleven Research operava era de 2 bilhões de dólares por ano. No Brasil, a Eleven era o único player. Não por acaso, chamou a atenção de outras empresas. No final de 2020, a operação foi adquirida pelo Modalmais, que, por sua vez, foi comprado pela XP em janeiro de 2022. Em dezembro de 2023, foi a vez de a Suno anunciar a aquisição da Eleven.

Adeodato Volpi Netto saiu da empresa em dezembro de 2022.

Políticas fiscais e planejamento

> **Episódio 240**
> Luis Stuhlberger
> A trajetória: Do *"wild west"* ao
> sucesso do Verde

Em agosto de 2013, pouco mais de um mês depois das manifestações que sacudiram o país, **Luis Stuhlberger**, gestor do Fundo Verde, teve a chance de revisitar, em sua participação no *Podcast Rio Bravo*, uma entrevista que havia concedido ao *Estadão* acerca da conjuntura do país: "Há muitas coisas disparatadas. A história do Brasil hoje é um castelo construído sobre areia movediça. É muito difícil saber, daqui a três ou quatro anos, o que vai dar certo. Não sei se vamos pavimentar a areia movediça ou se o castelo vai ruir em cima da areia movediça." Ao podcast,* o gestor

---

* A entrevista foi republicada no portal *InfoMoney* em 14 ago. 2013. Disponível em: https://www.infomoney.com.br/mercados/e-o-mercado-de-stock-picking-mais-dificil-que-ja-vi-diz-luis-stuhlberger-2/. Acesso em: 3 mar. 2025.

assinalou como a segunda opção se provou mais verdadeira a respeito do destino do país.

"Se olharmos as manifestações [que aconteceram recentemente por todo o país], é exatamente a areia movediça se manifestando sobre o castelo. Muita gente disse que foi pega de surpresa pelo que aconteceu, a insatisfação com o governo etc. De alguma forma eu estava esperando isso. É muito difícil saber o catalisador. Mas o meu processo decisório é assim: eu vou olhando para o céu, e pode ter cinquenta nuvens carregadas se aproximando. Uma só não vai fazer o mercado mudar. Duas ou três também não. Quando vejo dez, eu digo 'Isso é algo relevante'. É um processo de acumulação de informação e o *output* vem medindo as opcionalidades e o que está no preço. Eu estava com essa cabeça desde 2010 e continuo achando."

O gestor falou, também, a respeito das três bolsas existentes no país: a das estatais "deprimidas nas suas cotações por razões que todos nós sabemos" (no caso, a intervenção do governo); as empresas boas; e os *value traps*. Stuhlberger aprofundou a análise: "A verdade é que as empresas de *deep value* — vamos citar alguns setores onde tem hoje muito *deep value*: bancos pequenos, *homebuilders*, Telecom, algumas da indústria, ou mesmo o comércio. Empresas que você tem naquele setor algum líder indo muito bem é natural você esperar que o processo de aprendizado de eficiência do capitalismo vá algum dia te dizer que essas empresas que não estão indo tão bem aprenderiam com as que estão fazendo bom trabalho. E, assim sendo, o gap da diferença entre elas deveria diminuir. Não é o que está acontecendo. A experiência mostra que nos últimos anos no Brasil 'o bom fica melhor e o ruim fica pior'."

Ao falar sobre a seleção de ações em um país como o Brasil, o gestor do Fundo Verde apresentou as agruras de quem tem de fazer as escolhas. Por conta do potencial de crescimento relativamente baixo, encontrar bons *cases* de investimento é uma tarefa árdua. Na avaliação do entrevistado, existem ótimas empresas, mas ele atentou para uma possibilidade que permanecia em suspenso: "Que se o país melhorasse poderiam ainda gerar muito mais retornos."

Para um dos principais nomes do mercado financeiro no país, o cenário não era lá muito otimista em 2013. "O número de empresas listadas e a liquidez, [por exemplo], Petro, Vale, Itaú, BB [Banco do Brasil], Bradesco, subiu muito pouco. Se tirar as top dez que negociam 80% do volume, para todo o resto junto sobra o quê? R$ 2 bi de volume por dia? E você tem quinhentos *assets* disputando nos *longs* e nos *shorts* isso, e ainda os gringos. Essa é uma daquelas coisas do Brasil de desenvolvimento desigual. E ainda temos um PIB per capita muito baixo para o investidor brasileiro entrar maciçamente na bolsa. Tem muita gente interessada, mas é um número pequeno. Então não estou mega-animado com isso, é muito difícil movimentar nesse mercado. É um desafio para todo mundo."

Quanto ao posicionamento de Stuhlberger em diferentes crises globais, o gestor citou a palavra planejamento como referência de sua estratégia. "É muito difícil navegar bem na tempestade. O importante é a capacidade de previsão. Eu diria o seguinte: na alta de juros em 1997; em março de 1999; em 2001, na contaminação da Argentina com o Brasil; em 2002, na eleição do Lula; em 2007, tanto no *boom* de commodities quanto na alta da Selic depois que ela tinha caído para dez ao ano no longo prazo; e em 2012, no fechamento de julho [...]; e agora em 2013, na alta do dólar na Bolsa americana, foram todos casos em que eu fiquei meses estudando isso e uma hora eu [...] me [posicionei]. Foram planejamentos de pensamento. Essa última do Brasil eu fiquei três anos esperando para apostar contra [...]. Mas eu estava preparado."

Em um ambiente como o mercado financeiro, onde os ganhos do curto prazo parecem turvar a capacidade de reflexão mais aprofundada, Stuhlberger mencionou a capacidade de preparação como base para as escolhas que faz, embora também admitisse a importância do timing na tomada de decisão. "Você só toma uma posição como eu tomei quando você está preparado intelectualmente para dizer 'Este é o fundamento'. Eu sempre vou executar meu fundamento. Tem sempre essas questões de timing." Afora isso, o gestor citou aspectos que, em princípio, não fazem parte do cardápio de informações absorvidas por um especialista na área, uma vez que são dados mais dispersos. "Eu tenho que sempre ir revendo meu posicionamento econômico. Um mês que vende muita roupa e pouco carro e nenhuma cerveja. Em outro mês você vende pouco carro e muita roupa e muita cerveja. Os dados estão disponíveis para todo mundo e são dados confusos, difíceis de interpretar, embora a quantidade deles seja muito grande."

O Brasil ainda vivia um momento pré-eleições de 2014, com nomes como Eduardo Campos, Marina Silva e Aécio Neves ensaiando para a corrida eleitoral que marcaria a reeleição de Dilma Rousseff. Stuhlberger não quis analisar a capacidade de gestão daqueles que se apresentavam como pré-candidatos da oposição. Ainda assim, fez uma observação a respeito da reação do governo no que se refere às manifestações de junho de 2013. "A única coisa que eu sei, lá no resultado da manifestação, o governo cedeu em tudo." E apresentou um diagnóstico que se provou correto no prazo estimado: "Estou muito mais interessado em analisar prós e contras de quando e se o modelo econômico colapsa e não colapsa. O manto obscuro que eu acho, a gente tem uma sobrevida de quatro ou cinco anos. Se não tiver um *big noise* político eu acho que a gente continua meio em uma UTI, meio devagarinho, cresce um pouquinho, um pouco mais de inflação, o câmbio ajusta, um pouco mais de juros, mas nada mais sério acontece."

O barulho aconteceu com o impeachment em 2016 e, em seguida, com a eleição de Jair Bolsonaro, em 2018. Anos depois, passada a eleição mais acirrada na história do país (2022), Stuhlberger disse que estava arrependido de ter acreditado que haveria esforço do governo do PT em equilibrar as contas públicas. "A ficha caiu", comentou o gestor.

* * *

A questão fiscal da recuperação das contas públicas foi o mote da campanha de **Henrique Meirelles** à presidência da República em 2018, quando foi candidato pelo Movimento Democrático

> **Episódio 700**
> Henrique Meirelles
> "A grande crise do Brasil hoje
> tem raízes fiscais"

Brasileiro (MDB). Embora tenha saído daquela eleição com apenas 1% dos votos no primeiro turno, a propaganda de Meirelles na TV fez história ("Chama o Meirelles"). Antes disso, ele era o nome favorito nas enquetes junto ao mercado financeiro para assumir o Ministério da Fazenda na gestão Temer (2016-2018).

Na edição de número 700 do *Podcast Rio Bravo*, Meirelles falou sobre a experiência de ter participado de governos de diferentes matizes ideológicos. Além da já citada atuação como ministro na gestão Temer, em 2003, fez parte da equipe econômica do governo Lula como presidente do Banco Central e, entre 2019 e 2022, foi secretário da Fazenda no estado de São Paulo, quando integrou a equipe que tomou decisões difíceis no contexto da pandemia. Ao podcast, ele destacou alguns momentos dessas experiências e defendeu aquele que pode ser considerado o seu principal legado na última década, o teto de gastos.

No início do podcast, recuperou sua última experiência no serviço público, como secretário da Fazenda do estado de São Paulo. Quisemos saber da passagem de bastão, uma vez que quem assumira o posto foi Felipe Salto, que havia sido entrevistado no *Podcast Rio Bravo* alguns meses antes. Ao falar da transição, deixou claro o sentimento de dever cumprido: o ex-ministro avaliou que foi uma experiência bem-sucedida. Uma vez que o ex-governador [João Dória] havia deixado o cargo, assim como outros secretários também o fizeram, sobretudo aqueles que tinham interesse em outras áreas, conversou com o então governador Rodrigo Garcia e houve a conclusão de que o Felipe Salto era a melhor opção para o cargo, levando em consideração a experiência de Salto na Instituição Fiscal Independente.

Ao ser questionado se existia alguma medida ou decisão que o ex-secretário Meirelles lamentava ter tomado no governo paulista, ocasião em que viveu o tenso período da pandemia e do fechamento dos estabelecimentos comerciais, respondeu que, do ponto de vista da secretaria da Fazenda, foi tudo muito bem. Em 2020, no ano da pandemia, o PIB do Brasil caiu 4,1%; o PIB mundial recuou 3,5%; e São Paulo cresceu 0,3%.

O número, avaliou, era extraordinário, porque registrou crescimento num momento em que o mundo estava caindo por conta de uma crise séria. Na sequência, não perdeu a chance de explicar como isso foi possível. Houve uma conjugação de medidas econômicas, medidas de desburocratização e medidas de proteção à vida na pandemia. Naquele contexto, a economia de São Paulo teve um desempenho cinco vezes superior à média da economia brasileira.

Ao resgatar sua trajetória como ministro do governo Temer, ele fez uma defesa enfática do teto de gastos, instrumento que, à direita e à esquerda, vem sendo criticado nesse momento. O ex-ministro faz uma observação em relação à natureza da crise que o Brasil atravessava em 2022.

De acordo com Meirelles, assim como na crise de 2015 e 2016, naquele ano a crise que o país atravessava naquele momento tinha raízes fiscais. E da mesma maneira que naquela época a solução foi o teto de gastos, quando o Brasil saiu da recessão e começou a crescer, naquele momento, o problema era que o teto de gastos não vinha sendo muito respeitado. Na avaliação do ex-ministro, o teto garantia a credibilidade enquanto a política fiscal havia perdido a credibilidade exatamente porque não seguia o teto de gastos rigorosamente.

Antes de encerrar a entrevista, respondeu qual foi o principal desafio quando ocupou a cadeira de presidente do Banco Central no governo Lula. "Meirelles afirma que trouxe credibilidade para a administração da política econômica do presidente que estava assumindo. E credibilidade é bom porque as pessoas acreditam que você vai fazer a coisa certa; agora, você precisa fazer. Do contrário, você perde.

Meirelles preferiu não especular sobre o futuro quando perguntado se aceitaria uma posição equivalente em 2023. Em 2024, o ex-ministro lançou o livro *Calma sob pressão: O que aprendi comandando o Banco de Boston, o Banco Central e o Ministério da Fazenda.*

Os *players* do mercado

Episódio 578
Caio Mesquita e Felipe Miranda
"O mercado financeiro é apolítico"

A trajetória da Empiricus ficou bastante conhecida não apenas pelo crescimento vertiginoso da empresa, mas também por sua abordagem agressiva nas redes sociais. Em um segmento no qual os *players* costumam falar com discrição, a Empiricus sempre preferiu fazer barulho e bancar apostas ousadas. Em janeiro de 2020, pouco antes da decretação da pandemia, **Caio Mesquita** e **Felipe Miranda**, respectivamente o CEO e o economista-chefe da empresa, falaram ao *Podcast Rio Bravo* sobre sua proposta, assim como trouxeram uma visão da importância da desigualdade para o mercado financeiro.

Já no início da entrevista, Mesquita e Miranda responderam se a abordagem agressiva seria a tônica dominante da companhia, que ficou identificada com esse perfil. De acordo com Mesquita, a empresta, então com dez anos de atuação, tinha passado por muitas fases de desenvolvimento. Assim como uma pessoa, que atravessa a infância, a adolescência e chega à vida adulta. Dessa forma, alguns desses aspectos mais agressivos, principalmente para pessoa física, faziam mais sentido no passado. E hoje, dado o tamanho da empresa, a relevância, o perfil da empresa, esses aspectos fazem menos sentido, enquanto outros aspectos fazem mais sentido, como a institucionalização, o foco na qualidade no conteúdo, por mais que o posicionamento sempre esteja presente. Segundo o CEO da Empiricus, esse lado da agressividade a empresa não queria perder.

Nativa digital, a Empiricus também experimentou a turbulência de viver sob o escrutínio da internet. Um caso específico parece inesquecível, de quando da campanha com Bettina Rudolph, que, em 2019, ficou conhecida após gravar um vídeo dizendo que conseguira R$ 1 milhão em três anos investindo em ações a partir de um valor inicial de R$ 1.500. Miranda concorda que, em alguns momentos, as críticas foram absolutamente justas. Para o estrategista-chefe, no entanto, quando começam a dizer que a Empiricus se limita a isso, sem ver o que é oferecido, daí talvez as críticas não sejam tão justas assim."

Em seguida, Miranda assumiu uma posição menos defensiva e apontou para o que a empresa de fato entregara aos seus clientes — muito mais do que os memes das redes sociais podem aferir. Desde 2014, as pessoas que seguiram a Empiricus ganharam dinheiro. Assim, as pessoas que consomem o conteúdo produzido pela empresa estavam, sim, satisfeitas.

O ano de 2014 é importante para entender a ascensão da Empiricus porque foi quando Miranda lançou o livro *O fim do Brasil: A crise da economia, os bastidores da censura e a proteção do seu patrimônio*. Como gancho, aproveitando o aniversário do Plano Real, o livro trazia o seguinte destaque: "Estamos prestes a voltar a condições anteriores a 1994." Dali em diante, *O fim do Brasil* se impôs como um capítulo incontornável da crise que se alastrou ao longo de 2015 e que, em 2016, tiraria Dilma Rousseff da presidência.

Nessa trajetória, a ascensão da Empiricus se confunde, também, com a ascensão do portal *O Antagonista*, fundado por Mario Sabino e Diogo Mainardi, que, a certa altura, passou igualmente a ter a empresa comandada por Mesquita e Miranda como investidores. A empresa foi a primeira anunciante d'*O Antagonista* quando o site foi lançado em janeiro de 2015, que coincidiu com a posse do segundo governo Dilma. Os executivos viam um projeto editorial interessante, além do apelo comercial da audiência.

Mesquita destacou que percebeu que as pessoas com interesse por política e com aquele alinhamento d'*O Antagonista* também queriam saber sobre investimentos, assim como estavam preocupadas com as repercussões de políticas econômicas para suas finanças pessoais, o que deu início a uma relação publicitária e comercial. Mais adiante, continuou Mesquita, essa relação evoluiu para uma participação societária, porque os fundadores estavam com dificuldade de consolidar o negócio, e os fundadores do site jornalístico também percebiam o valor em uma sociedade com a Empiricus para desenvolver o negócio. Isso aconteceu em 2016, um ano após a fundação da publicação.

Com o passar do tempo, *O Antagonista* e a Empiricus diversificaram suas parcerias. Ainda assim, foi o próprio Mesquita quem reconheceu a existência de "teorias conspiratórias" acerca dessa conexão. Ele deixou claro que, por se tratar de uma empresa do ramo editorial, a Empiricus não tinha como se aproveitar do acesso privilegiado a notícias d'*O Antagonista*, reforçando, assim, a questão da independência editorial.

De sua parte, Miranda garantiu que se tratava não só de um discurso, mas de algo que poderia ser conferido nos textos da publicação jornalística. Mais tarde naquele mesmo ano de 2020, a Empiricus e *O Antagonista* seguiriam caminhos distintos, e a parceria foi encerrada.

Ao tratar da imprevisibilidade dos cenários e de seu impacto junto aos mercados, Miranda defendeu a cartela diversificada de investimentos, mas rechaçou a capacidade de prever o futuro. O estrategista-chefe mencionou o conceito de antifragilidade, desenvolvido por Nicolas Taleb, de que os portfólios se beneficiam de choques e da volatilidade. De modo semelhante, citou, ainda, Ray Dalio, lembrando que o investidor e fundador da Bridgwater defende que um portfólio deve ser capaz de transitar por todos os tipos de clima que vão desaparecer.

Ao falar sobre a atuação da Empiricus, Mesquita observou que os bancos trabalharam no sentido de desestimular o mercado financeiro; eles queriam que as pessoas não se importassem com o dinheiro. Para Mesquita, com a entrada da XP e da própria Empiricus no jogo, além das mídias sociais, as pessoas diretamente começaram a ser impactadas e procurar por mais informações. Com isso, há uma inundação de conteúdos e as pessoas estão perdidas. Mesquita observou que a Empiricus buscava estabelecer uma relação mais próxima com o seu público. Para quem não era assinante, a proposta era mostrar o histórico de acertos, apontando para a visão de longo prazo.

Com a crescente relevância desse segmento, analistas políticos e formadores de opinião passaram a centrar suas críticas ao mercado financeiro, dizendo que a Faria Lima pouco se importava para as tensões políticas do país. Miranda respondeu, sem dúvida alguma, uma das questões mais quentes desta época em que se fala sobre a Faria Lima se deixar levar, ou, o que seria pior para o lado perdedor, influenciar a agenda política. Para o estrategista-chefe da Empiricus, o mercado é aético e apolítico. Nesse sentido, as pessoas estão no mercado financeiro para ganhar dinheiro. Na visão do gestor, não se trata do fato de as pessoas no mercado financeiro não se preocuparem com as questões sociais e culturais, mas, objetivamente, elas estão mais atentas ao crescimento econômico, à dinâmica da dívida pública e ao crescimento dos lucros das empresas têm a ver com a plataforma de reformas, que, por sua vez, vai oxigenar o crescimento econômico.

Como exemplo, Miranda citou a Reforma da Previdência, que ninguém acreditava que passaria da maneira que foi. Naquele momento, quando a taxa de juros estava em patamar de mínima histórica, a inflação sob controle e o crescimento voltando, as preocupações do mercado financeiro não estavam voltadas para as tensões sociais, que viriam à tona com a chegada da pandemia algumas semanas depois da gravação da entrevista.

Em maio de 2021, o banco BTG anunciou a aquisição da Empiricus.

* * *

Roberto Sallouti, CEO do BTG Pactual, disse, em agosto de 2020, que foi em fevereiro daquele ano que tinha tomado a decisão mais difícil em sua trajetória recente como executivo da empresa.

Episódio 608
Roberto Sallouti
A estratégia transformacional do BTG

Naquele instante, o tema da covid-19 era inescapável, de modo que todos os entrevistados se posicionaram a respeito.

Numa Quarta-Feira de Cinzas, dia 26 de fevereiro de 2020, era seu aniversário e dia em que a primeira morte por coronavírus foi registrada no Brasil. Sallouti estava em viagem na ocasião, mas se lembra do tom da conferência telefônica, quando ficou muito evidente que o Brasil seguiria o que estava ocorrendo na China e na Europa, que ainda não estavam sob medidas restritivas.

Sallouti se lembra das medidas adotadas: o BTG adotou o modo conservador, preparando as turbulências a seguir, com liquidez e capital nas alturas. Com limite de alta num dia e limite de baixa no outro dia, era impossível fazer gestão de risco, contou o executivo. Mas a empresa estava funcionando de forma adaptada: os colaboradores estavam em casa, prontos para apoiar os clientes naquele momento delicado e importante.

Porém, a entrevista com o executivo não se pautou apenas por essa discussão.

Ao falar sobre a parte estratégica do BTG, Sallouti destacou a atuação da companhia ao longo das quase quatro décadas de existência. Num primeiro momento, disse ele, a empresa se destacou pela capacidade de fazer a gestão de risco: da tesouraria ao *wealth management*, passando pelos produtos de *asset management*.

O executivo comentou que o passo seguinte, já nos anos 1990, foi desenvolver a franquia completa de banco de investimentos. Assim, a empresa atuou no sentido de proporcionar soluções de assessoria financeira, seja através de fusões e aquisições, emissões de dívida, mandatos mais completos de *wealth management* e de *asset management*.

Nesse sentido, revelou que, com o Brasil alcançando taxas de juros mais civilizadas, surgiu a oportunidade de oferecer os serviços, outrora acessíveis apenas aos multimilionários, para todo cidadão brasileiro. A transformação tecnológica foi decisiva para esse objetivo. Segundo o executivo, a tecnologia permitiu que, sem uma rede de agências, fosse possível abrir, por semana, mais contas que do que ao longo de uma vida inteira.

Essa transição, no entanto, não foi suave para o BTG. Sallouti contou que, no passado, a empresa sabia o nome, sobrenome e o CPF dos clientes. A partir daquele momento, disse o CEO, eram centenas de milhares de clientes com os quais o BTG passou a se comunicar através de tecnologia, de redes sociais e de marketing. Essa foi a grande mudança que a empresa atravessou a partir de 2014. A mudança ficou mais visível a partir de 2016, quando surgiu a plataforma que, na percepção do executivo, evoluía de forma satisfatória.

Sallouti destacou, assim, que o que começou como um projeto de democratização de investimentos estava se transformando em um ecossistema completo de oferta de produtos financeiros através de tecnologia, com produtos chegando até as classes C e D.

Além da mudança de natureza tecnológica (com a revolução propiciada pela chegada dos smartphones) e da queda da taxa de juros a níveis civilizados, aqui em linha com o que disseram os executivos da Empiricus, citou outra transformação que o BTG decidiu abraçar: a agenda ESG. Antes de 2018, ainda era muito burocrático, mas o CEO alegou que o BTG sempre passou em qualquer *due diligence* com esse recorte. E no final de 2018 o BTG entendeu que era possível criar mais valor para os nossos clientes e trazer mais talentos para o nosso banco se incorporássemos essa agenda na cultura da empresa — e, segundo disse na entrevista ao *Podcast*, é o que tem sido feito desde então.

O executivo observou que a incorporação dessa agenda refletiu até mesmo no recrutamento. Não bastava buscar os melhores nas áreas tradicionais para o mercado financeiro. Era preciso trazer designers, especialistas em régua de relacionamento e em performance marketing. Para contar com esses talentos, era preciso ter um ambiente acolhedor à diversidade, acolhedor à diferença, onde as pessoas se sintam à vontade e se sintam representadas. Porque essas pessoas representam os clientes do BTG. Sallouti chamou a atenção, então, para o fato de que a empresa teve de transformar o que era o ambiente de mercado dos anos 1990, de perfil misógino e preconceituoso, para uma estrutura "aberta à diversidade, compreensível com o desejo das pessoas de terem coisas diferentes do que eram norma para quem já estava na organização".

A mudança do perfil das empresas no mercado financeiro não foi percebida apenas na transformação do BTG. Também aconteceu a partir da chegada de novos players ao mercado. A história do setor não estaria completa se não fosse apresentada, com destaque, a trajetória do Nubank, empresa que surgiu no bairro do Brooklin, em São Paulo, fundada por David Vélez, Cristina Junqueira e Edward Wible.

Em 2016, a ascensão do Nubank já era notável graças a sua proposta arrojada de permitir o uso do cartão de crédito que poderia ser gerenciado pelo uso do smartphone. Se, em 2024, momento em que este texto é escrito, isso é absolutamente corriqueiro, é preciso lembrar que boa parte dos brasileiros ainda pagava conta nos bancos físicos para obter o comprovante impresso.

Episódio 370
Vitor Olivier
A proposta da Nubank para o mercado de cartão de crédito

Nesse ano, o então chefe de engenharia financeira do Nubank, **Vitor Olivier**, falou ao podcast, destacando o desafio técnico para colocar a operação em funcionamento, aliando o tradicional com o *high tech*.

"Nossa ideia inicial era trazer algo diferente para o mercado financeiro usando tecnologia de uma maneira que ninguém estava usando no Brasil e também poucas pessoas estavam usando no mundo." Em função do tamanho da ambição, as dificuldades foram muitas no começo. Sobre pensar em uma das frentes, Olivier comentou: "Ninguém começa uma operação de cartão de crédito independente de um banco sem um *backing* de outro *player* no mercado." Foi preciso, além disso, contar com um aparato tecnológico à altura do crescimento que a empresa ambicionava ter.

Olivier falou, também, da carta de princípios do Nubank, que ressaltava a transparência como um elemento-chave no relacionamento com o cliente. Para o engenheiro financeiro da empresa, esse aspecto se relacionava à proposta de diminuir a complexidade do mercado financeiro para os clientes. Ele completou: "Uma das maneiras mais poderosas de reduzir a complexidade é dar conhecimento, criar confiança, e a melhor maneira de fazer isso é mostrar o que está acontecendo."

Nesse sentido, o Nubank se estruturou para mostrar em tempo real o que acontecia com o cartão de crédito, como era o cálculo da taxa de juros, o que era o cálculo de variação cambial, o que é uma compra processada, o que acontece ao fechar uma fatura. "Ao trazer essa transparência, se estabelece uma confiança do produto que é muito forte."

Olivier argumentou que o design e os serviços desenvolvidos internamente são essenciais para a manutenção dessa proposta de transparência junto aos clientes. "É muito difícil refazer um cálculo financeiro de maneira clara para o cliente se você, desde o início, não preparou seu software para fazer isso. Não é um *feature* fácil. Já que construímos dessa maneira desde o início temos condições de prosseguir com a transparência daqui para a frente."

Naquele momento, o engenheiro financeiro do Nubank reconhecia que o principal desafio da fintech era o fato de ser muito jovem e não ter outro produto de entrada sem risco de crédito. Ao mesmo tempo, destacou o fato de a empresa estar criando um vínculo grande com o público a partir da identidade da empresa. "Nós estamos aprendendo bastante, estamos desenvolvendo uma plataforma que funciona, nós estamos criando uma identidade muito forte."

Em outra passagem da entrevista, comentou que havia um movimento inexorável em direção ao digital, tanto para empresas do mercado financeiro como para outros segmentos. "Não tem como fugir dessa onda. A parte de ser digital é algo que vai acontecer rapidamente." E projetou como a empresa entendia os próximos passos a partir do que havia sido preparado. "Nós passamos os últimos dois anos fazendo o dever de casa para crescer de forma sustentável. Em 2016, temos de saber como crescer para avançar de forma sustentável usando tudo o que nós aprendemos. Para isso, temos de manter a cultura dentro e fora da empresa; manter nossa alavancagem operacional; garantir que nossos sistemas estejam estáveis; assegurar que nossos modelos de risco estejam rodando bem, validados e repensando. Queremos acelerar e crescer da forma correta e de acordo com nossos valores."

Anos depois desta entrevista, seguiu no Nubank e até a conclusão deste livro era CTO (diretor-executivo de tecnologia) da Nubank.

Em maio de 2024, a empresa ultrapassou o Itaú Unibanco em valor de mercado, tornando-se o banco mais valioso da América Latina.

* * *

Citar o Itaú como referência de rompimento da barreira do som no mercado financeiro não é mero acaso. O setor também tem suas balizas, e o Itaú Unibanco é, sem dúvida, uma das principais referências — por sua governança, pelos valores e, evidentemente, pela estrutura do negócio.

Episódio 258
Israel Vainboim
Bastidores e reflexões sobre
quarenta anos de Unibanco

No livro *Lições de arquitetura financeira*, **Israel Vainboim** ajuda a contar parte dessa história. Como consta no texto de apresentação do podcast no qual foi entrevistado, o autor dispensa apresentações: o engenheiro presidiu o Unibanco de 1998 a 2002 e a Unibanco Holdings de 2002 a 2008. Viu a fusão entre Itaú e Unibanco ser assinada na sala de sua casa.

Para muitas pessoas que assistiram, de longe, à criação do maior banco privado da América do Sul, a fusão aconteceu exclusivamente por conta da crise econômica de 2008. Vainboim apresentou o contexto: na ocasião, o interesse de se conversar foi muito genuíno de formação de uma grande empresa do setor financeiro que tivesse um controle compartilhado. Dito de outra maneira, todos os principais bancos cresceram, fizeram associações, compraram, e tinha-se chegado a um tamanho onde os players não eram vendedores. Os controladores, portanto, não queriam se desfazer de suas posições. Assim, para conseguir continuar criando uma companhia mais eficiente, a percepção era de que uma fusão e o controle compartilhado com alguém seria um caminho importante.

As conversas, revelou, nasceram na oportunidade da privatização do Banespa. Se, por um lado, os executivos envolvidos na fusão não tinham dúvida a respeito da criação de riqueza que a operação geraria, por outro lado, era preciso discutir a convivência entre os controladores.

O diálogo em direção à realização do negócio se intensificou quando o Banco Real foi vendido para um banco estrangeiro. De acordo com Vainboim, ali surgiu um certo temor de que o equilíbrio de forças dos bancos pudesse ser rompido. Isso motivou tanto o Itaú quanto o Unibanco a acelerarem essas discussões. Em contrapartida, ponderou o entrevistado, a crise de 2008 deixou uma dúvida muito grande de como os bancos sairiam daquele momento.

Para que a fusão funcionasse de fato, ressaltou a importância da boa relação entre Pedro Moreira Salles e Roberto Setúbal. Para o bem dessa sociedade e da construção da companhia, era melhor ter um único CEO. Vainboim disse que Pedro considerava que Roberto seria um CEO melhor e afirmou que esse gesto permitiu que o Roberto se tranquilizasse que, de fato, haveria uma voz uníssona na diretoria executiva. Ao mesmo tempo, sempre de acordo com o relato de Vainboim, no conselho, a presença de Pedro como *chairman* da companhia daria oportunidade de discutir os assuntos estratégicos de modo que a implementação ficasse sob a responsabilidade do Roberto enquanto ficasse nessa função.

A formatação da Iupar, a holding de controle compartilhado, também foi importante. A holding teria representantes no conselho do banco e contaria, ainda, com conselheiros independentes. Afora isso, o alto grau de confiança entre as famílias do Itaú e do Unibanco, com históricos muito parecidos, com tradições muito semelhantes, tendo sido sócios por muitos anos junto com o Citibank na Credicard. Essa relação contou com seus momentos difíceis, como o próprio executivo ressaltou, mas mesmo esses instantes contribuíram para que a fusão acontecesse.

Na entrevista, Israel Vainboim adiantou o processo de sucessão. Por idade, Roberto Setúbal teria que se aposentar, mas não havia carta marcada. Em 2016, Candido Bracher assumiu a presidência do Itaú enquanto Setúbal se tornou copresidente do conselho de administração do banco, ao lado de Pedro Moreira Salles.

Quem é rentista no Brasil?

A pergunta abre o episódio 237 do *Pod-cast Rio Bravo*, que trouxe como entrevistados o economista **Marcos Lisboa**, então vice-presidente do Insper, e **Zeina Latif**, doutora em economia pela USP e sócia da Gibraltar Consulting. Na

> **Episódio 237**
> Marcos Lisboa e Zeina Latif
> As distorções do rentismo
> na economia

ocasião da entrevista, Lisboa e Latif haviam assinado o estudo "Democracy and growth in Brazil", no qual defendem a tese de que um *rent seeking institucional*" é o traço marcante do desenvolvimento político e econômico do Brasil. Esse *rent seeking* — a tentativa de grupos organizados de obter vantagens econômica através de privilégios e benefícios concedidos pelo Estado — gera políticas de elevado retorno privado e custo social difuso.

Para Lisboa, o tamanho do Estado brasileiro — desproporcional até mesmo para os países equiparáveis ao Brasil — não se deve ao fato de gastar muito consigo mesmo, mas, sim, porque adota uma engrenagem complexa, pouco transparente e bastante comum de transferir renda entre grupos, de propiciar privilégios a determinados setores e benefícios a outros grupos. O economista salientou, ainda, que os custos desses benefícios seguem invisíveis.

A consequência dessa abordagem do Estado, por assim dizer, tampouco é eficaz no que se refere às políticas públicas. A título de exemplo, Latif afirma que, no Brasil, a carga tributária é alta quando se compara a países cujos indicadores revelam qualidade de políticas públicas. Em outros termos, o país tem o ônus de uma carga tributária elevada, mas o *rent seeking* faz com que o Estado seja pouco efetivo para gerar crescimento e até para melhorar a distribuição de renda do país.

Contextos importam. Lisboa e Latif participaram do podcast exatamente no *dia seguinte* ao das Jornadas de Junho de 2013, quando não apenas a classe política mas também os especialistas tentavam capturar as demandas da sociedade. Em certa medida, o *paper* assinado pelos economistas oferecia uma possibilidade de análise de como o gasto público poderia ser direcionado de forma mais adequada. Lisboa citou como exemplo o Sistema S.* De acordo com o economista, uma característica

---

* Esse termo define o conjunto de organizações das entidades corporativas voltadas para o treinamento profissional, assistência social, consultoria, pesquisa e assistência técnica, que, além de terem seu nome iniciado com a letra "S", têm raízes comuns e características organizacionais similares. Fazem parte do Sistema S: Serviço Nacional de Aprendizagem Industrial (Senai), Serviço Social do Comércio (Sesc), Serviço Social da Indústria (Sesi) e Serviço Nacional de Aprendizagem do Comércio (Senac). Existem ainda o Serviço Nacional de Aprendizagem Rural (Senar), o Serviço Nacional de Aprendizagem do Cooperativismo (Sescoop) e o Serviço Social de Transporte (Sest).

do *rent seeking* no Brasil, que o torna legítimo para a sociedade, é que ele tem contrapartidas benéficas. Com o Sistema S, argumenta o entrevistado do *Podcast*, o que se perde de vista é que não se analisa o custo de oportunidade dessa política. Não se mensura quais são os benefícios que a sociedade recebe.

Lisboa trouxe outro exemplo para ilustrar esse ambiente de distorção: o caso da meia-entrada. Para o economista, quando existem grupos pagando a metade do ingresso — o que é bastante comum, haja vista que o volume espetáculos artísticos nas grandes cidades, que recebem atrações de fora do país —, esse aporte é bancado por paga pelo valor integral. É evidente que quem recebe o benefício acredita que está no seu direito precisamente porque financia a cultura. O que não é levado em consideração, no entanto, é que o subsídio impacta para quem paga o valor total.

O economista sugeriu como contrapartida a esse estado de coisas mais transparência. Segundo Lisboa, a sociedade precisa saber as escolhas que são feitas em seu nome e sobre o seu destino. Parte do problema do país é a falta de clareza sobre quem recebe o que e quem paga essa conta. A conta diluída fica invisível, mas seus efeitos são visíveis em baixo crescimento e numa economia que se arrasta num grau de desenvolvimento aquém do que a sociedade gostaria."

Lisboa observou que agências independentes poderiam atuar na seguinte forma. Para cada política pública, seriam registrados quais são seus objetivos, seus custos esperados e suas implicações. A agência periodicamente resgataria a política pública, acessando às informações e publicaria relatórios técnicos contrastando o esperado, os objetivos iniciais e o que foi realizado.

Com isso, argumentou o entrevistado, a agência funcionaria muito mais como um órgão de pesquisa, garantindo, assim, uma avaliação independente, de modo a poder discutir quais são as políticas públicas efetivas e quais são as que merecem, de fato, ser descontinuadas. Segundo o economista, é comum uma política pública não bem-sucedida ser preservada.

Além disso, o economista defendeu que toda política que concede benefício, privilégio e transferências tem de passar pelo orçamento. Na avaliação de Lisboa, se é o desejo da política pública subsidiar uma atividade particular, que no orçamento estejam contidos recursos para que aquele segmento pague taxas abaixo do mercado, que cobraria as taxas usuais e o governo reduziria o custo a ser pago pelo segmento. Com recursos públicos transparentes.

Em certa medida, a discussão proposta no *paper* de Lisboa e Latif apareceria em outros momentos do debate público nacional. Em seu livro *Nós do Brasil*, Latif retomaria parte dessa preocupação. Na entrevista ao *Podcast Rio Bravo*, suas palavras ecoavam um sentimento de frustração. A economista disse que sua geração viu um Brasil que poderia ter dado mais certo. Ela afirma ter vivido, na pré-adolescência e adolescência, o fim do governo militar e o Brasil numa crise profunda. Havia toda uma dificuldade que foi estabilizar a economia, trazer a inflação para patamares civilizados e aí o salto enorme que foi dado com a estabilização da moeda — mais precisamente na década de 1990, com o Plano Real.

Na percepção da economista, essas expectativas de um passado não tão distante assim contrastam com a percepção dos jovens, aqui personificadas pela geração do filho de Latif. Como filha de imigrantes, ela percebeu que o sonho da geração do seu filho é ir embora do Brasil. Nesse sentido, o livro surgiu como resposta a uma inquietação, *Por que fizemos as escolhas que fizemos?*

É uma boa forma de pensar o final deste livro. Seja no mercado financeiro, no debate político, nas questões urgentes da sociedade, ou ainda nos temas de educação e ciência, passando, ainda, pelas trajetórias dos empresários, o *Podcast Rio Bravo* no fundo quis entender: *por que fizemos as escolhas que fizemos?*

AGRADECIMENTOS

Histórias do Presente não seria possível sem o apoio incondicional da Rio Bravo Investimentos (e de seus colaboradores), que ao longo dos seus 25 anos de trajetória tem sido fundamental para a construção de umà visão de longo prazo para os seus clientes e para a sociedade brasileira.

A Freddy Bilyk, que, um dia, em janeiro de 2014, me disse: "Você precisa conversar com o Paulo".

A Paulo Bilyk, que, numa sexta-feira, em fevereiro de 2014, me chamou para uma conversa na sede da Rio Bravo Investimentos e me fez o convite que mudaria todas as minhas semanas daquele dia em diante. Evandro Buccini também estava presente neste dia e desde então tem sido um interlocutor frequente.

De igual modo, a Gustavo Franco, entusiasta de primeira hora deste projeto, responsável pela orientação editorial que viria a ter forma definitiva neste livro.

Ao meu antecessor no *Podcast Rio Bravo*, o jornalista Geraldo Samor, que estabeleceu um padrão de excelência na condução das entrevistas e na escolha dos convidados.

A Denise Barreto, Isa Perez, Gal Barradas e Natalie Chalom, que ficaram tão animadas quanto eu quando falei da proposta deste livro.

Aos meus editores, Rayana Faria, Lucas Telles e Iuri Dias, pelo apoio decisivo durante o período de escrita de *Histórias do Presente*.

Aos amigos, que acompanharam com empolgação o desenrolar deste projeto.

E à minha família — especialmente Luciana Borges e João Vitor — pelo bom humor de sempre.

Este livro foi composto na tipografia Minion Pro,
em corpo 11,5/16, e impresso em
papel off-white no Sistema Cameron da
Divisão Gráfica da Distribuidora Record.